SPRACHE DER SYMBOLE, SPRACHE DER NATUR

Aus dem Französischen übersetzt.
Originaltitel:
»LANGAGE SYMBOLIQUE, LANGAGE DE LA NATURE«

ISBN 978-3-89515-108-8

Druck 2013: Interpress, Ungarn

Omraam Mikhaël Aïvanhov

SPRACHE DER SYMBOLE, SPRACHE DER NATUR

Gesamtwerke Band 8

PROSVETA VERLAG

INHALT

*Da Meister Omraam Mikhaël Aïvanhov
seine Lehre ausschließlich mündlich überlieferte,
wurden seine Bücher aus den Stenomitschriften,
Tonband- oder Videoaufnahmen seiner frei gehaltenen
Vorträge zusammengestellt.*

Omraam Mikhaël Aïvanhov

I

DIE SEELE

Frage: »Meister, können Sie uns sagen, was die Seele ist?«

Um diese Frage zu beantworten, werde ich zunächst erklären, auf wie viele unterschiedliche Weisen zahlreiche Religionen und philosophische Theorien versuchten, den Menschen damit zu erklären, dass in ihm eine Reihe verschiedener Prinzipien wirken.

Die Hindus unterteilten ihn in 7 Bereiche und die Theosophen übernahmen diese Aufteilung. Die Astrologen unterteilen ihn in Übereinstimmung mit den Tierkreiszeichen in 12 Bereiche und die Alchimisten entsprechend der vier Elemente in 4. Die Kabbalisten wählten die 4 und die 10, die vier Welten und die zehn Sephiroth. In der Religion der einstigen Perser, dem Mazdaismus und dann im Manichäismus, wird der Mensch in 2 Bereiche eingeteilt, entsprechend der beiden Prinzipien Gut und Böse, Licht und Finsternis, Ormuzd und Ahriman. In Widerspruch zu dieser Theorie behaupten einige, der Mensch sei eine unteilbare Einheit. Was die Christen betrifft, so gilt für sie oftmals eine Dreiteilung in Körper, Seele und Geist. Und auch wir werden gleich auf diese dreigliedrige Einteilung zurückgreifen. Ich ergänze noch, dass manche Esoteriker eine Aufteilung in 9 Ebenen wählten, weil sie die Drei in jeweils drei Welten wiederholen, in der physischen, in der spirituellen und in der göttlichen Welt.

Wo liegt jedoch jetzt die Wahrheit? Bei allen. Es hängt davon ab, von welchem Gesichtspunkt aus man den Menschen betrachtet. Sei es nun die Unterteilung in 1, 2, 3, 4, 7, 9, 10 oder 12 Ebenen, alle sind richtig. Man kann sogar noch weiter gehen und ihn in 3 x 12 einteilen, also in 36, und weiter in 2 x 36, also in 72, und sogar noch weiter in 2 x 72, also in 144. 36, 72 und 144 ist die Reihenfolge dieser Zahlen, mit der sich die Kabbala eingehend befasst, und sie sind sehr bedeutsam. Aber man kann feststellen, dass die 3 am häufigsten vorkommt: 3 x 3 = 9, 3 x 4 = 12, 3 x 12 = 36 und so weiter. Die 36, das sind die 36

Genien. Und 2 x 36 = 72, das sind die 72 Namen Gottes, die Schem Hameforasch. Es heißt, dass derjenige, der diese 72 Namen Gottes kennt, über alle planetarischen Genien herrschen kann…[1] All diese Zahlen haben die Kabbalisten und Eingeweihten nicht zufällig ausgewählt. Nehmen wir als Beispiel die Zahl 72. Der Frühlingspunkt läuft alle 72 Jahre um einen Grad rückwärts, und 72 ist auch die Anzahl der Herzschläge pro Minute. Und man kann sogar feststellen, dass im Normalfall 18 Atemzüge pro Minute erfolgen, und 18 ist genau ein Viertel von 72.

Im Lauf der Sterne und der Planeten, in der Abfolge oder der Wiederholung zahlreicher Phänomene der Natur haben die Weisen der Vergangenheit eine gewisse Regelmäßigkeit beobachtet, das heißt Rhythmen, die sich in Zahlen übertragen lassen. Diese äußerst bedeutsamen Zahlen verwenden sie zur Darstellung bestimmter Ideen, und je nach dem Aspekt, den sie aufzeigen wollten, verwendeten sie diese oder jene Zahl. Ich verfahre auf die gleiche Art und Weise. Oft teile ich den Menschen der Einfachheit halber in zwei Bereiche ein, in die niedere Natur oder Personalität und in die höhere Natur oder Individualität, weil diese Einteilung das Verständnis mancher Fragen erleichtert. Für andere Erklärungen wähle ich die Einteilung in drei oder in sechs oder in sieben Bereiche, wenn mir das für euch mehr Klarheit zu bringen scheint. Diese Einteilungen sind lediglich praktische Hilfsmittel, um diesen oder jenen Aspekt der Wirklichkeit darzustellen. Keine widerspricht der anderen, weil jede, je nach Sichtweise, richtig ist.

Man kann den Menschen in so viele Bereiche einteilen, wie man will. Nehmen wir zum Beispiel die Anatomen: Auf einer Schautafel stellen sie nur das Knochensystem, das Skelett dar, auf einer anderen nur den Blutkreislauf mit den Arterien, Venen und Kapillaren, oder aber nur das Muskelsystem oder das Nervensystem und so fort. Es handelt sich immer um den Menschen, nur jedes Mal unter einem anderen Aspekt dargestellt, weil es dem Verstand unmöglich ist, ihn in seiner Gesamtheit zu erfassen. Und auch wenn die Geographen Karten anfertigen, stellen sie nicht alle Aspekte eines Landes gleichzeitig dar. Auf den Reliefkarten sind die Wasserläufe, die Berge und die Ebenen eingezeichnet, auf den geologischen Karten die Bodenbeschaffenheit. Und dann gibt es auch noch ökonomische und politische Karten und viele mehr. Das Gleiche gilt für alle Bereiche. So wie ein Anatom oder ein Geograph bedienen sich also auch die Eingeweihten verschiedener Einteilungen, je nachdem welchen Aspekt sie veranschaulichen wollen.

Um jetzt zu erklären, was die Seele ist, befassen wir uns zuerst einmal mit der Aufteilung in sieben Bereiche, in Anlehnung an die der Hindus und der Theosophen. Ich werde euch also sagen, dass der Mensch aus sieben Körpern besteht: dem physischen, dem Äther-, dem Astral- und dem Mentalkörper, dem Kausal-, Buddhi- und Atmankörper. Wollte man jetzt versuchen, diese Einteilung in sieben in Übereinstimmung zu bringen mit der für die westlichen Menschen eher gewohnten Einteilung in drei Bereiche, so ist das durchaus möglich. Bei dieser Dreiteilung entspricht »der Körper« der physischen und der ätherischen Ebene, »die Seele« der Astral- und der Mental-Ebene und »der Geist« der Kausal-, Buddhi- und Atman-Ebene. Für den Geist gibt es also drei Bereiche, für die Seele zwei und für den Körper ebenfalls zwei. Durch dieses Schema seht ihr, dass die Seele ein Vermittler ist, eine Verbindung zwischen der physischen Welt und der Welt des Geistes. Sie ist das Vehikel, das die Elemente des Himmels zur Erde transportiert und von der Erde zum Himmel. Alles vollzieht sich über die Seele.

Nehmen wir als Beispiel den Baum, denn man kann für ihn die gleiche Dreiteilung in drei Bereiche vornehmen: in Wurzeln, Stamm und Äste. Vereinfacht dargestellt, ist die Versorgung des Baumes mit Nährstoffen durch ein Gefäßsystem gewährleistet: Im Zentrum befinden sich die Gefäße, die den unbearbeiteten Saft der Wurzeln zu den Blättern transportieren, wo er verarbeitet wird, und in der Rinde befinden sich die peripheren Gefäße, die den bearbeiteten Saft zu den Wurzeln schicken. Es sind also zwei Ströme, ein aufsteigender und ein absteigender, wobei es festzustellen gilt, dass sie sich nicht vermischen. Sie sind genau vergleichbar mit dem arteriellen und dem venösen Blutkreislauf im menschlichen Körper: das Blut der Venen und das Blut der Arterien vermischen sich auch nicht, sonst leidet man unter Blausucht (Zyanose).

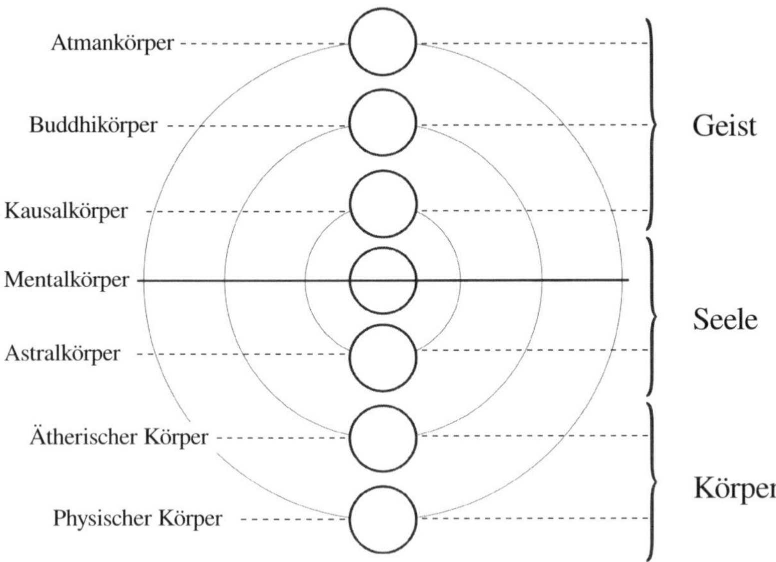

Die Seele ist also jene Zwischenregion, die von Strömen durchquert wird, die von der Erde zum Himmel und vom Himmel zur Erde fließen. Sie ist die Jakobsleiter. Sie ist diese Leiter, auf der – im Traum von Jakob – die Engel auf- und abstiegen. Diese Jakobsleiter befindet sich in der Seele, das heißt auf der Astral- und der Mentalebene. Deshalb gibt es zwei Ströme: den des Fühlens und den des Denkens, aber sie begegnen sich nicht. In der Seele wird nichts gestaltet, sie ist ein Durchgangsort, durch den alles fließt, was vom Himmel, von der göttlichen Welt, zu den Geschöpfen hinuntersteigt und alles, was von unten zum Himmel hinaufsteigt.

Der Geist arbeitet an der Materie, wobei aber die Seele die Vermittlerrolle übernimmt. Die Seele ist also ein Werkzeug für den Geist, ein Werkzeug, dessen er sich bedient, um die physische Ebene zu erreichen, denn der Geist selbst ist dazu nicht in der Lage. Einzig die Seele hat die Möglichkeit, die Materie zu berühren, und allein durch sie hindurch kann der Geist an der Materie arbeiten, sie modellieren, sie gestalten, ihr Anweisungen geben. Ohne die Seele, ohne die Möglichkeiten der Seele, kann der Geist an der Materie nichts ausrichten. Alle Kräfte, die im physischen Körper angesammelt sind, Metalle, Kristalle, Erdöl, Gold, Edelsteine – symbolisch ausgedrückt –, kann der Geist nur mittels der Seele nutzen, die in den physischen Körper eindringt, sich hineinschlängelt, weil sie schon viel näher an der Materie dran ist. Sie hat also mehr die Möglichkeiten, an sie heranzukommen und ihr Elemente zu entnehmen, und sobald es ihr gelungen ist, diese Elemente zu erfassen, leitet sie diese an den Geist weiter.

Aber was hat man nicht alles erzählt, was die Seele betrifft! Ich habe die wunderlichsten und verworrensten Theorien gelesen, vor allem in den Büchern, die von Theologen geschrieben wurden; und das nur, weil sie die Natur nicht richtig beobachtet haben. Alles spiegelt sich in der Natur wider und wenn man weiß, wie man sie beobachten soll, kann man die Lösung der vielschichtigsten und abstraktesten Fragen finden. Die Antwort auf alle alchimistischen, theurgischen, magischen, kabbalistischen oder astrologischen Fragen könnt ihr in den Phänomenen der physischen Ebene finden. Ihr solltet euch mittlerweile daran gewöhnt haben, diese Arbeit der Entschlüsselung vorzunehmen. Wie oft habe ich schon über dieses Thema gesprochen! Aber ihr nehmt es nicht ernst. Ihr findet meine Interpretationen poetisch, das ist alles, und passend für Kinder – zu einfach für euch.

Wenn ihr glaubt, dass man euch deutlicher erklären kann, was die Seele ist, so täuscht ihr euch. Man kann es nicht klarer darlegen, als ich es gerade mache. Nun, wenn man sich mit allen Möglichkeiten der Seele und mit den verschiedenen Arten, wie man sie dargestellt hat, zu beschäftigen hat, gibt es natürlich vieles zu sagen. Die Seele besitzt Form und Gestalt gebende Möglichkeiten, für sie gibt es keine Grenzen, sie kann sich ausdehnen, bis an die Grenzen des Universums. Sie wurde Astrallicht, universales Medium und so weiter genannt. Aber unter all diesen symbolischen Bezeichnungen und Darstellungen der Seele gibt es eine, die für viele rätselhaft geblieben ist, nämlich die der Schlange, die sich in den Schwanz beißt. Auch hier kann man eine Aufteilung in 3 Bereiche erkennen: Körper, Seele, Geist. Der Geist ist der Kopf der Schlange, der Körper ist der Schwanz, und die Seele ist alles, was zwischen dem Kopf und dem Schwanz ist. Aber ich habe nicht das Recht, euch zu erklären, was es bedeutet. Ich werde euch nur sagen, dass dieses Symbol mich jahrelang sehr beschäftigt hat. Ich wollte wissen, was es darstellt, und als ich es wusste, war das eine unbeschreibliche Offenbarung. Danach habe ich mein Allermöglichstes getan, um all das zu verwirklichen, was die Eingeweihten in diesem Symbol verborgen haben. In Wirklichkeit ist es sehr einfach. Wenn der Himmel euch hilft, ist es sehr einfach zu verstehen... Aber ich habe nicht das Recht, es euch zu offenbaren.

Und wo befindet sich nun der Mensch? Überall... Ihr werdet sagen: »Sogar in seinem physischen Körper?« Ja, selbst in seinem physischen Körper. Wenn er sich mit dem Körper identifiziert, so wie es die gewöhnlichen Menschen tun, die sich immer mit ihrem Bauch, ihrem Magen, ihren Geschlechtsorganen usw. identifizieren, dann ist er der Körper. In Wirklichkeit ist der Körper natürlich nicht der Mensch, er ist sein Instrument, seine Bekleidung. Man nimmt euch vielleicht ein Bein oder einen Arm ab, man kann euch einen Lungenflügel oder eine Niere entfernen, aber ihr existiert immer noch, und ihr fühlt, dass ihr euch weder in den Beinen noch in den Armen noch im ganzen Rest befindet. »Also«, werdet ihr fragen, »existiert der Mensch in seiner Seele?« Ja, dort ist er natürlich schon viel eher, aber auch nicht vollständig. Die wahre Wohnstätte des Menschen ist sein Geist. Und was macht er mit seiner Seele? Er manifestiert sich durch sie ebenso wie durch einen Körper, einen höheren Körper natürlich, einen lichtvollen Körper, aber eben doch ein Körper, der eines Tages ebenso zerfallen wird, und dann wird der Mensch in seinem Geist leben.

Wenn es heißt, die Seele des Menschen sei unsterblich, spricht man in Wirklichkeit von seiner höheren Seele, das heißt von seinem Geist. Seine niedere Seele jedoch wird verschwinden, denn sie ist sterblich. Ja, die gewöhnliche Seele des Menschen ist sterblich, aber seine spirituelle Seele, die sein Geist ist, ist unsterblich, und dort wird er eines Tages leben. Er kann natürlich auch ab sofort damit beginnen, aber unter der Bedingung, dass er lernt, sich nicht mit all dem zu verwechseln, was er nicht ist. Indem er sich beobachtet, sich analysiert, meditiert und betet, sollte er daran arbeiten, sich zu suchen, sich zu finden. Warum? Weil er sich verirrt hat, und wer sich verirrt, verliert all seine Möglichkeiten. Weil sich die Menschen von der Quelle, vom Geist entfernt haben, haben sie das Bewusstsein ihrer wahren Identität verloren, und mit dem Verlust dieses Bewusstseins haben sie alles verloren. Aus diesem Grund stellen alle Einweihungslehren dem Schüler die Aufgabe, sich wieder zu finden, sich zu erkennen.

Im Giebeldreieck des Tempels von Delphi stand: »Erkenne dich selbst«, doch nur wenige Denker haben diesen Leitsatz verstanden. Man glaubt sich zu erkennen bedeute, seinen Charakter, seine Schwächen, seine Qualitäten zu erkennen. Nein, das reicht weit darüber hinaus. Wenn es sich nur um Psychologie handeln würde, so hätte man es niemals auf einen Tempel geschrieben! Es ist viel zu einfach, sich auf diese Art und Weise selbst zu erkennen. Wahre Erkenntnis im Sinne der Einweihungslehre bedeutet, sich durch einen Akt der Liebe zu vereinen, zu verschmelzen, so wie es in der Bibel heißt, dass »Adam Eva erkannte« (1 Mos 4). Das wahre Erkennen ist ein Verschmelzen. Indem sie sagten »Erkenne dich selbst«, meinten die Eingeweihten damit, dass der Mensch nicht derjenige ist, der er glaubt zu sein, und dass er also lernen muss, sich zu erkennen. Sich erkennen bedeutet, sich identifizieren, verschmelzen mit sich selbst, diesem höheren Selbst, das sich oben in der Region des Geistes befindet.[2] Deshalb sollte er alles aufgeben, was nur Hülle, zerlumpte Kleidung, Illusion ist, und immer höher hinauf steigen, bis er nur noch eins mit seinem Geist ist. Das bedeutet sich erkennen, und dies ist eben ein Aspekt des Symbols der Schlange, die sich in den Schwanz beißt, aber es ist ein winzig kleiner Teil davon. Den Rest müsst ihr selbst suchen.

Der Sinn der Einweihung – ich wiederhole es – bedeutet, den Menschen zu lehren, sich von seiner niederen Natur zu lösen, um mit seinem Geist in Einklang schwingen zu können, der sein wahres Ich ist. Dann besitzt er alle Qualitäten des Geistes, die Macht, die Selbstbemeisterung, das Wissen des Geistes. Die Verschmelzung mit dem höheren Ich, das ist die Verschmelzung mit Gott. Ja, sich wieder zu finden, sich zu erkennen, das bedeutet mit der Gottheit zu verschmelzen, denn dieser Funke, dieser Geist, der im Menschen existiert, ist niemals von Gott getrennt. Und wenn der Mensch sich sucht, wenn er sich findet, kommt er zu der höchsten Erkenntnis, in Gott zu leben und zu atmen.

Meine lieben Brüder und Schwestern, diese Philosophie ist unermesslich und großartig… Wie man sie verstanden hat, davon habe ich keine Ahnung, aber ich meinerseits werde mit allen Mitteln versuchen, sie euch verständlich zu machen, um sie mit euch zu teilen. Für mich ist das sehr klar, sehr einfach, alles ist in dem Symbol der Schlange, die sich in den Schwanz beißt, zusammengefasst.* Und ihr seht: Das Außergewöhnlichste bei den Eingeweihten ist, dass sie die Fähigkeit hatten, eine atemberaubende Wissenschaft in einem dem Anschein nach so unbedeutenden Symbol zusammenzufassen.

»Aber warum«, werdet ihr fragen »soll man die beiden äußersten Enden der Schlange zusammenfügen?« Dazu sage ich euch nur, dass sich die Energien des Menschen zerstreuen und er sich schwächt, wenn er die Form einer geraden oder gewundenen Linie beibehält. Wenn er hingegen die äußersten Enden zusammenführt, so sind die beiden Pole verbunden und es entsteht eine gewaltige Kraft, die sich im Kreis, in dessen Zentrum ansammelt. Solange der Mensch sich noch nicht wiedergefunden hat, verfliegen seine Kräfte ungenutzt, aber wenn er sich wieder findet, sind seine Kräfte da, gesammelt, verdichtet und aufbewahrt für die Arbeit. Ja, Kopf und Schwanz – wahres Erkennen ist das Ergebnis der Vereinigung von Kopf und Schwanz.

* Siehe auch Kapitel 4 »Zeit und Ewigkeit« in diesem Buch.

Das Unglück der Menschen besteht darin, dass sie immer versuchen, sich durch die anderen kennen zu lernen. Der Mann sucht immer eine Frau, und die Frau einen Mann, um zu verschmelzen, deshalb gelingt es ihnen nicht, sich zu finden. Denn im Äußeren findet man sich nicht, und die Kräfte sind verloren und vergeudet. Man findet sich niemals durch einen anderen, da ist alles Bemühen umsonst. Natürlich gibt es ein paar eher unbedeutende Empfindungen, ein paar kleine Befriedigungen, aber sofort danach entfernt man sich voneinander und man ist von neuem getrennt, sogar so sehr getrennt, dass man anfängt, sich zu streiten. Man will sich zusammenschweißen, sich vereinigen, aber es ist nichts zu machen! Es bleiben immer zwei getrennte Personen, zwei verschiedene Personen. Man findet sich nur wieder, wenn man aufhört, sich im Äußeren, durch die anderen zu suchen. Wenn man sich stattdessen im Inneren sucht und das Symbol der Schlange, die sich in den Schwanz beißt, verwirklicht, dann sammeln sich die Kräfte an, das Licht nimmt zu und man lebt in der Fülle. Aber auch das ist nur ein Aspekt dieses Symbols.

Ich werde euch zu diesem Thema nichts weiter sagen, außer dass die andere Seite der… – sagen wir »Schlange« – anders polarisiert ist. Wenn ihr ein Mann seid, ist die andere Seite ein weibliches Prinzip und wenn ihr eine Frau seid, ist es ein männliches Prinzip. Deshalb bringt ihre Vereinigung die Fülle. Bei Mann und Frau hingegen, zwei getrennten Wesen, ist man niemals sicher, ob sie sich wirklich genau ergänzen. Wenn ihr ein Mann seid, sieht es natürlich so aus, als sei eine Frau der andere Pol, aber sie kann auch ein verkleideter Mann sein – und bei ihrer Begegnung knallt es! Und auch umgekehrt gilt das Gleiche. Der andere Teil eurer selbst hingegen ist eure absolute Ergänzung und die Verschmelzung, die ihr mit ihm eingeht, ist die einzig wirkliche Verschmelzung. Natürlich ist es möglich, im Äußeren eure ergänzende Hälfte zu finden, aber das kommt sehr selten vor. Das geschieht nur dann, wenn ihr eurer Schwesterseele begegnet, denn nur eure Schwesterseele ist euer genauer Gegenpol. Ja, aber der Mensch begegnet ihr im Laufe seiner Evolution nur zwölf Mal! Wenn es nicht eure Schwesterseele ist, mit der ihr euch vereint, so seid euch dessen gewiss, dass diese Verschmelzung nicht von langer Dauer sein wird.

Kehren wir nun zur Seele zurück. Das Wesentliche, das ihr euch merken solltet, ist, dass sie eine großartige Kraft ist, fähig, auf die Materie einzuwirken, um sie zum Himmel zu katapultieren und den Himmel anzuziehen, um ihn auf der Erde zu verwirklichen. Wir brauchen unsere Seele, um die Materie zu gestalten, sei es, um sie zu verfeinern, sei es, um sie zu verdichten. Die Alchimisten nennen diese beiden Vorgehensweisen solve und coagula, und nur die Seele ist fähig sie zu verwirklichen. Weder der Geist noch der Körper sind dazu imstande, die Seele aber schon.

Wenn man nun die Entsprechungen dieser Einteilung in Körper, Seele und Geist im menschlichen Körper sucht, so findet man, dass der Geist dem Kopf, der Körper dem Bauch und dem Magen und die Seele den beiden Armen entspricht. Das ist sehr interessant, denn die Seele hat zwei Funktionen: Die eine kondensiert, verdichtet die Dinge und die andere löst sie auf. Ein Teil projiziert sie nach oben und ein Teil zieht sie nach unten. Diese beiden Prozesse werden auch dargestellt durch den hebräischen Buchstaben Aleph א. Aleph ist die Zusammenfassung einer ganzen Wissenschaft über die Aktivität der Seele. Die Seele ist der Vermittler zwischen Himmel und Erde: Sie leitet die Ströme der Erde zum Himmel und sie lenkt die Ströme des Himmels zur Erde herab.

Die Seele ist also polarisiert, sie besteht aus zwei Strömen, die im physischen Körper durch die beiden Hände repräsentiert werden. Der Geist lenkt, ordnet, erhellt, aber er kann die Materie nicht erreichen. Die Seele arbeitet über die Hände an der Materie, formt sie, löst sie auf, verdichtet sie, erwärmt sie, kristallisiert sie. Zu sagen die Seele manifestiere sich über die Hände, ist natürlich eine unerwartete Art und Weise die Dinge darzustellen. Man denkt normalerweise, die Seele manifestiere sich über die Augen. Ja natürlich, denn sie kann sich überall manifestieren. Aber symbolisch gesehen, ist der Kopf mit dem Gehirn, den Augen usw. eher die Region des Geistes. Die Seele hat dort natürlich auch einen Sitz, sie hat oben und unten einen Sitz, aber ihre Region ist nicht der Kopf, sondern es sind die Hände. Der Geist erhellt, lenkt, ordnet, aber hätte er die Hände nicht, gäbe es keine Verwirklichung in der Materie. Der Mensch schafft alles durch seine Hände, durch die Seele.

In der Seele befinden sich die beiden magischen Ströme der Liebe und des Hasses, und diese beiden Ströme drücken sich auch durch die Hände aus. In der Kabbala werden diese beiden Ströme dargestellt durch die Säule der Milde und durch die Säule der Strenge.[3] Aber Vorsicht: Strenge hat nichts mit Hass zu tun, denn im Sephirotbaum gibt es einen Platz für die Gerechtigkeit, für die Strenge, aber nicht für den Hass. Den Kabbalisten zufolge stehen den zehn Sephiroth vom Baum des Lebens, die eine Repräsentation der göttlichen Welt sind, 10 andere Sephiroth gegenüber, die so etwas wie deren entgegengesetzte Projektion sind und die die höllische Welt repräsentieren. Dort, auf diesem entgegengesetzten Baum, befindet sich der Hass. Gegenüber der Sephira Geburah, der Gerechtigkeit, befindet sich deshalb die Region der Grausamkeit, des Hasses. Das Gleiche gilt auch für alle anderen Sephiroth, aber ich möchte nicht in Einzelheiten gehen.

Als Jakob diese Leiter aus Licht sah, auf der die Engel hinauf- und hinabstiegen, befand er sich im Bereich der Astral- und der Mentalebene. Diese beiden Ströme, die Engel, die hinauf- und hinabsteigen, der venöse und arterielle Blutkreislauf des Universums, das ist die Seele. Deshalb befinden sich das Herz und die Lunge zwischen Kopf und Bauch, in dieser Zwischenregion, die der Seele entspricht. Und die Arme sind die Manifestationen der Seele in die eine oder in die andere Richtung. Ihr seht, die Arme kommen aus der Region der Seele. Alles, was die Höchste Intelligenz erschaffen hat, beruht auf unglaublichen Entsprechungen.

Ja, die Arme gehören zum Bereich der Seele, das ist ganz klar. Und die Augen, die Ohren, der Mund, die Nase befinden sich nicht unter den Füßen, sondern oben im Bereich des Geistes, um die Dinge zu beobachten, sie zu hören, zu schmecken und zu verstehen. Auch das ist klar und genau das sollte man den Kindern erklären. Nie erklärt man ihnen, warum der Körper auf diese oder jene Weise aufgebaut ist und warum sich die Augen gerade an dieser Stelle und die Beine an einer anderen Stelle befinden. Das könnte ihnen aber einiges verständlich machen und ihnen später helfen, sehr viele Probleme zu lösen! Das sollten die Lehrer den Kindern beibringen…!

Wenn natürlich gerade in dem Moment ein Verantwortlicher von der Schulaufsichtsbehörde kommt, wird ihm diese Art von Unterricht etwas spanisch vorkommen, aber warum lehrt man in den Schulen so viele Dinge, doch nie das Wesentliche?

Natürlich bleibt alles, was ich euch sage, sehr theoretisch. Um zu wissen, was die Seele ist, muss man sie erst einmal wahrnehmen… Ja, was immer man auch sagt, man kann nicht wirklich erklären, was die Seele ist, man muss sie wahrnehmen. Kann man die Seele überhaupt wahrnehmen? Aber sicher, das ist möglich, weil sie materiell ist, so leicht und feinstofflich, dass man sie für etwas Unsichtbares hält, aber in Wirklichkeit kann man die Seele sehen. Ihr werdet sagen: »Oh! Erzählen Sie uns, wie sie ist… Hat sie Konturen?« Einerseits ja, andererseits auch wieder nicht. Es handelt sich nicht um feste, greifbare Materie, sondern um Materie, die sich bewegt, die atmet und die so lebendig, so wandelbar ist, dass sie alle Farben und alle Formen annimmt. Und wenn man die Seelen wahrnehmen kann, dann kann man sie auch einordnen. Man sieht, dass eine bestimmte Person trotz ihres Schmuckes, trotz Flitterkram, Orden oder Makeup eine dunkle, grausame Seele hat, und eine andere, trotz ihrer Lumpen und zerrissenen Kleidungsstücke – welch ein Licht, welche Ausdruckskraft, welche Schönheit…!

Die Seele, meine lieben Brüder und Schwestern, ist eine Realität, obwohl die Zeitgenossen, die die Psychologie, die »Wissenschaft der Seele«, studieren, nicht an die Seele glauben! Ja, das ist eine Psychologie, die ohne Seele auskommt, das ist das Komischste daran. Und haben sie nun die Wahrheit auf ihrer Seite? Ja. Ihr werdet sagen, dass ich mir widerspreche… Nein, man muss mich nur verstehen: Alles entspricht der Wahrheit, aber man muss herausfinden, auf welche Art und Weise es wahr ist. Wenn für euch etwas wahr ist, dann genügt das. Wenn ihr sagt: »Es gibt keinen Gott«, so ist das wahr, in euch gibt es keinen Gott, da ihr ja sagt, Er existiere nicht. Auch wenn ihr sagt: »Ich glaube nicht an eine Seele«, nun, so ist auch das wahr, ihr seid ohne Seele, denn wenn ihr eine hättet, würdet ihr sie fühlen. Da ihr sie ja leugnet, habt ihr auch keine. Es entspricht immer alles der Wahrheit, die Existenz und die Nicht-Existenz, das hängt nur davon ab, welchen Standpunkt ihr einnehmt.

Jesus sprach genau in diesem Sinne. Er sagte: »Euch geschehe nach eurem Glauben!«[4] (Mt 9,29). Das sagt alles aus. Wenn ihr glaubt, ihr werdet von Räubern verfolgt, so besteht kein Zweifel, ihr werdet von Räubern verfolgt. Und selbst wenn ihr sie nicht seht, die Räuber sind in eurem Inneren. Wenn ihr glaubt, dass ihr mit Geistern sprecht, so ist auch das wahr. Aber wie erhaben diese Geister sind, das ist eine andere Frage. Denn es gibt bestimmte Kategorien von Geistern, die die Menschen sehr gerne täuschen. Das erstaunt euch? Aber nein, so erstaunlich ist das keineswegs. Es gibt Geister der Finsternis, die sich einen großen Spaß daraus machen, den Menschen Streiche zu spielen. Die ganze Welt trifft sich mit Geistern, spricht mit ihnen, treibt Handel mit ihnen, nur muss man wissen, um welche Geister es sich handelt.

Alles, was ich euch erkläre, ist in dem Buchstaben Aleph enthalten, dem ersten Buchstaben des hebräischen Alphabets. Doch das wird noch bedeutsamer, wenn man sich erinnert, dass Christus sagte: »Ich bin Alpha und Omega« (Offb 22,13), das heißt Aleph und Tav. Ich bin Aleph, bedeutet: »Ich bin derjenige, der die Elemente von der Erde zum Himmel und vom Himmel zur Erde weitergibt… Ich reiche die Segnungen des Himmels zur Erde herab und ich lasse die Seelen hinaufsteigen. Ihr könnt nur über mich in den Himmel gelangen.« Warum hat man es nicht geschafft, die Dinge abzuklären, die verschiedenen Passagen eines Textes aufeinander zu beziehen, um genau zu verstehen, was sie bedeuten?

Alles steht in der Bibel, aber die Erklärungen sind überall verstreut. In der Apokalypse zum Beispiel finden sich alle möglichen Bilder, aber ihre Anordnung entspricht nicht der, die man sich für gewöhnlich vorstellt. Manche befinden sich im einundzwanzigsten Kapitel, haben aber eine Entsprechung zum ersten Kapitel und umgekehrt. Genau wie bei Spielkarten, die wahllos hingeworfen wurden. Und der Eingeweihte nimmt diese Karten, bringt sie in die richtige Reihenfolge und liest. Später finden dann zu diesen Karten Lesungen statt. Man wird euch auch beibringen, wie man die Zahlen lesen kann. Man wird ihnen ihre jeweilige Bedeutung zuordnen und ihr werdet sehen, was sie euch alles offenbaren können. Und auch was die Worte oder Sätze betrifft, die anscheinend keinerlei Beziehung zueinander haben, werdet ihr sehen, dass, wenn man sie in Bezug zueinander bringt, eins das andere erklärt und dass ein wunderbar logisches Ganzes daraus wird.

In der Natur ebenso wie in den Heiligen Schriften ist alles verstreut und man muss die Dinge wieder miteinander verbinden, um sie lesen zu können. Ihr werdet fragen: »Aber wie soll das gehen?« Es gibt im Menschen ein Wesen, das alles weiß, das alles kann, das alles sieht, aber der Mensch lässt es außer Acht, er trennt sich von ihm, er möchte sich nicht mit ihm identifizieren. Um diese Identifikation zu verwirklichen, braucht man natürlich Zeit, sie geschieht nicht auf einen Schlag. Jesus identifizierte sich nicht sofort mit seinem Höheren Ich, er war dreißig Jahre alt, als der Heilige Geist in Form einer Taube auf ihn herabstieg. Ihr werdet sagen: »Ja, aber warum geschah es bei Jesus mit dreißig Jahren und wir haben es mit neunzig Jahren noch nicht geschafft!« Um euch zu trösten, sage ich euch, dass es zwischen euch und Jesus keinen Unterschied gibt (versteht mich jetzt nicht falsch!), dass Jesus jedoch eine Mission aufgetragen war, die im Einklang mit den kosmischen Ereignissen stand. Er musste sich in diesem Moment manifestieren, für ihn wurde also alles beschleunigt. Und für andere auch, aber oft sind sie schon sehr früh gestorben. Ja, es gab Genies, große Genies, die mit achtzehn Jahren bereits unsterbliche Meisterwerke schufen, aber sie lebten nie lange. Man begegnet natürlich immer wieder Ausnahmen, große Genies, die sehr alt geworden sind, aber im gewöhnlichen Leben überdauern meist die Unkräuter viel länger, weil sie sich stark an die Erde anklammern! Seht euch die Geizhälse oder die Egoisten an: Sie werden sehr alt, weil sie die Erde nicht verlassen wollen. Sie klammern sich an die Erde, sie saugen sie aus und deshalb sagt die unsichtbare Welt: »Gut, lassen wir sie noch ein bisschen, denn wenn sie zu uns kommen, müssen wir uns die Nase und die Ohren zuhalten. Wenigstens belästigen sie uns nicht, solange sie weit weg sind.« Und man belässt sie ein bisschen länger auf der Erde. Diejenigen hingegen, die großartig sind, will der Himmel so schnell wie möglich einladen, deshalb verlassen alle engelhaften Menschen die Erde sehr bald.

Aber versteht mich nicht falsch. Ich möchte damit nicht sagen, dass alle, die früh sterben, Engel sind und alle alten Menschen Unkräuter! Nein, es gibt Menschen, die vielleicht Jahrhunderte bleiben werden, um ihre Arbeit auf der Erde zu vollenden. Ihr werdet sagen: »Ist es denn möglich, ein paar Jahrhunderte zu leben?« Ja, Methusalem zum Beispiel lebte fast zehn Jahrhunderte. Und Babaji, man weiß nicht einmal genau, wie alt er ist. Und wenn manche Geschöpfe so lange gelebt haben oder noch leben, dann haben alle Geschöpfe diese Möglichkeit. Nur profitieren sie nicht davon, weil es etwas gibt, was diese Möglichkeit verhindert. Es wurde nirgendwo jemals festgelegt, dass das Leben eines Menschen nicht achtzig, neunzig oder hundert Jahre überschreiten kann. Es kann Tausende von Jahren dauern. Der Mensch ist eine sehr vollkommene Maschine, dafür ausgelegt, lange Zeit zu überstehen. Wenn sie vorher stillsteht, so nur deshalb, weil man sie kaputtgemacht hat und sie nicht mehr funktioniert. Wenn man sie jedoch reinigt, wenn man alle Abfälle beseitigt, beginnen die Ströme wieder zu kreisen. Und es ist eben die Seele, die die Eigenschaft hat, den Körper zu beleben. Indem sie in den Körper eintritt, ihn durchdringt, gibt sie ihm das Blut, das heißt, sie löst den Kreislauf der Energien aus. Und wenn sie sich entfernt, kommt alles zum Stillstand. Dennoch sollte man die Seele nicht mit dem Lebensatem verwechseln, das sind zwei verschiedene Wesenheiten, obwohl sie miteinander in Beziehung stehen.

Man kann die Seele auf vielerlei Weise beschreiben, was sie jedoch am besten erklärt, das ist das Bild des Baumstammes oder das der Jakobsleiter. Ergänzend könnt ihr sie dann beschreiben wie ihr wollt, als elektrischer Strom, als Fluidum, Emanation, Magnetismus oder als Wärme – es wird immer etwas Wahres daran sein, doch keiner dieser Begriffe erklärt die wesentliche Funktion der Seele, die darin besteht, eine Vermittlerrolle einzunehmen. Ich kann auch, wenn ihr wollt, die Seele mit einer Zange vergleichen, ja, mit dieser Zange, mit der man die Kohlen ins Feuer schiebt. Ihr werdet sagen: »Was? Sie setzen ja die Seele herab!« Nicht wirklich. Die Seele, die lebendige Zange, mit der ihr ins Feuer fasst, ohne euch zu verbrennen, also, ein Werkzeug, ein Vermittler.

Nun werde ich euch ein weiteres Mal zeigen, wie ich mich der Analogie als Schlüssel bediene, um Folgerungen zu ziehen. Wenn wir davon ausgehen, dass alles nach den gleichen Prinzipien geschaffen wurde – mit nur ein paar kleinen Abwandlungen –, dann findet man überall folgende Dreiteilung: Form, Inhalt und Sinn oder auch Körper, Seele und Geist. Nehmt ein Ei, ja, ein gewöhnliches Ei und es wird euch alles erklären. Es wird euch sagen: »Mein Guter, ich wurde nach den universellen Gesetzen geschaffen, ich bin so aufgebaut wie das Universum, aber im Kleinen, in Miniatur. Öffne mich. Was siehst du? Das Eigelb, das den Lebenskeim enthält; das Eiweiß, das heißt den Eiweißkörper; und dann ist da noch die Schale. Ich wurde nach dem Bild des Universums geschaffen und du, du gleichst mir.« (Natürlich sagt das Ei, der Mensch gleiche dem Ei und nicht, das Ei gleiche dem Menschen. Seht, wie frech dieses Ei ist!) »Das Eigelb ist der Geist, das Eiweiß ist die Seele und die Schale ist der Körper.« Ihr seht, es hat Recht, das Ei. Der Keim ist also im Zentrum, das Eiweiß in der Mitte und die Schale an der Peripherie. Auch die Zelle ist nach dem gleichen Schema aufgebaut: Alle Zellen besitzen einen Zellkern, das Zytoplasma und die Membrane. Und wenn die Eierschale bricht, was geschieht dann? Alles zerfließt und das Leben entweicht. Ebenso wie die Schale dient auch der Körper dazu, das Leben zu schützen, das heißt die Seele und den Geist. Wenn der Körper zerstört wird, entweicht das Leben, die Seele und der Geist verlassen ihn.

Und was ist nun die Seele? So wie das Eiweiß ist die Seele die Trägerin aller nährenden Elemente, die notwendig sind für die Erhaltung des Lebens. Aber das Leben an sich kommt vom Geist. Der Keim befindet sich nicht im Eiweiß, er befindet sich im Eigelb. Auf dieselbe Weise befindet sich das Leben, das wahre Leben, im Geist und die Seele ernährt es, hält es aufrecht, unterstützt es und lässt es kreisen. Woher ich das weiß? Weil es offensichtlich ist, es liegt vor uns ausgebreitet, die Natur hat alles vor unseren Augen ausgebreitet! Das Gleiche gilt für die Kerne der Weintrauben. Im Kern, so wie im Zellkern befindet sich der Keim des Lebens. Rundherum befindet sich die Seele und die Haut ist der physische Körper. Wenn ihr also esst, esst ihr immer das Leben, das in der Seele enthalten ist, das aber von sehr viel weiter her kommt, vom Geist. Und was macht ihr mit dem Kern? Ihr esst ihn nicht, ihr pflanzt ihn ein. Da habt ihr die Liebe, die Weisheit und die Wahrheit. Die Wahrheit befindet sich im Kern, die Liebe entspricht dem, was man isst und die Weisheit dem, was umhüllt. Ja, die Weisheit ist all das, was mit dem Äußeren in Verbindung steht, die Form. Die Liebe ist das, was man isst, das Leben. Und die Wahrheit ist das, was man pflanzt, damit das Leben fortdauert. Ihr seht, wie klar das ist! Auch hier gibt es einen Geist, eine Seele und einen Körper.[5]

Was ich euch noch nicht gesagt habe, ist, dass trotz ihrer Verschiedenheit Geist, Seele und Körper von gleicher Essenz sind. Was sie unterscheidet ist die Konsistenz, der Grad der Materialisation: Der Körper ist der kondensierte Geist, der Geist ist der feinstofflich gewordene Körper und die Seele ist die Vermittlerin zwischen den beiden. Aber bitten wir doch noch einmal die Natur darum, uns zu sagen, wo wir Körper, Seele und Geist sonst noch finden können. Sie wird uns antworten: »In den vier Elementen!« Wo findet sich der Körper? Das ist die Erde. Wo ist die Seele? Das ist das Wasser und die Luft. Wo ist der Geist? Das ist das Feuer. Und warum zwei Elemente für die Seele? Ich habe es euch bereits gesagt, die Seele ist zweifach strukturiert und verbindet die beiden anderen Teile, den Körper und den Geist. Auf die gleiche Weise kommuniziert das Wasser mit der Erde und die Luft mit dem Feuer. Wasser nährt die Erde und Luft nährt das Feuer. Wasser und Luft entsprechen also der Seele, die die Erde und das Feuer nährt. Alle Kreisläufe finden sich also hier wieder: Das Wasser steigt auf und fällt herab und die Luft ebenso.

Wie ich euch schon sagte, besteht die Seele aus Astral- und Mentalkörper und wird von zwei Strömen durchzogen, im einen fließt das Gefühl und im anderen der Gedanke. Das Wasser entspricht dem Gefühl und die Luft entspricht dem Gedanken. Sie kreisen zwischen der Erde und dem Feuer, und die Luft nährt das Feuer, weil das Feuer ohne Luft erlischt, und das Wasser nährt die Erde, weil die Erde ohne Wasser unfruchtbar wird. Hier haben wir also eine weitere

Aufteilung: in vier Bereiche. Aber ich fühle, dass die Vier euch zuwider ist. Ihr sagt: »Aber es sind doch drei Bereiche! Wieso sind da jetzt plötzlich vier? Das passt doch nicht zusammen!« Doch, das passt sehr gut zusammen. In der Natur wird die Seele durch die Luft und das Wasser repräsentiert, die auf- und absteigen, so wie sie. Steigt die Erde auf und ab…?

Sehen wir uns jetzt das Wasser genauer an. Man kann es im festen Zustand antreffen als Eis oder aber in flüssigem oder in gasförmigem Zustand, als Dampf. Es handelt sich immer um Wasser, es ist immer die gleiche Substanz, jedoch mehr oder weniger fein strukturiert. Es handelt sich um die gleiche Substanz, aber einmal ist sie sehr abgekühlt, also ist sie sehr hart; ein anderes Mal ist sie weniger gekühlt und dann ist sie flüssig; und wenn sie erwärmt wird, wird sie zu Wasserdampf. Das Eis ist fest, aber das ist nur eine Form, ein äußeres Erscheinungsbild. In Wirklichkeit ist das Wasser wesentlich feiner strukturiert, weil es wieder flüssig oder gasförmig werden kann. Auf die gleiche Weise sind also Körper, Seele und Geist ein und dieselbe Substanz, aber jeweils mit einer mehr oder weniger verdichteten oder feinen Struktur.

Deshalb lehren die Alchimisten, dass es nur eine einzige Materie gibt und dass aus dieser Materie – aufgrund unterschiedlicher Stufen der Verdichtung – Metalle, Kristalle, Blumen, die Körper von Tieren und Menschen, die Luft, das Feuer usw. geformt wurden. Wie richtig haben sie das gesehen! Was ist denn eigentlich der physische Körper? Er ist Geist in verdichteter Form. Und was ist der Geist? Er ist gelöste, bis zum ätherischen Zustand verfeinerte Materie. Deshalb sagen die Alchimisten auch, dass mithilfe von solve und coagula alle Verfahren möglich sind. Und wie? Mithilfe von Wärme. Es ist die Wärme bei einer mehr oder weniger hohen Temperatur, die auf die Materie einwirkt, um ihr verschiedene Formen, verschiedene Konsistenzen zu geben. Feuer ist also das magische Agens, das jedem Ding seine Form und seine Natur gibt. Gold besitzt eine bestimmte Menge an Wärme, Silber eine andere, Blei wieder eine andere usw. Wenn der Adept dieses Feuer, dieses magische Agens findet, kann er Blei,

Silber oder Eisen in Gold verwandeln, oder umgekehrt Gold in Eisen usw. Nur war dieses Feuer der Alchimisten natürlich nicht das Feuer der Glasbläser oder Schmiede, sondern das subtile, verborgene, philosophische Feuer.

Habt ihr nun eine klarere Vorstellung von dem, was die Seele ist? Sie ist das Bindeglied, das Leben, das ihr trinkt, das ihr esst. Ja, dieser Raum zwischen dem Eigelb und der Schale, zwischen dem Zentrum des Kreises und seiner Peripherie, dieser ganze Raum, das ist die Seele. Der Geist ist ein fast nicht wahrnehmbarer Punkt, die Seele hingegen ist eine Unermesslichkeit, denn um den Geist zu ernähren, muss die Seele unermesslich sein. Der Geist hat Hunger und verzehrt die Seele und die Seele muss unendlich sein, um ihn zufrieden zu stellen. Aber ihr seht, obwohl die Seele ihn nährt, bleibt der Geist immer ein Punkt, er wird niemals größer.

Nehmt eine Kerze, sie wird euch alles erklären. Wenn ihr eine Kerze anzündet, habt ihr vor euch die vier Elemente: Erde, Wasser, Luft und Feuer und die drei Prinzipien Körper, Seele und Geist. Der Körper, die Erde, das ist die Kerze; die Seele, das ist das Wasser und die Luft; das Wasser, das ist das schmelzende Wachs, und die Luft nährt die Flamme; der Geist, das ist das Feuer. Damit die Flamme weiterbrennt, muss sie sich nähren. Aber da man sich nur nähren kann auf Kosten anderer Materialien, wird die Kerze kleiner, weil die Flamme sie aufzehrt. Es ist die Seele, welche die Flamme nährt, und in der Kerze wird die Seele vom Wasser, dem schmelzenden Wachs repräsentiert (denn wenn es nicht schmelzen würde, könnte die Flamme sich nicht von ihm nähren), und von der Luft, ohne die die Flamme ebenso erlöschen würde. Die Seele nährt den Geist, die Flamme, und diese Flamme, die immer aufrecht steht, hat das Aussehen von Iod י, dem zehnten Buchstaben des hebräischen Alphabets, der ein Symbol des Geistes ist.

Und wenn, einem französischen Sprichwort zufolge, jemand eine Kerze an beiden Enden anzündet, was meint man dann damit? Es bedeutet, dass derjenige unvernünftig ist, dass er seine Gefühle,

Gemütsbewegungen und Leidenschaften ungehemmt auslebt; er brennt und brennt und vergeudet dabei die physischen Reserven seines Körpers – seine Kerze.

Für die Seele lassen sich so viele Definitionen finden, dass es am Ende schon beinahe lächerlich wirken mag. Dennoch hier ein weiteres Beispiel: Die Seele ist ein Lebensmittellager, ja, ein großes Lebensmittellager. Ihr wendet ein: »Aber diese Definition ist doch nicht religiös, sie hat ja nichts Mystisches an sich!« Mag sein, aber es trifft zu. Alles ist schlüssig, nichts ist widersprüchlich. Und sagt nicht, dass keinerlei Zusammenhang besteht, bloß weil eine Kerze anders aussieht als ein Ei. Es gilt dasselbe Prinzip bei unterschiedlichen Formen, unterschiedlichen Verknüpfungen und Anwendungsbereichen. Gott machte sich einen Spaß daraus, aus einer Sache eine Vielzahl von Varianten zu gestalten. Auch Hermes Trismegistos spricht dies in der Smaragdtafel an, wenn er sagt: »Und so wie alle Dinge eins sind und aus dem Einen und durch die Betrachtung des Einzigen hervorgegangen sind, so werden auch alle Dinge aus diesem Einen durch Abwandlung geboren.«[6]

Dem Schema zufolge, das ich euch vorhin erläutert habe, gehört der Ätherkörper zur physischen Ebene. Der Ätherkörper ist zwar noch physischer Körper, aber er ist sein feinstofflichster Teil, vergleichbar mit kleinen schwebenden Staubteilchen, die um ihn herum eine Art Dunsthülle bilden. Der Ätherkörper ist Teil des physischen Körpers, er ist sozusagen der Dunst des physischen Körpers, aber er ist noch nicht die Seele. Die Seele kommt nach dem Ätherkörper, es ist die Region, in der Gefühle und Gedanken ihren Anfang nehmen. Und der Geist? In ihm manifestiert sich die Seele ein zweites Mal, aber auf einer höheren Ebene.

Der Geist ist ebenso der Bereich der Gedanken und Gefühle, aber von Gedanken und Gefühlen von größter Reinheit, von größter Leuchtkraft. Im Geist gibt es nichts Unreines, nichts Niederes mehr. In der Seele hingegen kann es Gutes, aber auch Schlechtes geben. Dies ist ein weiterer Punkt, der in der Philosophie unklar ist. Und in der Umgangssprache ist es noch schlimmer! Man verwendet das

Wort »Geist« nach Belieben. Man sagt: »Böser Geist, schlauer Geist, listiger Geist«, aber nein, es ist nicht der Geist, der schlau oder listig ist, es ist der Verstand oder aber die Seele, denn die Seele enthält sowohl die gute als auch die schlechte Seite; da sie das Bindeglied zwischen Körper und Geist ist, wird eine Hälfte vom physischen Körper überschattet und die andere Hälfte vom Geist gereinigt. All diese Ausdrücke, die man so hört, sind also nicht korrekt, sie basieren nicht auf wirklichem Wissen. Der Geist kann niemals auch nur die geringste Spur an Schlechtem oder Unsauberem enthalten, sonst ist es nicht mehr der Geist. Der Kern ist der Träger des Lebens und muss in einem Zustand vollkommener Reinheit sein. Der Geist also, der Geist, der von Gott kommt, ist absolut rein und strahlend. Man darf nicht alles durcheinanderbringen.

Und ihr seht, allein die Flamme ist schon eine Sprache. Was macht sie? Sie verbrennt alle Unreinheiten, denn es gibt keine Unreinheit im Feuer, und es erträgt nur das, was genauso rein ist wie es selbst. Das Wasser und die Luft hingegen können verschmutzt sein. Und ich denke an das Wasser, das ich sah, als ich durch Indien reiste… Ihr werdet sagen: »Oh ja, Sie meinen doch sicher den Ganges?« Nein, es gibt Schlimmeres als den Ganges. Ganz in der Nähe von Bombay liegt eine Insel, die Elephanta heißt. Diese Insel ist berühmt wegen ihrer Felsentempel. Diese Tempel sind eine Art Grotten mit Riesenstatuen von Gottheiten wie Brahma, Vishnu, Shiva usw. Ich habe diese Insel besucht, sie ist ein Wallfahrtsort, aber so wie an vielen religiösen Orten in Indien, herrscht dort entsetzlicher Lärm. Neben diesen Grotten befindet sich eine Teichanlage. Da jeder Tempel als ein Mikrokosmos angesehen wird, als eine Spiegelung des Makrokosmos, hat jeder Tempel grundsätzlich eine Teichanlage, die den Ozean symbolisiert. Aber das Wasser in diesem Teich war stehend, schmutzig, bereits grünlich, und ich war sehr erstaunt, zahlreiche Hindus zu sehen, die von diesem Wasser tranken. Da man ihnen noch nie etwas von Mikroben gesagt hatte, gibt es für sie natürlich auch keine Mikroben, und in der Folge sterben sie, ohne überhaupt zu wissen, warum. Sie trinken von diesem Wasser, um bestimmte Einflüsse aufzunehmen – schön wär's… Ein Wasser, das von der mystischen Atmosphäre eines heiligen Ortes durchdrungen ist, kann in manchen Fällen geheiligt sein, aber die Gesetze der Physik existieren dennoch und man darf sie nicht außer Acht lassen. Ein derartig verschmutztes Wasser hat schädliche Auswirkungen, sogar auf diejenigen, die an seine geistige Kraft glauben.

Also ihr seht, Wasser und Luft akzeptieren Unreinheiten, einzig das Feuer akzeptiert sie nicht, es verbrennt sie. Die Erde hingegen absorbiert sie alle. Das ist ihre Eigenschaft, sie ist wie ein Magnet, der alles anzieht, was schmutzig und unrein ist, um es danach in ihren Laboratorien umzuwandeln. Wenn ihr also Aufregung, Unruhe oder Angst fühlt, dann übergebt das alles der Erde. Grabt ein kleines Loch, legt eure Finger hinein und sprecht mit der Erde wie mit einem intelligenten Wesen und bittet sie dabei, alles, was euch quält aufzunehmen. Glaubt mir, sie wird sich dadurch weder unglücklich noch beleidigt fühlen, sie wird alles annehmen, und ihr fühlt euch erleichtert und befreit. In der Vergangenheit kannte man all diese Dinge, aber heute sind sie verloren gegangen. Wenn euch etwas quält, wenn ihr leidet, übergebt es der Erde, sie wird es euch abnehmen.

Auch das Wasser nimmt Unreinheiten auf, deshalb fühlt man sich oft nach einem Bad oder einer Dusche auf einen Schlag so erleichtert, aber man fragt sich nicht einmal, warum das so ist, weil man alles automatisch macht.[7] Sogar die Luft besitzt diese Eigenschaft. Wenn es euch nicht gut geht, geht hinaus an die frische Luft und ihr werdet fühlen, dass der Wind euch eure Bürden abnimmt. Aber damit diese Methoden tatsächlich wirksam sind, müsst ihr diese Übungen bewusst ausführen.

Habt ihr das Gefühl, dass ihr jetzt klarere Vorstellungen von der Seele habt? Ich könnte noch stundenlang weiterreden! Seele, Geist und Körper – man findet sie überall in den verschiedensten Kombinationen, aber die jeweiligen Entsprechungen, Aufgaben und Anwendungsbereiche sind absolut gleich. Nun, wollt ihr noch ein Beispiel hören, wo sich Körper, Seele und Geist befinden? Also gut: Die Frauen tragen doch oft ein kleines Parfumfläschchen mit sich herum, das sie ab und zu öffnen, vor allem, wenn sie zu einem Rendezvous mit ihrem Liebsten gehen, stimmt‘s? Nun, das Fläschchen ist der Körper; die Flüssigkeit ist die Seele, und das, was ausströmt, dieser Duft, das ist der Geist. Die Flüssigkeit nährt den Duft. Wenn keine Flüssigkeit mehr da ist, ist auch kein Duft mehr da, es bleibt nur die Flasche übrig, und da man von einer leeren Flasche nichts hat, wirft man sie weg. Das Gleiche geschieht, wenn ein Mensch stirbt, dann wird er begraben. Wenn keine Seele und kein Geist mehr da sind, wenn lediglich der Körper übrig geblieben ist, sagt man: »Begrabt ihn!« Und warum verschließt man das Fläschchen, und sogar hermetisch? Weil der Duft sich verflüchtigt, wenn das Fläschchen offen ist. Der Geist ist sehr flüchtig. Er fühlt sich in dem Fläschchen eingesperrt und er mag es nicht, seiner Freiheit beraubt zu sein, er möchte immer zu seinem Vaterhaus, zur Quelle zurückkehren. Deshalb muss man ihm, um ihn zurückzuhalten, Nahrung geben, das heißt die Seele, und ihn anschließend hermetisch einschließen. Ist das jetzt klar geworden?

Wenn man isst, ist der gröbste Anteil der Nahrung für den Körper, um dessen Gerüst zu formen und zu festigen. Danach fließt die Seele dieser Nahrung in das Blut, um den Körper zu ernähren. Es ist immer dasselbe Prinzip: Das Blut, das heißt die Flüssigkeit, nährt die Seele. Und der Geist, wo ist der Geist? Im Nervensystem! Verdauungssystem, Blut- und Atemkreislauf und Nervensystem – auch da finden sich wiederum Körper, Seele und Geist. Und das Blut nährt und speist, es nährt sogar die Nerven. Deshalb wird, wenn der Mensch seinen Körper und auch sein Blut reinigt, das heißt seine Seele, die Aktivität des Geistes intensiv angeregt und manifestiert sich auf großartige Art und Weise. Ihr seht, alles hängt miteinander zusammen. Und dann fragt man sich, warum man nichts gesehen hat, wo doch alles jeden Tag offen vor uns ausgebreitet daliegt.

Jetzt füge ich noch etwas hinzu, was euch dabei helfen wird, die richtige Arbeitsmethode zu finden: Wenn die Eingeweihten euch Offenbarungen machen, so gehen sie so vor wie die Natur, sie geben euch nur die Hälfte und es liegt an euch, die andere Hälfte zu finden. Ihr habt »Der Graf von Monte Christo« gelesen. Darin ist die Rede, wie ihr euch erinnern werdet, von einem Brief, der das Geheimnis des Schatzes offenbart, aber es fehlt die Hälfte dieses Briefes, und der Held muss sie suchen, um dieses Geheimnis zu enträtseln. So ist alles im Leben. Und warum glaubt ihr, sucht man »seine bessere Hälfte«? Das ist die andere Hälfte des zerrissenen Briefes. Man sucht sie, um endlich lesen zu können! So einfach ist das. Jeder ist die Hälfte der Buchseite, die das Geheimnis offenbart und muss die andere Hälfte finden.

Wenn es heißt: »Am Anfang war das WORT«, so ist auch das nur eine Hälfte. Wo befindet sich die andere Hälfte? Das müsst ihr selbst herausfinden. Die andere Hälfte, das sind die Ohren, denn das Wort hat keinen Sinn, wenn es keine Ohren gibt, die es hören. Das Wort, das ist das männliche, emissive, aussendende Prinzip, und dabei setzt man selbstverständlich auch das weibliche, aufnehmende Prinzip voraus, die Ohren. Wenn das Wort nicht irgendwo auf Ohren trifft, um gehört, geschätzt und verstanden zu werden, ist dieses Wort unnütz. Und wenn man von einem Schlüssel spricht, setzt man das Schloss voraus, selbst wenn man es nicht erwähnt. Ihr seht, wie die Dinge sind. Und es ist auch immer ein Eingeweihter nötig, um euch die andere Hälfte zu geben, sonst wird das, was ihr besitzt, niemals vollständig sein.

Habt ihr jetzt das Gefühl, dass sich die Dinge in eurem Kopf zu ordnen beginnen? Ja, fühlt ihr das? Nun, allein darauf kommt es an! Ihr solltet jeden Tag auf die rechte Weise arbeiten, damit in eurem Verständnis jedes Ding seinen wahren Platz wieder findet.

Sèvres, April 1962

Anmerkungen

1. Siehe auch Band 32 der Reihe Gesamtwerke »Die Früchte des Lebensbaums«, Kapitel 4: »Das Tetragrammaton und die zweiundsiebzig Planetengenien«.
2. Siehe auch Band 17/18 der Reihe Gesamtwerke »Erkenne Dich selbst – Jnani-Yoga«, Kapitel 8 von Band 17 »Das Höhere Selbst«.
3. Siehe auch Band 32 der Reihe Gesamtwerke »Die Früchte des Lebensbaums«, Kapitel 3: »Der Lebensbaum: Struktur und Symbole«.
4. Siehe auch Band 239 der Reihe Izvor »Die Liebe ist größer als der Glaube«, Kapitel 5: »Dir geschehe nach deiner Einstellung«.
5. Siehe auch Band 234 der Reihe Izvor »Die Wahrheit, Frucht der Weisheit und der Liebe«, Kapitel 5: »Der Kern der Wahrheit«.
6. Siehe auch Band 241 der Reihe Izvor »Der Stein der Weisen – Von den Evangelien zur Alchimie«, Kapitel 8: »Und wie alle Dinge aus dem Einen entstammen…«.
7. Siehe auch Band 232 der Reihe Izvor »Feuer und Wasser – Wunderkräfte der Schöpfung«, Kapitel 8: »Vom physischen Wasser zum spirituellen Wasser«.

II

DER MENSCH
UND SEINE VERSCHIEDENEN SEELEN

Frage: »Meister, können Sie uns sagen, zu welchem Zeitpunkt eine sich inkarnierende Seele vom physischen Körper Besitz ergreift?«

Viele Menschen denken, dass die menschliche Seele in den Körper des Kindes im Moment der Zeugung eintritt. Das stimmt nicht ganz. Alle großen Eingeweihten, die aufgrund ihrer Hellsichtigkeit wahres Wissen erlangten, sagen uns, dass sich die Seele in aufeinander folgenden Etappen seines Lebens im Menschen niederlässt. »Aber«, werdet ihr sagen, »im Mutterleib atmet der Körper des Kindes doch, er ernährt sich, sein Herz schlägt, also ist seine Seele doch da.« Ja, allein die Seele kann die Materie animieren und sie lebendig machen, dennoch lässt sich die Seele des Kindes während der Schwangerschaft noch nicht vollständig nieder. Ihr werdet das gleich verstehen.

Man muss wissen, dass der Mensch mehrere Seelen besitzt. Wenn ihr die griechischen neoplatonischen Philosophen und manche Kirchenväter lest, werdet ihr sehen, dass auch sie dachten, dass der Mensch mehrere Seelen besitzt. Die erste, die wir die »Vitalseele« nennen, ist rein vegetativ; sie ist nicht bewusst und kümmert sich um physiologische Prozesse, um die Ernährung, die Atmung, den Blutkreislauf. Die zweite, höher entwickelte Seele wird »animalische« Seele genannt. Die dritte ist die »emotionale« Seele. Die vierte ist die »intellektuelle« oder »Verstandes-Seele«. Zuletzt kommt die »göttliche« Seele, die reines Licht ist. Man darf sie nicht mit der intellektuellen Seele verwechseln. Die esoterische Wissenschaft unterstreicht dies sehr deutlich: Die intellektuelle Seele, diejenige, die überlegt und nachdenkt, kann noch nicht von dieser göttlichen Seele besucht werden, die nur die Eingeweihten am Ende ihrer Entwicklung in Fülle empfangen.

Betrachten wir nun, was bei der Frau geschieht, die ein Kind erwartet. Die meisten Frauen sind sich nicht bewusst, was sie während der Schwangerschaft empfinden oder messen dem überhaupt keine Bedeutung bei. Und dennoch spüren einige, die bewusster und aufgeklärter sind, dass sich die Seele, die sich in ihrem Kind inkarnieren will, sich bei ihnen aufhält und mit ihnen ganz eng zusammenarbeitet, um ihre zukünftige Wohnstätte, den physischen Körper aufzubauen – entweder eine Bruchbude, einen Palast oder einen Tempel, je nachdem. Während dieser Zeit kann die Seele, die ja bewusst ist, der Mutter Offenbarungen bringen über die Regionen, aus denen sie gerade herabsteigt.

Danach, im Augenblick der Geburt, verabschiedet sich die Seele von der Mutter, trennt sich von ihr und tritt – mit dem ersten Atemzug – in das Kind ein. Sie gleitet also in es hinein, wenn es zu atmen beginnt, aber sie kann von seinem Organismus noch nicht gänzlich Besitz ergreifen. Sie muss warten und jahrelang an den Organen arbeiten, um sie zu beleben, sie zum Funktionieren zu bringen, sie zu verfeinern. Und während dieser ganzen Zeit ist sie, obwohl im Kind anwesend, noch nicht vollständig in ihm da; sie bleibt außerhalb von ihm, sie hat noch nicht von allen Bereichen des Kindes Besitz ergriffen. Ich weiß nicht, wie schnell die Psychologie diese Gegebenheiten entdecken wird, aber es ist unmöglich, dass sie ihnen im Laufe ihres weiteren Weges nicht früher oder später begegnen wird.

Nun, diese Seele, die vor der Geburt des Kindes bei der Mutter weilt und die mit dem ersten Atemzug in das Kind eintritt, das ist die individuelle Seele. Sie wird dort das ganze Leben lang bleiben, vom ersten Atemzug bis zum letzten. Aber andere Seelen werden hinzukommen, zu verschiedenen Zeitpunkten, und diese individuelle Seele bereichern und verschönern.

Zur vegetativen Seele oder Vitalseele, die zuerst da war, um den Embryo im Mutterschoß zu beleben, kommt um das siebente Lebensjahr herum die animalische Seele oder Willensseele hinzu. Man glaubt für gewöhnlich, die Seele ließe sich in diesem Alter endgültig nieder, nein, es handelt sich nur um die animalische Seele, die

Willensseele. Von der Geburt bis zum siebten Jahr bewegt sich das Kind unaufhörlich, es geht, es läuft, es gestikuliert, und im siebenten Jahr, dann, wenn sich die animalische Seele komplett in ihm niedergelassen hat, kann man sagen, dass es die Autonomie in den Bewegungen, die Beherrschung seiner Gesten erlangt hat. Aber schon seit einiger Zeit hat ein neuer Zeitabschnitt begonnen, wo es Emotionen und Gefühle verspürt: Das ist die emotionale Seele, die nach und nach in ihm Einzug hält. Um das vierzehnte Jahr herum, in der Pubertät, wenn diese emotionale Seele ihre Reife erlangt, tritt sie vollständig in ihn ein und treibt ihn mit der Sexualität und den Gefühlen dazu, sich von der Empfindsamkeit führen zu lassen. Schließlich, gegen das einundzwanzigste Lebensjahr, lässt sich die intellektuelle, die Verstandes-Seele im Menschen nieder. Das soll nicht heißen, dass der Mensch nach einundzwanzig Lebensjahren automatisch weise und vernünftig wird. Nein, das ist sogar der Zeitabschnitt, in dem er die größten Dummheiten seines Lebens machen kann! Aber in diesem Moment erlangt er die Fähigkeit zu Einsicht und schlüssigem Denken.

Und was geschieht nun, wenn man von jemandem sagt, er habe seine Seele verloren? Er ist doch lebendig und bewusst, er denkt, er isst, er trinkt… aber er hat seine Seele verloren! Um welche Seele handelt es sich? Um eine Seele, die er nicht kennt, die ihn aber inspirierte und ihm Elan, Freuden und Entzücken brachte. Er übertrat die Gesetze, er beging Verbrechen, also verließ ihn seine göttliche Seele. Es war ein Teil seiner selbst, der auf den Moment wartete, sich in ihm niederzulassen, aber er hat ihr den Weg so sehr versperrt, dass sie in die anderen Regionen zurückkehrte; sie konnte nicht mehr bei ihm leben. Sie brachte ihm große Reichtümer, Begeisterung und Poesie – doch er hat das alles verloren, da er nichts mehr fühlt. Wer »seine Seele verloren« hat, hat den Sinn des Lebens verloren. Er ist orientierungslos, allein, verlassen, der Freude und der Inspiration beraubt und er denkt nur mehr ans Sterben. »Seine Seele verlieren«, »seine Seele dem Teufel verkaufen«, sind volkstümliche Ausdrücke, die diesen Bewusstseinszustand treffend beschreiben. Nicht ich habe sie erfunden, sie kommen aus einer fernen Vergangenheit.

Man muss einfach nur wissen, von welcher »Seele« man spricht. Für uns ist das alles sehr klar, aber viele Okkultisten, Mystiker und Medien haben in dieses Thema ein unentwirrbares Durcheinander hineingebracht. Sie machten über die Seele derart unklare, obskure, ungenaue Aussagen, dass die Wissenschaft alles ablehnte. Das ist schade, denn die Psychologen haben nicht annähernd eine Ahnung von all dem, was die großen Eingeweihten im Bereich der Seele alles erforscht und welche Erfahrungen sie gemacht haben. Deshalb werden euch die hier eingebrachten Begriffe zum Verständnis vieler Phänomene von Nutzen sein.

Ihr habt zum Beispiel gehört, wie die verschiedenen Seelen nacheinander in den physischen Körper eintreten. Nun, so ist es auch zum Ende des Lebens: Sie verlassen ihn auch nacheinander. Verstand und Gefühle kommen zum Stillstand. Das Leben dieser Person ist nur noch vegetativ ausgerichtet, sie trinkt und isst zwar weiterhin, aber man sieht, dass lediglich der physische Körper aktiv geblieben ist, die subtileren Seelen sind gegangen. Die Mediziner erklären den Zustand dieses Menschen mit dem Übermaß oder dem Mangel an bestimmten chemischen Substanzen, aber dabei handelt es sich nur um eine Folgeerscheinung.

Und was ist nun die Einweihung? Das ist der Weg, den man gehen muss, um seine göttliche Seele zu finden und sie anzuziehen, damit sie sich in uns niederlässt und in uns wohnt. Und diese göttliche Seele, die dann in uns eintritt, wenn wir dafür bereit sind, ist unser Höheres Ich, unser Göttliches Ich. Diese Seele hat auch drei Abstufungen: Sie ist reines Wissen, reine Liebe und reine Kraft. Es ist diese göttliche Seele, die das Abbild der Heiligen Dreieinigkeit ist. Auf der Erde sind wir auch eine Dreiheit, die denkt, fühlt und handelt. Aber diese allzu gewöhnliche Dreiheit ist nur ein sehr matter Abglanz der anderen Dreiheit, die darauf wartet, dass wir uns mit ihr vereinen können, denn diese Verschmelzung muss sich eines Tages vollziehen. Die Eingeweihten verbargen den Sinn im Salomonsiegel, einem Symbol mit großem Tiefsinn (das übrigens nicht Salomon erfand, es existierte bereits Tausende von Jahren vor ihm).

Die Eingeweihten fassen oft ihr ganzes Wissen in Symbolen zusammen. Anstatt einen ganzen Wald mit sich herumzutragen, was zu schwierig und zu mühselig wäre, besitzen sie lieber Samenkörner, und mit diesen wenigen Samenkörnern, die sie einpflanzen und begießen, lassen sie einen ganzen Wald wiedererstehen. Deshalb versuchen sie, diese Samenkörner zu besitzen und diese Samenkörner, das sind die Symbole, das heißt die Quintessenz, das Wesentliche. Mit ein paar geometrischen Figuren können die Eingeweihten auf ein Jahrtausende altes Wissen zugreifen. Die Schulwissenschaft wollte diese Überlieferung nicht ernst nehmen, wenn sie jedoch eines Tages einige dieser Symbole entziffern könnte, wie z. B. die Schlange, die sich in den Schwanz beißt oder das Quadrat, das Kreuz, den Kreis mit dem Mittelpunkt, was für einen ungeheuren Reichtum würde sie darin entdecken!

Wir sind also drei Seelen, vereinigt in einer individuellen Seele, die sich eines Tages mit den drei Seelen vereinigen müssen, die oben wohnen und unsere himmlische Seele bilden. Alles im Leben – unsere Leiden, Illusionen, Enttäuschungen, Impulse, unsere Suche und alle unerwarteten Ereignisse – geschieht nur, damit wir uns wieder finden können. Warum hat der Herr die Dinge auf diese Weise eingerichtet? Warum müssen sich diese beiden Teile unserer selbst miteinander verbinden? Damit der Himmel und die Erde sich in uns in Fülle, im Überfluss und in Freude vereinen!

Man arbeitet, studiert, liest, liebt, hasst, streitet sich, einzig um sich schließlich wieder zu finden, die andere Seite seines Daseins wieder zu finden. Aber dies vollzieht sich nur bei einzelnen außergewöhnlichen Menschen, die verstanden haben, die studieren, beten, meditieren und in diesem Sinne arbeiten. Dies sind alle Heiligen, Eingeweihten, Propheten und Meister. Sie denken nur daran, sich wieder zu finden, sich zu verwirklichen und ihre göttliche Seele anzuziehen, um sich in der Fülle zu manifestieren. Im Laufe der Jahre haben sie durch Waschungen, Läuterungen, Arbeiten, Meditationen, Gebete, Entsagungen und Opfer den Boden bereitet, um ihre göttliche Seele, ihre himmlische Seele, das heißt ihr Höheres Ich, ihr Göttliches Ich anzuziehen. Wenn ihnen das gelingt, sagt man, sie haben den Heiligen Geist* empfangen und von dem Moment an wissen sie alles und vermögen sie alles, weil nicht sie es sind, sondern ihre Seele, die sieht, weiß und vermag, während ihre animalische Seele, ihre emotionale Seele und ihre intellektuelle Seele nicht die Möglichkeiten haben, alles zu wissen, alles zu können und alles zu durchdringen.

Das Herabsteigen des Heiligen Geistes ist ein Symbol, das man in allen religiösen Überlieferungen in verschiedenen Formen wieder findet, aber meistens wird dessen Sinn falsch verstanden.[1] Man darf nicht glauben, der Heilige Geist sei eine dem Menschen fremde Wesenheit. Nein, er ist sein Höheres Ich, er ist das Symbol all dessen, was göttlich, himmlisch, strahlend, lichtvoll und stark in ihm ist. Ihr werdet fragen: »Da ja viele schon den Heiligen Geist empfangen haben, gibt es denn dann so viele Heilige Geister wie Individuen?« Nein, es gibt nur einen Heiligen Geist, einen göttlichen, kosmischen, und jedes Höhere Ich empfängt aufgrund seiner göttlichen Natur von ihm seinen Funken und wird wie Er. Wenn ein Mensch den Heiligen Geist empfängt, ist das sein eigener Geist, der auf ihn herabsteigt, sein eigener Geist, der nichts anderes ist, als sein Höheres Ich und der oben in der Sonne wohnt.

Schon oft habe ich euch gesagt, dass der Mensch mit seinem Höheren Ich verbunden ist, das darauf wartet, in ihn einzutreten und

* Siehe auch Kapitel 11 »Der Heilige Geist« in diesem Buch.

von ihm Besitz zu ergreifen, dass jedoch er selbst, aufgrund seiner Unreinheiten, den Weg blockiert. Wenn er sich wahrhaft reinigt und läutert und wenn ihm eines Tages eine wirkliche Heiligung gelingt, wird der Heilige Geist in ihn herabsteigen und er wird Wunder vollbringen, die Zukunft voraussagen, heilen und alles erkennen können. Der Heilige Geist jedoch teilt sich nicht: Er ist ein Kosmischer Geist, die Gottheit selbst. Und unser Höheres Ich und der Heilige Geist sind gleicher Natur, es besteht aus der gleichen Quintessenz, aus dem gleichen Licht. Es ist ein Funke im Feuer, ein Wassertropfen im Ozean.

Was uns momentan daran hindert, den Heiligen Geist zu empfangen, ist die Tatsache, dass er zu rein ist. Ich habe euch schon einmal das Quecksilber als bildhaftes Beispiel genannt. Es verteilt sich in viele winzige Kügelchen, wenn man es zum Beispiel auf eine Platte schüttet. Und jeder Tropfen ist so lebendig, so beweglich, das ist unglaublich! Warum sagt man über Kinder, sie seien quecksilbrig? Weil sie sich sehr viel bewegen, weil sie lebhaft sind. In einem Experiment kann man Folgendes beobachten: Streut man ein wenig Staub auf eine Platte und versucht, Quecksilber darauf zu verteilen, so können sich die Tröpfchen nicht mehr verbinden. Aber auf einer anderen Unterlage ohne Staub verbinden sich die Tröpfchen sofort, sobald sie sich berühren und bilden eine Einheit. Sobald eine dünne unsichtbare Staubschicht da ist, hindert sie die Quecksilbertropfen daran, sich zu verbinden. In uns ereignet sich das gleiche Phänomen: Die Universalseele, unsere Seele kann mit uns nicht verschmelzen, weil Schichten von Unreinheiten sie daran hindern.

Ihr versteht jetzt, warum es für den Menschen wichtig ist, sich zu reinigen, sich zu läutern: damit diese Verschmelzung des Höheren Ich und des niederen Ich stattfinden kann. Solange diese Verschmelzung nicht geschieht, bleibt sein Höheres Ich irgendwo getrennt von ihm. Es hat seine Fähigkeiten, seine Kenntnisse, seinen Reichtum, aber es kann sie ihm nicht bringen. Es sieht, dass er leidet, aber es kann ihm nicht helfen, außer indirekt über andere Wesen. Das Höhere Ich weiß alles, kann alles, aber es kann nichts tun für einen Menschen, der rund um sich herum Schichten von Unreinheiten angehäuft hat.

Bis zu seinem dreißigsten Lebensjahr hatte Jesus sein Höheres Ich noch nicht gefunden, aber nach jahrelanger spiritueller Arbeit empfing er bei der Taufe im Jordan seine göttliche Seele. Diese göttliche Seele lebt so hoch oben, dass sie dem Menschen auf einen Schlag alles Wissen der Vergangenheit und der Zukunft übermittelt und ihm alle Macht verleiht. Deshalb hat derjenige, der den Heiligen Geist empfängt, die Fähigkeit, unbekannte Sprachen zu sprechen, zu prophezeien und Schlangen in den Staub zu treten... weil diese Seele Eigenschaften besitzt, die alles übertreffen. Um euch zu einem besseren Verständnis zu verhelfen, nehmen wir das Beispiel eines Konzertpianisten. An manchen Abenden bleibt sein Vortrag im normalen Rahmen, niemand wird innerlich berührt: Keinerlei Emanation, keinerlei Ausstrahlung, keinerlei Kraft geht von ihm aus, um diejenigen, die ihm zuhören, zu ergreifen, zu erschüttern und in ein Hochgefühl zu versetzen. An anderen Abenden tritt plötzlich etwas in ihn ein, und ohne dass er selbst weiß, was er tut – dieses Etwas jedoch weiß es ganz genau –, ist alles anders: sein Anschlag, seine Gesten, sogar die Bewegungen des Kopfes, und es geschehen unerklärliche Phänomene. Dann sagt man: »Das ist wundervoll, das ist göttlich, er ist inspiriert.«

Die Inspiration ist ein Strom oder eine Wesenheit oder eine Intelligenz, die in uns eintritt, von uns Besitz ergreift und sich auf wunderbare Art manifestiert. Wenn ihr nicht inspiriert seid, könnt ihr trotz eurer Bemühungen nicht die gleiche Wirkung erzielen. Der esoterischen Wissenschaft zufolge ist Inspiration nichts anderes als der Kontakt, die Kommunikation mit einer Kraft, einer Intelligenz, einer Wesenheit, die aus den höheren Regionen kommt und die sich unser bedient, um auszuführen, wozu wir selbst nicht in der Lage wären. Jemand möchte zum Beispiel sprechen, aber er findet nicht die passenden Worte, er ist verlegen, er hat keinerlei Inspiration. Und plötzlich tritt etwas in ihn ein, ein Licht, ein Strom und er überlässt sich ihm: Er braucht nicht einmal mehr nach Worten zu suchen und er selbst hört zu, er selbst ist über das erstaunt, was er sagt. Woher kommt das? Wer ist derjenige, der weiß, wo er die Materialien findet, wie er Elemente zusammensetzt und sie kombiniert, um Formen von so unbeschreiblicher Ausdruckskraft zu schaffen?

Der Mensch aus sich heraus ist nicht wirklich fähig, geniale, übermenschliche, göttliche Schöpfungen hervorzubringen, aber er wird von entwickelten Seelen besucht, die ihn inspirieren. Leider kann er auch von niederen Seelen besucht werden, die ihn blockieren, ihn schwächen und ihn daran hindern, bestimmte Dinge zu tun oder ihn im Gegenteil dazu drängen, Verbrechen zu begehen. Anschließend fragt man sich, was für eine Kraft das war. Der Mensch sagt: »Ich weiß nicht, wie ich dazu kam, so etwas zu tun, wo ich es doch so entsetzlich finde, ich wollte das nie... Ich habe ein Verbrechen begangen... Eine Kraft hat sich meiner bemächtigt.« Viele Kriminelle sagen das, aber da man in der Kriminologie diese Frage nicht erforscht hat, werden sie verurteilt, und dabei war es ein anderer, der durch sie hindurch handelte. Heutzutage holen die Richter, bevor sie ein Urteil fällen, die Meinung eines Psychiaters ein, und wenn ein Verbrecher Anzeichen einer Geisteskrankheit aufweist, gesteht ihm das Gericht mildernde Umstände zu. »Er befand sich nicht in seinem Normalzustand«, sagt man. In Ordnung, aber das erklärt nicht, dass er sich von einer unbekannten Kraft gedrängt fühlte, dass er »den Kopf verlor«. Was ist das für eine Kraft, die sich seiner bemächtigte...? Übrigens, jeder von euch kennt vielleicht Momente in seinem Leben, in denen er, ohne zu wissen warum und wie, bestimmte – Gott sei Dank weniger schlimme! – Handlungen ausführte, die ihm sozusagen von außen diktiert wurden.

All diese Bewusstseinszustände und auch die Fälle von Persönlichkeitsspaltung werden von der Psychologie nicht richtig erkannt. Wie ist es zum Beispiel möglich, dass ein Staatsanwalt, der am Tag Verbrecher streng verurteilt, nachts ohne es zu wissen eine Persönlichkeitsspaltung erleidet, sich verkleidet und Verbrechen begeht, wiederkommt, sich wieder entkleidet und zu Bett geht, ohne sich dessen bewusst zu sein, was er gerade getan hat? Und eines Tages entdeckt man die Wahrheit. Was bedeutet Persönlichkeitsspaltung? Auch hier sollte man wissen, dass der Mensch sich mit unsichtbaren Geschöpfen verbinden kann. Und wie? Durch seine ungeordnete Lebensweise zieht er sie an, und eines Tages nehmen sie von ihm Besitz. Genau diese Dinge geschehen mit vielen Menschen, die diese Wahrheiten nicht kennen, sich ihren negativen Instinkten hingaben und damit sehr bösartigen Wesenheiten die Möglichkeit geben, sich ihrer zu bemächtigen. Sie können sie nicht mehr beherrschen und sagen: »Es ist stärker als ich«, und werden zu Sklaven dieser Wesenheiten, die sie fortan zufrieden stellen und ernähren müssen.[2] Für den Schüler der Einweihungswissenschaft geschieht selbstverständlich genau das Gegenteil: Durch seine Gebete, seine Arbeit, seine Bemeisterung gelingt es ihm, bestimmte Veränderungen in seinem physischen und psychischen Organismus herbeizuführen, und er bereitet auf diese Weise gute Bedingungen vor, damit sehr hoch stehende Geister sich in ihm niederlassen und in ihm arbeiten. Er wird besucht, es wird ihm geholfen, der Himmel manifestiert sich durch ihn, und er vollbringt wunderbare Dinge. Ihr seht also, das Wissen um diese Wahrheiten kann uns sehr helfen.

Die Ärzte wollten noch nie begreifen, dass Krankheiten Wesenheiten sind. Die Einweihungswissenschaft hingegen sagt eindeutig: Es sind Wesenheiten, und der Beweis besteht darin, dass alle großen Meister, alle großen Eingeweihten, die vielleicht keinerlei medizinische Kenntnisse hatten, um Medikamente verschreiben zu können, einfach nur sagten: »Verschwinde, komm heraus und verlasse diesen Kranken!« Mit wem sprachen sie? Mit einer Wesenheit, die im Menschen hauste, denn er hatte sie durch die Übertretung von Gesetzen angezogen. Man sollte verstehen, dass alle Krankheiten Wesenheiten sind, die zerstören und verwüsten können, und dass man ein sehr reines Leben im Einklang mit den göttlichen Gesetzen führen muss, um sich von ihnen zu befreien. Für manche Wesenheiten sind Wärme oder Kälte, bestimmte Kräuter oder Substanzen unverträglich, die ihrer Natur zuwiderlaufen. Aber den Eingeweihten sind all diese Einzelheiten unbekannt; sie kennen nur eines: wie man Reinheit, Leben und Licht in sich einführt, denn sie allein übernehmen die Heilung.

Ihr seid die Baumeister eurer Zukunft. Wenn ihr von schädlichen Kräften besucht werdet, dann nur deshalb, weil ihr ihnen die Erlaubnis erteilt habt, in euch einzutreten. Ihr habt für sie das Terrain vorbereitet und habt sie angelockt. Also solltet ihr eure Lebensweise ändern, eure Gedanken und Gefühle überwachen, um die in der Natur so zahlreich vorhandenen lichtvollen Geister anzuziehen, die bereit sind, in euch einzutreten und euch zu helfen. Solange Unreinheiten alles verstopfen, können diese lichtvollen Geister nicht eintreten und es gehen nur die dunklen Geschöpfe ein und aus. Aus diesem Grund sollte man diese Wahrheiten lernen; deshalb sage ich mit allem Nachdruck: Der Mensch muss sich darauf vorbereiten, eines Tages zum Vermittler für alles Göttliche zu werden, dann wird er von Heilern, Musikern, Dichtern, Philosophen und Propheten bewohnt werden.

Ohne das Wissen, dass es diese verschiedenen Seelen gibt, lässt sich nichts im Leben erklären. Doch die Wissenschaft verleugnet heutzutage sogar die Existenz der Seele. Nehmen wir den Fall von Swedenborg, dem großen schwedischen Naturgelehrten des achtzehnten Jahrhunderts: Am Anfang hatte er eine materialistische, sachliche Einstellung. Er aß viel, trank und amüsierte sich. Aber eines Tages, so erzählt man sich, sei ein Engel erschienen, gab ihm eine Ohrfeige und sagte: »Wie lange willst du noch so weitermachen? Du hast Besseres zu tun. Du musst dein Leben ändern.« Und er akzeptierte es, glaubte diesem Engel, veränderte sich und wurde darauf hellsichtig. Aber es gibt auch Fälle, in denen man die Hellsichtigkeit verlieren kann. Manche waren hellsichtig und sind es nicht mehr: Was ist da geschehen…? Andere hatten die Kraft zu heilen und verloren sie. Wieder andere hörten himmlische Musik und eines Tages hörten sie gar nichts mehr. Man kann diese Fähigkeiten gewinnen und auch wieder verlieren. Physisch betrachtet ist der Mensch immer derselbe und dennoch hat er etwas Unwägbares aber Wesentliches verloren.

Diese Wahrheiten sind nicht das Ergebnis tastender Versuche oder philosophischer Gedankengebäude. Es gab immer schon Menschen, die in die feinstofflichen Welten hineinsehen konnten. Sie sahen zum Beispiel wie sich ein dunkler Geist jemandem näherte, in ihn eintrat und sich daran machte, alles durcheinanderzubringen oder aber wie ein lichtvoller Geist in einen Menschen eintrat und was dieses außergewöhnliche, edle und großartige Wesen vollbrachte. Es handelt sich hier nicht um Hypothesen, sondern Feststellungen, die von großen Hellsehern gemacht wurden, denn man kann das alles sehen. Als Jesus die Dämonen des Besessenen vertrieb, von dem die Evangelien berichten, sah er sie. Eines Tages fragte er: »Wie heißt du? – Legion« antwortete der Mann (Lk 8,30), denn zahlreiche Dämonen hatten ihn besetzt. Jesus befahl ihnen, den Mann zu verlassen, aber sie flehten ihn an, er möge sie nicht in die Abgründe werfen und sie stattdessen in Schweine fahren zu lassen. Er gestattete es ihnen. In heller Aufregung stürzten sich die Schweine daraufhin ins Wasser und ertranken. Warum findet man die gleichen Berichte bei den Tibetanern, den Hindus, den Japanern, Ägyptern, Chaldäern und in allen heiligen Büchern, in der Bibel, in den Evangelien und in der Kabbala?

Die Kabbalisten sagen ebenso, der Mensch habe mehrere Seelen, die sie Dibuks nennen. Die astrale oder emotionale Seele nennen sie Nephesch; die intellektuelle Seele nennen sie Ruach; und die höheren Seelen heißen Neschamah, Hayah und Iehida. Was die Hindus betrifft, so sprechen sie nicht von Seelen, sondern von Körpern, was auch richtig ist. Alle Materieteilchen enthalten eine Energie. Diese Energie ist das männliche Prinzip, und die Materie ist das weibliche Prinzip. Überall im Universum besitzt die Materie eine Energie. Der physische Körper, der Materie ist, besitzt also eine Energie, und eben diese Energie nennt man Seele. Aber es gibt mehrere Körper, nicht nur den physischen, sondern auch noch den Astral- und den Mentalkörper, und jeder Körper hat seine Seele. Für den physischen Körper ist es die Vitalseele, für den Astralkörper die emotionale Seele, für den Mentalkörper die intellektuelle Seele; für den Kausal-, den Buddhi- und den Atmankörper gibt es drei weitere höhere Seelen. Jeder Körper enthält seine Seele: Der Körper ist die Form, das Behältnis, und die Seele ist die Energie, die ihn belebt. Die beiden sind untrennbar verbunden. Das Universum ist ein Körper, der Körper Gottes, und er besitzt eine Seele, das ist die Universalseele. All das ist klar, kristallklar. Nur, die Menschen haben die Dinge verkompliziert, weil sie diese Klarheit nicht hatten. Aber für mich, für uns, ist das sehr klar, sehr einfach: Es gibt genauso viele Seelen wie Körper.

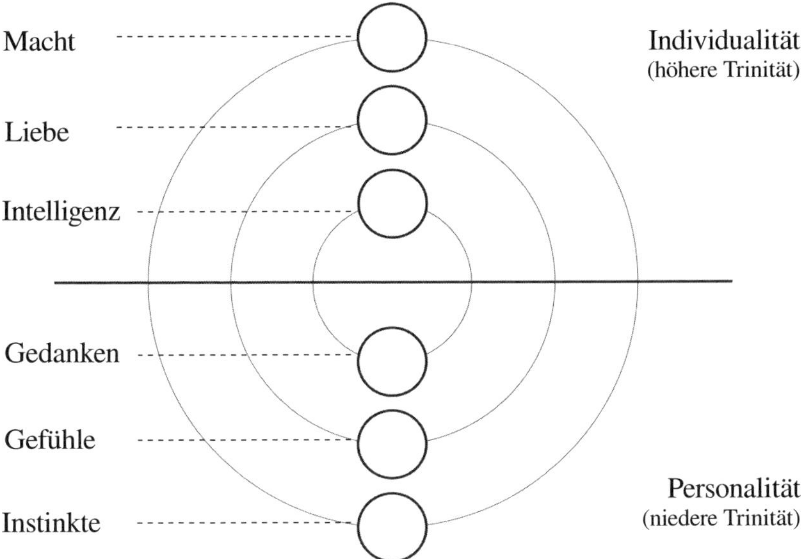

Man sagt manchmal von jemandem: »Das ist eine teuflische Seele.« Wie kann man das erklären? Wenn der Astralkörper wirklich unrein ist, schlüpft eine teuflische Seele in ihn hinein, die nur danach trachtet zu verwüsten, zu verderben und zu beschmutzen. Und wenn der Mentalkörper unrein ist, lässt sich eine teuflische, höllische Verstandes-Seele in ihm nieder, die Pläne schmiedet und Berechnungen anstellt, wie sie alles vergiften und zerstören kann. Und das Gleiche ist auch möglich bezüglich des Guten. Was ist ein Eingeweihter? Das ist ein Mensch, der daran gearbeitet hat, alles in sich zu verwandeln, um seine göttliche Seele anzuziehen. Sein ganzes Wesen ist Harmonie, alles schwingt im Einklang mit der Kosmischen Intelligenz, zu deren Vermittler, zu deren Diener er wird.

Viele Menschen in der Vergangenheit, die daran arbeiteten, lichtvolle Wesenheiten von ganz hoch oben anzuziehen, wurden zu Übermittlern des Lichts. Deshalb bin ich da, um euch zu ermutigen, um euch zu sagen, dass ihr über große Möglichkeiten verfügt. Was ich euch da enthülle, ist Wissen von absoluter Gültigkeit, wahrhaftes Wissen, und ich lade euch ein, es zu überprüfen. Aber ihr habt es bereits Hunderte von Malen überprüft! Ja, wie viele Male habt ihr euch bereits gehen lassen: Habt ihr anschließend nicht gemerkt, welche dunklen Kräfte sich durch euch manifestierten? Warum also noch zweifeln? Ihr wartet darauf, dass die Biologie, die Medizin oder die Psychologie sich zur Existenz der Seele äußert? Da werdet ihr vielleicht noch Jahrhunderte warten!

Insgesamt stellt der Mensch also eine Einheit dar, in der zwei Naturen, zwei Trinitäten nebeneinander bestehen. Die erste, die niedere Trinität, die wir »Personalität« nannten, umfasst unsere instinktiven, emotionalen und verstandesmäßigen, rein irdischen Fähigkeiten. Die zweite, die himmlische, höhere Trinität oder »Individualität« manifestiert sich unter drei Aspekten: der reinen und intuitiven Intelligenz, der erhabenen Liebe, die gänzlich Opfer und Glückseligkeit ist, göttlicher Wille, der die schöpferische Allmacht besitzt. Die Hindus sagen, dass diese drei erhabenen Manifestationen in drei Körpern wohnen, die sie Kausal-, Buddhi- und Atmankörper nennen. All dies lässt sich zusammenfassen in einem Symbol, das den Kosmischen Menschen darstellt: Adam Kadmon.[3]

Wenn ihr mir glaubt, wird euch Großes gelingen. Aber die erste Voraussetzung dafür ist, dass ihr euch ständig beobachtet, zu jeder Minute des Tages und sogar während der Nacht. Ihr solltet wissen, was in euch hinein fließt und was aus euch herauskommt; analysiert die Gedanken, Wünsche und Gefühle, die euch überfluten, und gleichzeitig auch alles, was ihr verliert. Man muss sich dessen bewusst sein. »Wozu soll das gut sein«, werdet ihr fragen. Aber das ist eine ganze Wissenschaft, die sich euch da offenbart! In eurem inneren Labor erforscht ihr an euch selbst die Wirklichkeit der Dinge, ihr achtet darauf, ob ihr Fortschritte macht oder ob das Gegenteil geschieht. Wenn das Bewusstsein nicht entwickelt ist, ist man sich nicht im Klaren über das, was gerade abläuft. Oft stelle ich jemandem die Frage: »Woran denken Sie gerade?« und er antwortet: »Ich weiß es nicht.«

Die Gedanken fließen in ihn hinein wie in eine Mühle und er ist sich dessen nicht bewusst. Alles Mögliche fließt hinein und heraus und er weiß nicht, wer da ein- und ausgeht. Wie soll so ein Mensch Herr der Lage sein? Er wird immer unterliegen, er wird immer am Boden liegen. Wenn ein herrlicher, göttlicher Strom euch erfüllt, solltet ihr seine Farbe und die Region, aus der er kommt, kennen, um ihn einordnen zu können. Auf diese Weise macht ihr Fortschritte. In der Lehre ist kein Platz für die unbewussten Menschen. Deshalb sage ich euch: Seid euch gegenüber wachsam und analysiert euch in jedem Augenblick!

Und nehmen wir an, ihr hättet erhabene Augenblicke erlebt, in denen ihr euch von Wirbelstürmen an Inspiration und Ekstase mitgerissen fühltet, und jetzt seid ihr traurig und findet nicht mehr in diese Zustände zurück... In einem anderen Vortrag habe ich euch gesagt, dass alles in uns aufgezeichnet wird, dass wir innerlich eine ganze Schallplattensammlung besitzen. Man sollte also dort die Aufzeichnung dieses wunderbaren Momentes suchen, das heißt in Gedanken dieselben Bedingungen herstellen, damit ihr noch einmal dieselben Eindrücke erlebt. Nach wenigen Augenblicken werdet ihr dieselben Emotionen wieder erleben, ihr werdet euch fast genau in dasselbe zurückversetzen, was ihr erlebt habt und es so oft wiederholen können, wie ihr es wünscht. Auf diese Weise macht ihr eine sehr positive Arbeit an euch selbst, weil ihr immer wieder das zu ergründen sucht, was aufbauend ist. Es ist also eine gute Arbeit.

Wenn manche Menschen an bestimmten Orten eine große Liebe erlebt haben und sie dorthin zurückkehren, an dieselben Orte – und sei es lange Zeit danach –, so kommen in ihnen die Erinnerungen wieder hoch und sie werden von denselben Emotionen erfasst. Das beweist, dass etwas in ihnen aufgezeichnet wurde. Sie haben an diesen Orten dieselben Empfindungen wieder gefunden, vielleicht weniger intensiv, aber von der selben Natur. Und wenn andere sich gewissen unheilvollen Orten nähern, wo sie gequält, geschlagen oder gefoltert wurden, werden sie von den selben Emotionen von Angst und Schrecken erfasst. Das beweist, dass alle Eindrücke im Unterbewusstsein aufgezeichnet werden und dass man sie eines Tages wieder abrufen kann. Wenn ihr nun etwas wirklich Sinnvolles für euch tun wollt, dann versucht, die besten Momente eures Lebens wieder zu finden und erlebt diese Momente wieder neu, taucht wieder in sie ein. Was machen die Menschen die meiste Zeit? Sie legen immer wieder die gleichen Platten auf, aber immer die negativsten: ihre Krankheiten, ihre Sorgen, die Ungerechtigkeiten, die sie erlitten haben... ja, genau das erzählen sie euch immer wieder! Es handelt sich also um Unwissende, denn sie wissen nicht, dass sie etwas in ihrem Inneren zerstören, wenn sie unaufhörlich in diesen negativen Sorgen herumwaten.

Für den Schüler ist das Wichtigste zu verstehen, dass er eine Arbeit an sich selbst verrichten sollte, dass er sich überwachen, umsichtig, wach sein sollte, damit er in jedem Moment weiß, was in ihm abläuft, damit er genau weiß – ohne sich zu irren –, was teuflisch und was göttlich ist. Wenn der Schüler in dieser Art bewusst arbeitet und dabei in sich ein sehr hohes Ideal aufrechterhält, verbindet er sich mit erhabenen Wesen und Intelligenzen, die eines Tages kommen und sich in ihm niederlassen und ihn dazu befähigen, schwierige Aufgaben zu übernehmen, Probleme zu lösen, zahlreiche Schwierigkeiten zu besiegen und endlich ein Kind Gottes zu werden. Man muss sich verbinden, sich immer mit dem verbinden, was höher, was göttlich ist. Jesus sagte: »Wer mich liebt, der wird mein Wort halten und mein Vater wird ihn lieben, und wir werden zu ihm kommen und Wohnung bei ihm nehmen« (Joh 14,23).

In allen Heiligen Büchern der Menschheit steht geschrieben, dass lichtvolle Geister sich bei solchen Menschen niederließen, die sie gerufen hatten, die sich mit ihnen verbunden hatten. Das bedeutet, dass sich in uns also auch andere Seelen niederlassen können, abgesehen von denen, über die ich zu Beginn sprach. Viele andere individuelle Seelen können kommen und sie bilden in uns eine große Kollektivität, eine große Bruderschaft. In dem Vortrag: »In meines Vaters Haus gibt es viele Wohnungen«,[4] (Joh 14,2) erklärte ich, ihr erinnert euch, dass der Mensch so etwas wie ein Haus mit Bewohnern, mit Mietern ist. Ein Grobian hat nicht viele Bewohner, er ist ein armer und erbärmlicher Mensch. Ein gewöhnlicher Mensch hat eine kleine Familie. Die talentierten Menschen, die Genies und Heiligen haben schon eine viel größere Familie. Und die Meister schließlich haben eine unermesslich große Familie. Je mehr Seelen im Menschen anwesend sind, desto reicher ist er. Er ist wie eine Bank, auf der Geister ihr Kapital anlegen. Je nach der Arbeit eines Menschen, seinem Verhalten, seinem Ideal, legen die Geister Kapital in einen Menschen an oder ziehen es wieder ab. Wenn er ihr Vertrauen erwirbt, wird er zu einer florierenden Bank, und da er reich ist, besitzt er die Mittel, um erstaunliche Dinge zu vollbringen. Wenn ihm die unsichtbare Welt alles Kapital entzieht, dann ist es aus mit ihm. Man erlebt das jeden Tag: Ob es sich um das Trinken, um die Sinnlichkeit oder andere Vergnügungen handelt, der Mensch kann all das verlieren, was es an ihm an Ausdrucksstarkem, Feinstofflichem und Strahlendem gab, und er wird wie ein Stein.

Deshalb ist die Einweihungswissenschaft notwendig, um die Menschen aufzuklären, um sie darin zu unterweisen, wo sie hingehen und wie sie arbeiten sollten. Sie basiert auf Wissen und nicht auf Geboten wie: »Du sollst nicht dieses machen, du sollst nicht jenes machen…!«, was gar nichts erklärt. Die Religion wiederholt, man solle moralisch handeln, man solle beten – aber ohne die Gründe dafür zu nennen. Deshalb weigern sich die Menschen, sich diesen Vorschriften zu unterwerfen. Aber wenn man ihnen erklärt, dass es Gesetze von Ursache und Wirkung auf den verschiedenen Ebenen gibt, warum man also dies tun oder jenes lassen sollte, werden sie das akzeptieren, denn es wird für sie klar sein und sie werden den Grund dafür verstehen.

Glaubt mir, es gibt nichts Nützlicheres für euch, als das Licht dieser Lehre. Sie wird euch die Möglichkeit geben stark, mächtig und Herr eurer selbst zu werden und endlich mit offenen Augen voranzugehen.

Sèvres, 6. April 1969

Anmerkungen

1. Siehe auch Band 232 der Reihe Izvor »Feuer und Wasser – Wunderkräfte der Schöpfung«, Kapitel 18: »Das Herabsteigen des Heiligen Geistes«.
2. Siehe auch Band 5 der Reihe Gesamtwerke »Die Kräfte des Lebens«, Kapitel 7: »Die unerwünschten Wesen«.
3. Siehe auch Band 236 der Reihe Izvor »Weisheit aus der Kabbala – Der lebendige Strom zwischen Gott und Mensch«, Kapitel 11: »Der Körper des Adam Kadmon«.
4. Siehe auch Band 9 der Reihe Gesamtwerke »Im Anfang war das WORT – Kommentare zu den Evangelien«, Kapitel 12: »Im Haus meines Vaters gibt es viele Wohnungen«.

III

DER KREIS
(DAS ZENTRUM UND DIE PERIPHERIE)

I

Dieses Jahr habe ich begonnen, in Bonfin über die symbolische Bedeutung des Kreises zu sprechen. Aber es gibt noch vieles hinzuzufügen, was dieser Kreis mit dem Punkt in der Mitte, seinem Zentrum, darstellt. Ihr habt sicherlich schon einmal einen Stein ins Wasser geworfen: Von dem Punkt aus, an dem der Stein auftraf, sieht man Wellen, die sich in konzentrischen Kreisen ausbreiten. Habt ihr euch jemals damit aufgehalten, dieses Phänomen zu interpretieren? Natürlich bedeutet für diejenigen, die nie versuchten, das große Buch der lebendigen Natur zu entziffern, dieses Symbol ⊙ nichts. Aber für diejenigen, die dieses Buch lesen können, enthält es die einzig wirkliche, wahrhafte Philosophie, die die Eingeweihten in ihrem Herzen, in ihrer Seele und in ihrem Geist akzeptiert haben. In diesem Symbol, dem Kreis mit dem Punkt in der Mitte, ist die ganze Schöpfung auf geometrische Weise zum Ausdruck gebracht. Die Astrologen stellten die Sonne übrigens auch durch dieses Symbol dar. Welch tiefgehende Weisheit, welch weitreichende Philosophie! Alle anderen Symbole sind aus diesem Symbol des Kreises abgeleitet. Sie erklären nur einige kleine (oder große!) Details, bestimmte Aspekte des Kreises.

Um euch nun die Bedeutung des Kreises und des Zentrums zu erklären, werde ich euch jetzt vom so genannten »Butterteller« erzählen. Wisst ihr, was das ist...? Nein? Gut, ich werde es euch erzählen. Vor ein paar Jahren – es war noch vor dem Krieg – hatte man an der Porte Maillot in Paris einen Vergnügungspark eingerichtet, der Luna Park hieß. Viele Menschen gingen dorthin, um zu tanzen, in den Schießbuden ihr Glück zu versuchen, auf das Laufband zu steigen, zu schaukeln oder sich auf alle mögliche Art und Weise zu amüsieren. Es gab zum Beispiel ein Spiel, das darin bestand, auf einen Punkt auf einer Mauer zu zielen: Wenn man diesen Punkt traf, drehte sich ein Bett um, in dem eine Frau – ob eine hübsche oder eine hässliche, das weiß ich nicht mehr so genau – schlief, und die Frau fiel auf den Boden, zur Belustigung aller Schaulustigen! Sie musste wieder aufstehen, das Bett wieder umdrehen und sich hineinlegen, und das Ganze fing von vorne an. Es gab auch den so genannten Lachpalast mit Gängen, wo heftige Luftstöße die Röcke fliegen ließen und Schaukeln, die man genau in dem Moment anhielt, als die Leute die Köpfe nach unten und die Beine nach oben hatten. Ich bin da nur durchgegangen, weil ich wissen wollte, womit sich die Menschen amüsieren, und ich war von dem erfinderischen Genie der Franzosen begeistert. In Bulgarien hatte ich niemals so etwas gesehen.

Und dann gab es diesen berühmten Butterteller, von dem ich euch erzählen möchte. Das war eine runde Plattform aus Holz, die so groß war, dass mehrere Personen darauf Platz fanden. Die Leute stellten sich darauf und sie begann sich zu drehen; zuerst ganz langsam, aber nach und nach drehte sie sich immer schneller, und dann wohnte man einem sehr lustigen Schauspiel bei: Diejenigen, die an der Peripherie, am Rand standen, verloren das Gleichgewicht, wurden nach außen geschleudert und fielen aufeinander (und natürlich lachten alle); diejenigen hingegen, die in der Mitte standen, wurden nicht durchgeschüttelt, sie blieben ruhig, aufrecht und lächelnd auf ihrem Platz stehen. Ihr seht also, die Zentrifugalkraft war so stark, dass sich diejenigen, die sich an der Peripherie befanden, nicht aufrecht halten, nicht wehren oder anklammern konnten, und sie wurden nach außen geschleudert. Diejenigen hingegen, die sich im Zentrum befanden, entgingen dieser Kraft und wurden in Ruhe gelassen.

Ich blieb stehen, um über dieses Phänomen nachzudenken, denn es birgt großartige Gesetze in sich, und ich fand, dass der Mensch einem Butterteller gleicht: Bestimmte psychische Bereiche stellen die Peripherie seines Wesens dar, andere den Mittelpunkt, und sein Bewusstsein ist vergleichbar mit den Menschen, die auf die Plattform steigen. Wenn euer Bewusstsein sich an der Peripherie eures Selbst befindet, so wisst, dass dort so entfesselte Kräfte wirken, dass sie euch gegen die Mauern schleudern werden und ihr euch den Kopf einschlagen werdet. Alle, die Abenteuer an der Peripherie des Lebens suchen, um Angelegenheiten in ihrem Sinn zu regeln, krumme Dinge zu drehen und sich zu amüsieren, setzen sich großen Gefahren aus, denn sie werden das Opfer von Kräften, denen sie nicht gewachsen sind. Um in Ausgeglichenheit und Ruhe zu bleiben, muss man einen gut geschützten Ort aufsuchen. Und was ist das für ein Ort? Das ist das Zentrum des Kreises. An der Peripherie ist man niemals geschützt, denn dort trifft man nur auf Unruhe und entfesselte Leidenschaften. Wer sich dorthin verirrt wird erfasst, von stürmischen Kräften angegriffen und früher oder später hinausgeschleudert und in Stücke gerissen. Deshalb vermittelten uns die Eingeweihten, die die Natur beobachteten, Regeln und Methoden wie z. B. Meditation, Sammlung oder Gebet; denn Meditieren, sich Sammeln und Beten sind Bemühungen, zu sich selbst zu finden, das Zentrum zu finden, diesen unverwundbaren Punkt, wo Frieden regiert, diese »höchste Zuflucht«, wie es im Psalm 91 heißt.[1]

Übrigens, aus geometrischer Sicht kann das Zentrum des Kreises als die Projektion eines Gipfels betrachtet werden. Seht euch einen Berg oder einen Kegel an: Die Projektion ihres Gipfels ergibt den Mittelpunkt eines Kreises.

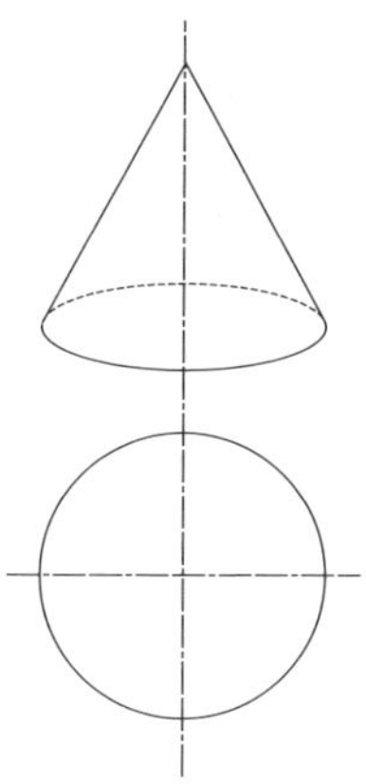

Das Symbol des Zentrums ist also identisch mit dem des Gipfels. Von einem Gipfel aus eröffnet sich ein Blickfeld ohne Hindernisse. Wenn man sich auf dem Gipfel eines Berges befindet, hat man alles ringsherum im Blick. Man ist also klarsichtiger, man sieht, was auf einen zukommt. Außerdem kommt man innerlich zur Ruhe angesichts des Raumes, der sich vor einem ausbreitet, das Herz weitet sich und man kann atmen. Endlich ist man frei, man hat die Möglichkeit so zu handeln, wie man es sich wünscht, man wird mächtig. Wer sich also bemüht, dem Zentrum näher zu kommen, macht sich Klarheit, Frieden und Freiheit zu eigen. Ihr seht, wie viele Dinge über den Mittelpunkt des Kreises zu sagen sind. Mein ganzes Leben lang habe ich mich darum bemüht, dieses Symbol zu vertiefen. Ich habe es sogar auf meinen Füllfederhalter und auf meinen Spazierstock gravieren lassen, um es immer vor Augen zu haben. Was immer ihr auch tut, denkt von nun an ständig daran, euch diese Frage zu stellen: »Worum bitte ich? Was suche ich? Gehe ich zur Peripherie meines Wesens oder in Richtung Zentrum?« Und wenn ihr ein gewisses Durcheinander fühlt, ist eines klar: Ihr seid ein bisschen zu weit in Richtung Peripherie unterwegs und ihr seid in den Einfluss von chaotischen Strömungen geraten. Also beeilt euch, euch von dort wieder zu entfernen. Denn der Versuch, gegen diese Strömungen zu kämpfen, ist sinnlos, ihr könnt sie nicht besiegen. Solange ihr dort verbleibt, werdet ihr überwältigt, werdet ihr entwurzelt, denn niemandem ist es je gelungen, diese Kräfte zu besiegen. Nur indem man sich entfernt und sich dem Mittelpunkt annähert, gelingt es einem, sich zu befreien. Bildet euch niemals ein, ihr könntet an der Peripherie durchhalten, da muss ich euch eure Illusionen nehmen. Das hat man bei Leuten erlebt, die viel stärker waren als ihr: Sie ließen sich in Richtung Peripherie abdriften und wurden zermalmt. Ihr könnt nur die Stirn bieten, indem ihr euch weg begebt und euch dem Zentrum annähert, und dem Zentrum, das bedeutet Gott.

Ich stelle euch heute eine Methode vor, und wenn ihr sie vergesst, werden sie euch die Umstände wieder in Erinnerung rufen. Jeden Tag, ja, mehrmals täglich müsst ihr an diesen Mittelpunkt denken, denn allein dadurch, dass ihr hin und wieder bloß für ein paar Minuten daran denkt, gelingt es euch noch nicht, von der Peripherie wegzukommen. Übt euch darin, sooft es notwendig ist, aber ihr müsst diesen Mittelpunkt finden. Wenn es euch gelingt, seine Bedeutung und seinen Wert zu begreifen, werdet ihr – jedes Mal, wenn ihr die Augen schließt und an diesen göttlichen Mittelpunkt denkt, der in euch ist – fühlen, wie Frieden, Freude, Entzücken und Dankbarkeit euch überfluten.

Wenn ein Gegenstand kostbar ist, sagt man: »Behüte ihn wie deinen Augapfel!« Das Auge ist also das Wertvollste, und seine Form erzählt ebenso vom Kreis und seinem Mittelpunkt. Dieses Symbol ist in die Augen hineingeschrieben, damit man es sieht. Und in der Tat, wenn sich zwei Menschen begegnen, suchen sie sofort den Blickkontakt. Zwar gibt es Ausnahmen, und wenn manche Männer jungen Mädchen begegnen, blicken sie immer zuerst auf deren Beine, aber im Allgemeinen sieht man sich zuerst in die Augen. Sogar die Tiere schauen euch in die Augen und verhalten sich entsprechend dem Blick, den ihr auf sie richtet. Wenn euer Blick sehr innig, sanft, liebevoll ist, nähern sie sich, andernfalls laufen sie weg. Die Tiere schauen in die Augen, aber auch auf die Hände, darauf, was ihr mit euren Händen machen werdet, denn von den Augen und den Händen geht eine magische Kraft aus, vor deren Wirkung sie sich fürchten.

Dieses Symbol ⨀ existiert auch an anderen äußerst wichtigen Körperstellen, denn es sind die, die das Leben schaffen. In diesem Bereich gibt es übrigens auch eine Peripherie und einen Mittelpunkt. Ja, im Bereich der Liebe kann man sich auch an der Peripherie befinden, und das nennt sich sinnliche, leidenschaftliche Liebe. Wer hingegen weiß, wie er wahre Liebe zum Ausdruck bringen kann, hat den Mittelpunkt gefunden. Darüber sollte man nachdenken. Die Natur hat dieses Symbol in den Mann eingeschrieben, um ihn daran zu erinnern, dass er ein Zentrum suchen muss, damit er diese instinktiven Kräfte beherrschen kann; sonst wird er hinweggefegt und zermalmt. Auch die Frau besitzt dieses Symbol, aber nicht an der gleichen Stelle wie der Mann, bei ihr befindet es sich auf der Brust.

Die Natur hat in unseren Körper alles hineingeschrieben und vielleicht werde ich euch später offenbaren, was sie alles in jedes unserer Glieder und Organe hineingeschrieben hat. Die Brüste der Frau sind zum Beispiel mit bestimmten Strömungen der Natur und des Kosmos verbunden. Ihr werdet sagen: »Mein Gott! Damit beschäftigen Sie sich also?« Nein, ich beschäftige mich mit anderen Dingen, aber auch alles andere offenbart sich mir, ohne dass ich es suche. So wie ich euch vorhin schon sagte, wenn ihr im Mittelpunkt seid, enthüllt sich vor euch alles, was an der Peripherie geschieht. Wenn ihr euch an der Peripherie befindet, könnt ihr nur den Ort sehen, wo ihr gerade seid, der Rest bleibt euch verborgen. Um ihn zu sehen, seid ihr gezwungen, euch wegzubewegen und man braucht Milliarden von Jahren, um alles zu erforschen. Wenn ihr hingegen im Zentrum, auf dem Gipfel seid, genügt ein Blick und ihr seht alles auf einmal. Einzig vom Gipfel aus könnt ihr alles mit einem Blick erfassen.

Beschäftigt euch allein mit dem Mittelpunkt, denn vom Mittelpunkt aus erkennt ihr alles, was sich an der Peripherie befindet, ihr besitzt die richtige Vorstellung von der Welt. Ihr habt es nicht mehr nötig, diesen oder jenen Philosophen zu lesen, der ein ganzes System zusammengeschustert hat, ausgehend von dem kleinen Winkel der Peripherie, in dem er sich gerade befand. Jeder sieht nur Brocken und Bruchstücke und möchte die anderen mit diesen Brocken und Bruchstücken belehren. Der eine sagt: »Die Welt ist so und so«, und aus seiner Sichtweise hat er natürlich Recht. Ein anderer sagt: »Aber nein, ich denke, dass…« und von seinem Standpunkt aus betrachtet, hat auch er Recht. Alle haben ein bisschen Recht, aber keiner verfügt über ein allumfassendes Verständnis, denn es handelt sich lediglich um ein intellektuelles Verständnis. Der Verstand gibt dem Menschen nicht die Möglichkeit, alles zu verstehen und alles zu erfassen. Deshalb haben die Eingeweihten andere Erkenntnismethoden gesucht wie die Intuition, die direkte Hellsicht. Aber man kann Intuition und Hellsicht nur haben, wenn man sich ins Zentrum, auf den Gipfel begibt. An der Peripherie kann man nichts sehen: Jeder geht dort vorbei, sogar Hühner, Pferde und Schweine und es ist dort zu viel Staub.

Dann gibt es dort auch Sümpfe mit ihrer Nässe und ihrem Nebel. Auf den hohen Gipfeln hingegen findet man weder Staub noch Nebel. Mit seinen bloßen intellektuellen Fähigkeiten kann der Mensch gewisse Grenzen nicht überschreiten. Wenn er sich aber bis zu seinem Kausalkörper erhebt, der Intuition, Weisheit, unmittelbare Durchdringung der Dinge ist, sieht er und versteht er auf einen Schlag, denn alles wird ihm gezeigt.[2] Zählt also nicht zu sehr auf euren Intellekt, auf seine Überlegungen, seine Kombinationen, seine Logik und seine Schlussfolgerungen, sondern versucht durch Meditation, durch Gebet und durch Konzentration immer höher hinaufzusteigen bis zum Gipfel, und mit einem Mal wird alles klar werden.

Wenn jemand mit mir spricht und mir seine Gedanken und Projekte darlegt, sehe ich einzig und allein nur an der Art und Weise, wie er die Dinge darstellt, ob er sich im Mittelpunkt oder an der Peripherie befindet. Das ist sehr einfach zu erkennen. Alle, die sich an der Peripherie befinden, sprechen eine sehr deformierte, sehr hohle Sprache! Diejenigen hingegen, die daran gearbeitet haben, sich dem Mittelpunkt, diesem hohen Zufluchtsort, der Quelle des Lebens zu nähern – selbst wenn sie dort noch gar nicht angekommen sind –, spiegeln dennoch etwas davon wider: ein paar Emanationen, ein paar Düfte, ein paar Goldplättchen, die aus der reinen Wahrheit kommen. Man fühlt, dass diese Menschen Träger des neuen Lebens sind. Und es ist so sehr zu wünschen, dass die Erde eines Tages von lauter solchen Geschöpfen bevölkert ist, damit man ihnen begegnen, mit ihnen arbeiten und sich mit ihnen freuen kann!

Meditiert oft über dieses Symbol des Kreises, denn es enthält alles. Was ist der Mittelpunkt? Das ist der Geist, der Geist Gottes. Und was ist der Kreis? Das ist der Raum, die Materie, die Göttliche Mutter. Befasst euch intensiv mit dem Kreis und ihr werdet das Mysterium der Beziehungen zwischen Geist und Materie verstehen. Ihr kennt folgende Definition von Gott: Eine Kugel, deren Mittelpunkt überall und deren Umfang nirgendwo ist. Das beweist, dass in einem Kreis nur der Mittelpunkt wirklich existiert. Der Kreis reduziert sich also auf einen Punkt. Das Universum ist auch ein Kreis, dessen Mittelpunkt überall ist. Hier, wo wir sind, ist der Mittelpunkt des Universums; und ebenso ist der Mittelpunkt des Universums an jedem anderen Punkt der Welt, wo auch immer. Deshalb hatte Nastradin Hodja Recht, als er dem Sultan auf dessen Frage: »Wo ist der Mittelpunkt der Welt, Nastradin Hodja?« antwortete: »Natürlich dort, wo ich meinen Esel angebunden habe, Herr.« Aus seiner Sicht war das richtig.

Jeden Morgen wenn ihr die Sonne betrachtet, betrachtet ihr den Mittelpunkt, den Geist, das Auge Gottes, deshalb müsst ihr es bewusst tun, mit Liebe, mit dem Wunsch, das Zentrum, euer Zentrum zu finden. Seid euch dessen bewusst, dass ihr euch allein durch die Betrachtung dem Zentrum des Sonnensystems nähert, und dass sich auf die gleiche Weise das gleiche Phänomen in euch ereignet: Euer Bewusstsein nähert sich eurem eigenen Zentrum, eurem Geist, Gott, und ihr findet Licht, Frieden, Freiheit und Kraft.

An dem Tag, an dem ihr wirklich wisst, wie ihr die Sonne bewusst anschauen könnt, werdet ihr sehen, was geschieht: Zwischen ihr und euch werden Wellen zu zirkulieren beginnen, die Formen, Farben, eine neue Welt erschaffen. Dann werdet ihr Kräfte und intelligente Geschöpfe anziehen, die dann tanzen und sich in dieser Schönheit baden, in diesem Dialog, in dieser Unterhaltung zwischen der Sonne und euch. Momentan seid ihr noch nicht mit der Sonne in Kontakt getreten. Sie ist anwesend, aber es gibt keinerlei Verbindung zwischen euch und ihr. Ihr gebt euch damit zufrieden, sie anzuschauen und festzustellen, dass sie ein wenig strahlender oder ein wenig verschleierter ist als am Vortag, aber auf diese Weise baut man keine Beziehung zur Sonne auf. Um mit ihr in Beziehung zu treten, ist es notwendig, dass ihr eine wirklich lebendige Verbindung knüpft zwischen euch und ihr.

Freut euch darüber, dass Gott in Mann und Frau dieses Symbol des Kreises mit Seinem Mittelpunkt hineingeschrieben hat. »Wer mich versteht«, sagt dieses Symbol, »nähert sich mir, dem Zentrum, Gott, der Sonne des Universums. Ihr werdet eins sein mit mir, und da ich alles besitze, werde ich euch alles geben: Allwissenheit, unbegrenzte Liebe, Allmacht.« Das sagt dieses Symbol und ihr solltet jetzt alles daransetzen, dem Zentrum näher zu kommen, um über das Zentrum zu meditieren, anstatt alle Peripherien der Welt abzuklappern und dort euer Glück zu suchen. Lasst euch vom göttlichen Geist durchdringen, damit er in euch Seine Kraft, Sein Licht und all Seinen Reichtum hinterlässt.

Und ich kann euch sogar zeigen, dass dieses Symbol das Gebot erklärt, das im Giebel des Tempels zu Delphi stand: »Erkenne dich selbst«, denn wahre Erkenntnis ist ein Sich-Wiederfinden, und man kann sich nur wieder finden im Zentrum, im Licht und in der Unsterblichkeit des Geistes.

Sèvres, 4. April 1961

Anmerkungen

1. Siehe auch Band 9 der Reihe Gesamtwerke »Am Anfang war das WORT – Kommentare zu den Evangelien«, Kapitel 8: »Die höchste Zuflucht«.
2. Siehe auch Band 228 der Reihe Izvor »Einblick in die unsichtbare Welt«, Kapitel 2: »Das begrenzte Wahrnehmungsvermögen des Intellekts und das unbegrenzte Wahrnehmungsvermögen der Intuition«.

Teil II

Es gibt noch vieles zu sagen zum Thema Kreis, meine lieben Brüder und Schwestern, denn diese Symbole, Zentrum und Peripherie, machen einen wesentlichen Teil der Struktur des Universums aus.

Die Sonne steht im Zentrum des Sonnensystems, aber zwischen dem Zentrum und der Peripherie erstreckt sich ein von Planeten und allen Arten von Leben bevölkerter Raum. Und am anderen Ende unserer Größenskala befindet sich die Zelle und ist genauso aufgebaut wie das Sonnensystem: der Zellkern (das Zentrum), das Zytoplasma und die Membran (die Peripherie). Alles im Leben ist nach dem gleichen Vorbild aufgebaut: Früchte, Menschen, Eier, Zellen, Organe, Sonnensysteme – alles ist nach diesem einzigartigen Vorbild aufgebaut: dem Kreis mit einem Punkt in der Mitte. Der Zellkern, das ist der Geist. Das Zytoplasma, der Raum, in dem die Strömungen, Energien und Leben zirkuliert, das ist die Seele. Und die Membran ist der physische Körper, die Schale. Nehmt irgendetwas: einen Baum oder ein Auge, und ihr werdet überall diese Dreiteilung finden: Geist, Seele und Körper. Gott hat alles nach einem universellen Modell geschaffen.

Zwischen dem Mittelpunkt und dem Kreisumfang erstreckt sich ein Raum und in diesem Raum, der begrenzt ist, kreist das Leben. Das Vorhandensein dieser Grenze ist sehr wichtig. Es muss eine Begrenzung vorhanden sein, damit die Materialien, die Kräfte, die Energien nicht entweichen, sondern in den Aufbau und in die Organisation eines Lebewesens einfließen können. Seht euch ein Ei an: Wenn es nicht durch eine Schale begrenzt wird, geht das ganze Leben verloren und es könnte niemals ein Küken herausschlüpfen. Es ist also ein Schutz notwendig. Für das Ei ist das die Schale, für den Baum ist es die Rinde, für den Menschen ist es der physische Körper. Der physische Körper ist also die Hülle der Seele und des Geistes.

Hätten die Materialisten tatsächlich die Gabe zu beobachten und daraus Schlüsse zu ziehen, hätten sie gesehen, dass das ganze Universum ein Beweis für die Existenz von Seele und Geist ist. Aber da sie nicht genau beobachtet haben, sahen sie nur den Körper und verleugnen die Seele und den Geist. Sie haben sich mit der Schale beschäftigt, mit dem, was sichtbar ist und denken, dass damit schon alles erfasst sei. Aber wo befinden sich denn Seele und Geist? Stellt euch einen Menschen vor: Er ist lebendig, er denkt, schreibt, spricht, liebt, erschafft, zerstört und eines schönen Tages hat das alles ein Ende, er macht nichts mehr. Was ist passiert? Es fehlt ihm nichts von all dem, was er vorher an Gliedern und Organen besaß, als er noch lebendig war, aber er rührt sich nicht mehr. Er war also beseelt von etwas Unsichtbarem, das die Ursache all seiner Bewegungen, all seiner Gedanken, all seines Handelns war. Er war nicht nur ein Körper, Materie. Also, meine lieben Brüder und Schwestern, ich biete euch sehr einfache Überlegungen, die selbst Kinder verstehen können und die auf eine unwiderlegbare Art und Weise die Existenz dieser drei Welten beweisen: die Welt des Geistes, die Welt der Seele und die Welt des Körpers.

Die Eingeweihten lehren die Bedeutung des Mittelpunktes, mit dem sich der Mensch verbinden sollte, denn sie wissen, dass alles zerfällt, wenn es keinen zentralen Punkt gibt, um den herum alle Teilchen, Atome und Welten kreisen: Das wäre das Chaos, die universelle Anarchie. Die wichtigste Voraussetzung für Harmonie, für Gleichgewicht, für Leben ist das Vorhandensein eines Zentrums, eines Punktes, um den herum die Partikel kreisen müssen. Seht, was in einer Familie passiert, wenn der Vater weggegangen ist, oder in einem Land oder einer Armee, wenn das Oberhaupt abwesend ist! Es gibt doch das Sprichwort: »Wenn die Katze aus dem Haus ist, tanzen die Mäuse!« Ihr seht, diese Grundwahrheiten sind bereits im Menschen vorhanden. Instinktiv weiß er, dass die Dinge unten auf der Erde genau so sein sollten, wie sie oben in der göttlichen Welt sind.

Das Sonnensystem besitzt ein Zentrum, die Sonne, die alles im Gleichgewicht hält und alle Planeten in größter Harmonie kreisen lässt. Wenn eine Familie, eine Gesellschaft, eine Nation nicht nach diesem Gesetz des Zentrums aufgebaut ist, zerfällt sie. Und wenn der physische Körper eines Menschen seinen Mittelpunkt verloren hat, zerfällt auch er, weil der Punkt, der die Ordnung und die Organisation in ihm aufrechterhielt, seinen Platz verlassen hat: Ohne Oberhaupt trennen sich seine Zellen und kehren in die Reservoire des Kosmos zurück, um neue Körper zu bilden.

Das Zentrum, meine lieben Brüder und Schwestern, es ist sehr wichtig, dass ihr die große Bedeutung des Mittelpunktes begreift. In einer Familie ist dieser Mittelpunkt der Vater; in einem Land ist es der König; in einer Armee ist es der Heerführer; im Sonnensystem ist es die Sonne; im Ei ist es das Eigelb; im Auge ist es die Pupille; im Menschen ist es der Geist, es muss immer einen Mittelpunkt, einen Kopf geben, und nicht zwei oder drei. Dort, wo es mehrere Köpfe gibt, manifestiert sich Anarchie. In der Apokalypse wird das Tier mit sieben Köpfen dargestellt, und auch in der griechischen Mythologie hatte die Hydra von Lerna sieben Köpfe. Diese Köpfe sind das Symbol der Anarchie. Die Menschheit hat deshalb bis heute immer nur in der Anarchie gelebt, weil sie von mehreren Köpfen regiert wurde. Die Situation kann sich nur verbessern, wenn die Menschen es akzeptieren, sich einem einzigen Kopf unterzuordnen, so wie es in den Evangelien steht: »Es wird eine Herde und ein Hirte werden« (Joh 10,16). Ja, wenn es einen einzigen Kreis um einen einzigen Mittelpunkt geben wird, werden sich andere Kräfte manifestieren.

Wenn der Eingeweihte eine magische Zeremonie zelebrieren möchte, muss er sich in die Harmonie aller Kräfte des Kosmos hineinbegeben, um geschützt zu sein. Dann zieht er einen Kreis um sich herum, er ist also in der Mitte, und er selbst repräsentiert nun den Mittelpunkt.[1] Durch diesen Akt sagt er dem ganzen Universum: »Ich bin das Wesen, das versteht. Ich bin das Wesen, das nur die Überlegenheit, die Vorherrschaft und die Königswürde des einzig wahren Gottes, des ewigen Prinzips, welches das Universum regiert, anerkennt.« In diesem Moment kommen alle Naturgeister und unterwerfen sich ihm. Handelt er jedoch nicht auf diese Weise, eilen die Geister herbei, um ihn zu bekämpfen und er kann vernichtet werden.

Da man nun feststellt, dass alles in der Natur und in der Welt nur dank eines Zentrums korrekt funktionieren kann, lässt sich analog daraus schließen, dass auch der Mensch in seinem Innenleben einen Mittelpunkt finden, sich dessen Bedeutung bewusst werden muss und ihn niemals verlassen darf, um sich an der Peripherie herumzutreiben. Die Eingeweihten haben schon immer alles, was Ähnlichkeiten mit der Sonne aufweist, mit dem Zentrum, ehrfurchtsvoll betrachtet, weil sie all das an deren Herkunft erinnert. Aus diesem Grund stellen sie alles in den Dienst des Geistes, sie sorgen sich nicht so sehr um den Körper, der eine vorübergehende Hülle, eine Schale ist, derer man sich eines Tages entledigen muss. Die Peripherie ist etwas Nützliches, aber sie kann immer wieder ersetzt, immer wieder erneuert werden. Der Mittelpunkt hingegen ist unwandelbar und ewig.

Jetzt werde ich euch zeigen, wie man dieses Symbol ⊙ außerdem noch interpretieren kann. Die Sonne bleibt im Zentrum des Sonnensystems. Würde sie diesen Platz verlassen, würden alle Planeten chaotisch im Raum umherirren. Manchmal lädt ein Planet die Sonne ein, weil er sie ausschließlich für sich beanspruchen möchte und sagt zu ihr: »Meine liebe Sonne, ich liebe dich so sehr, komm doch zu mir!« Aber die Sonne antwortet: »Nein, nein, ich kann nicht kommen, ich muss im Zentrum bleiben, sonst würde das ganze Sonnensystem auseinandertreiben. Ich werde dich nicht vergessen, ich werde dir meine Zeit, meine Strahlen schenken, ich werde dich befruchten, dich beleben, dich erhellen, aber lass mich im Zentrum bleiben.« Die Planeten müssen wissen, dass die Sonne ihren Platz nicht verlassen kann. Wenn ich auf diese Weise von der Sonne und den Planeten spreche, ist das selbstverständlich symbolisch zu verstehen. Ich könnte genauso gut von einem König und seinen Untertanen, von einem Lehrer und seinen Schülern, von einem Meister und seinen Schülern, von Gott und allen Menschen sprechen. Verlangt niemals vom Mittelpunkt, dass er sich wegbewegt, damit er euch allein gehört. Er muss im Zentrum bleiben, denn von dort aus, hält er die Ordnung aufrecht, von dort aus hält er alle Geschöpfe im Gleichgewicht und nährt sie. Er sendet Strahlen hinaus an die Peripherie und seine Strahlen sind so intensiv, dass sie Höhlen und Abgründe aufsuchen; es existiert nichts, was sie nicht schon aufgesucht haben.

Was macht man, wenn man ein Feuer angezündet hat? Man unterhält es. Man schafft Holz oder andere Brennmaterialien herbei, damit es nicht erlischt. Ihr seht das alles, ihr macht es selbst jeden Tag, aber ihr habt es zweifellos noch nicht interpretiert. Ihr erinnert euch daran, als wir im Bonfin ein Feuer machten… Jeder brachte Äste herbei, damit es weiterbrannte. Wenn ihr das Feuer ernährt, beweist das, dass ihr es liebt. Ihr bringt ihm Nahrung, damit es am Leben bleibt. Wenn ihr ihm nichts bringt, so bedeutet das, dass ihr es nicht liebt, und es erlischt.

Wenn wir jetzt eine Analogie herstellen zwischen dem Feuer und der Sonne, können wir sagen, dass es die Planeten sind, die das Feuer der Sonne wachhalten. Sie bringen das Opfer, um sie herum zu kreisen, geben ihr dadurch etwas von sich selbst, und die Sonne gibt ihnen dafür ihr Licht und ihre Wärme. Beides ist nichts anderes als eine Umwandlung ihres Opfers. Auch ihr könnt dem Feuer etwas von euch selbst geben: eure alten Äste, das heißt eure alten Instinkte, eure Dummheiten, eure Launen… alles, was unnütz ist, ab ins Feuer damit! Das Feuer ist fähig, alles in Wärme und Licht zu verwandeln. Und ihr seid es, die davon profitieren. Was könnt ihr denn sonst mit diesen alten Ästen anfangen? Sie können euch weder Wärme noch Licht bringen, weil ihr nicht in der Lage seid, sie umzuwandeln. Übergebt sie dem Feuer…! Und in einer spirituellen Lehre ist das Feuer auch der Meister. So wie das Feuer ist der Meister fähig, alles, was bei seinen Schülern alt und dunkel ist, zu verwandeln, um es ihnen in Form von Licht und Wärme zurückzugeben.

Wenn die Planeten um die Sonne kreisen, sagen sie zu ihr: »Oh, liebe Sonne, wir haben alles außer Licht und Wärme; wir sind öde, hässlich und kalt. Verwandle uns!« Und die Sonne schickt ihnen ihr Licht und ihre Wärme. Auch das ist ein weiteres Beispiel für die Beziehungen, die zwischen den beiden Prinzipien Männlich und Weiblich existieren. Nur die 1 ist männlich; alles was Mehrzahl ist, ist weiblich. Und wie die Sonne im Sonnensystem, so ist in einer spirituellen Lehre nur der Meister männlich. Alle anderen, ob Männer oder Frauen, sind weiblich, negativ gepolt, das heißt rezeptiv, aufnehmend.

Dann kommt es zu einem Austausch zwischen dem Zentrum und der Peripherie. Die Peripherie schickt ihre Liebe zum Zentrum und das Zentrum schickt Licht, Wärme und Leben zur Peripherie. Und wenn sich die Teilchen der Peripherie verschließen, geizig sind und nichts abgeben wollen, werden sie auch nichts bekommen.[2] Nur im Austausch wächst alles, blüht alles, erwacht alles zum Leben. Und für einen Austausch ist es nicht notwendig sich physisch anzunähern. Die Sonne nähert sich den Planeten nicht, um sie zu umarmen. Sie erreicht sie aus der Ferne, und sie werden alle befruchtet. Versteht mich nicht falsch, ich lege euch hier ein Prinzip, ein Gesetz der spirituellen Welt dar.

Ob ihr nun an das Feuer denkt, ob ihr an die Sonne denkt, an Gott, an den Geist, an die Liebe, es handelt sich immer um das gleiche Prinzip. Das Feuer ist die Liebe, Gott, und die Liebe ist ein Feuer, ein göttliches Feuer. Wenn ihr also euer Feuer, das heißt euren Geist, eure Seele nähren wollt, muss der physische Körper Opfer bringen.

Ihr solltet euch dieses ständigen Austausches zwischen der Peripherie und dem Zentrum bewusst werden. Das ist das Gesetz des Echos. Ihr schickt der Zentralbank, dem universellen Feuer, eine gewisse Summe oder, wenn ihr so wollt, einen Ast, ein Scheit und sie wird euch eine Quittung ausstellen, und es ist sogar so, dass die Zinsen, die ihr für diese Summe bekommt, mit der Zeit steigen. Die so genannten vernünftigen und klugen Leute, die ihr Herz und ihre Seele für sich behalten wollen, werden immer arm bleiben. Sie wollen dem Zentrum kein bisschen Liebe schicken, sie schenken ihm nicht einmal einen Blick, deshalb werden sie nie etwas empfangen.

Also, meine lieben Brüder und Schwestern, denkt von nun an daran, das zentrale Feuer zu nähren. Bringt alle ein paar Äste mit, so wie im Bonfin. Als ich euch darum bat, dem Feuer Äste zu bringen, geschah dies, um euch eines Tages Wunder erklären zu können, die ihr nicht entfernt erahnt. Ist es nicht ein Wunder, dass ein Ast, der trocken, schwarz und krumm war, schön und strahlend wird? Für mich ist es das größte Wunder. Die Menschen sehen jeden Tag Wunder, aber sie nehmen sich nie die Zeit, sich mit ihnen zu befassen und zu begreifen!

Also, versucht doch folgende Übung: Bringt dem zentralen Feuer einen Ast und ihr werdet sehen. Dieses Feuer wird zu einer Feuersbrunst, die die ganze Erde in Brand setzen kann.

Sèvres, 6. April 1961

Anmerkungen

1. Siehe auch Band 226 der Reihe Izvor »Das Buch der göttlichen Magie«, Kapitel 2: »Der magische Kreis: die Aura«.
2. Siehe auch Band 11 der Reihe Gesamtwerke »Der Schlüssel zur Lösung der Lebensprobleme«, Kapitel 3: »Vom Nehmen und Geben (Sonne, Mond und Erde)«.

Teil III

Alles in der Natur ist Symbol: Der Mann, die Frau, die Pflanzen, die Tiere, die Organe sind so etwas wie Buchstaben, die es zu entziffern und zu kombinieren gilt, um Sätze und Gedichte zu verfassen. Das ist die wahre Wissenschaft. Die wahre Wissenschaft ist die Wissenschaft der Sprache. Ja, ihr seht, in der Grammatik sind mindestens drei Teile notwendig, um einen Satz zu bilden: Subjekt, Prädikat und Objekt. So sieht das also aus: Das Subjekt als Wesen, und dann das Objekt als Nicht-Wesen, das, was außerhalb des Subjektes ist. Zwischen beiden befindet sich das Prädikat, das Verb, das aktiv und mächtig ist und die beiden verbindet. Die ganze Grammatik basiert auf diesen drei Funktionen, die man auch im Symbol des Kreises sehen kann. Das Subjekt ist der wirkende Mittelpunkt. Das Objekt ist der Umkreis. Und das Verb ist das, was alles erfüllt, was überall ist, das Zytoplasma der Zelle… Ja, das Verb ist aus dem Zentrum hervorgegangen, das heißt aus dem Vater, der Ersten Ursache…

Ich sagte euch, dass man das Symbol vom Kreis und vom Mittelpunkt in den verschiedenen Lebensbereichen wiederfindet. Damit Ordnung und Harmonie regieren, ist ein Kopf nötig, ein Mittelpunkt, ein Gipfel, um den sich alles drehen kann. Denn eben dieser Punkt konzentriert alle Kräfte der Einheit. Der große Mittelpunkt des Universums, Gott, spiegelt sich auf allen Ebenen, in allen Regionen wider und alle, die diesen Mittelpunkt repräsentieren, sind wie durch eine zentrale Leitung miteinander verbunden.

In einer Perlenkette sind alle Perlen, ob groß oder klein, auf einen Faden aufgereiht und durch ihn miteinander verbunden. Auf dieselbe Weise spiegelt sich auch der große Mittelpunkt des Universums, Gott – die Urquelle, die Erste Ursache, der Geist und die Seele von allem, was lebendig ist – in den geringsten Dingen wider, um sie zu verbinden, damit die Einheit zwischen ihnen ununterbrochen Bestand hat, damit überall Ordnung und Harmonie einkehren. Deshalb müssen alle Mittelpunkte mit ihm verbunden sein. Alle Mittelpunkte, die nicht mit diesem großen Mittelpunkt verbunden sind, empfangen nicht mehr diesen Strom des Lebens. Deshalb werden sie nach und nach schwächer und verschwinden schließlich. Wenn also all diejenigen, die im kollektiven Leben einen Mittelpunkt repräsentieren (der Familienvater, der Lehrer, der Bürgermeister einer Gemeinde, der Präsident der Republik, der König, das Oberhaupt einer religiösen Gemeinschaft usw.) sich dieser Verbindung nicht bewusst sind, dann sind sie nur dem Anschein nach Repräsentanten Gottes.

Jeder Kopf, jeder Mittelpunkt in der Welt sollte sich bewusst sein, was er repräsentiert, und wenn er seine Funktion als Repräsentant Gottes auf dem Gebiet und in dem Bereich, der ihm zusteht, erfüllt, ist er wirklich mit dem göttlichen »Kopf« verbunden, und er empfängt Strahlen, Kräfte und Tugenden, die er danach an andere weiterleiten kann. Aber alles hängt vom Bewusstsein ab, alles hängt vom Verständnis ab. Alle, die ihre Funktionen auf rein mechanische, automatische Art und Weise erfüllen (so wie es deren sehr viele gibt), empfangen nichts, selbst wenn sie sehr hoch gestellt sind.

Nehmen wir das Beispiel eines Bürgermeisters. An ihn schickt man Informationen, Anordnungen und Ehrungen, weil er der Mittelpunkt ist. Ja, aber wenn er abgelenkt ist, wenn er sich irgendwo amüsiert, häuft sich in seiner Abwesenheit alles an, und wenn er bei seiner Rückkehr nicht weiß, was er tun soll, beginnen die Komplikationen.

Und ihr, die ihr der Mittelpunkt dieses Kreises seid, der euer Körper und euer ganzes Wesen ist, wenn ihr bewusst, erhellt und mit dem großen Mittelpunkt oben verbunden seid, dann geschehen die gleichen Phänomene in euch für alle anderen kleinen Kreise, für eure Zellen. Dann berührt ihr die Zellkerne all eurer Zellen, denn diese Zellkerne sind mit euch verbunden: Sie empfangen die Anordnungen, sie stehen unter dem Einfluss eures Lichtes und fangen an, die Harmonie in euren Zellen wieder herzustellen. Auf diese Weise reinigt sich der Organismus und wird geheilt, gestärkt und von Licht erfüllt dank dieses Mittelpunktes, dank dieses Punktes, dem bewussten menschlichen Geist.

Solange die Zellen unseres Körpers auf den Geist ausgerichtet sind, funktioniert alles in vollkommener Harmonie. Aber sobald gewisse Zellen zu Anarchisten werden und sagen: »Ach, der Kopf, die Gesetze, pah, da pfeifen wir drauf«, bilden sie Tumore und Krebs. Wir müssen unsere Zellen davon überzeugen, dass sie der Einheit gehorchen, denn dann verlängern wir unser Leben.[1] Ich lege euch natürlich ganz allgemeine Prinzipien und Regeln dar. Dass es im Leben der Menschen Ereignisse gibt, die etwas im Widerspruch zu dem stehen, was ich euch sage, das ist selbstverständlich klar, aber dabei handelt es sich um Details ihrer Entwicklung, ihrer Schwierigkeiten, ihrer Missgeschicke. In der Welt der Prinzipien ist alles absolut so, wie ich es euch erkläre.

Der Kopf einer Familie, der Kopf einer Gesellschaft, der Kopf eines Landes, der Kopf des Sonnensystems, der Kopf des Universums – alle diese Köpfe repräsentieren also den Herrn. Sie sind, auf verschiedenen Stufen, Repräsentanten eines einzigen göttlichen Prinzips. Ein Vater repräsentiert es, ein Oberhaupt repräsentiert es, ein Meister repräsentiert es… Wenn ihr einen dieser Köpfe von Gott abtrennt, wird euch das nicht zum Segen gereichen. Wenn ihr euren Vater nicht als Repräsentant Gottes in eurer Familie betrachtet, kann er euch nichts geben, weil ihr ihn nicht mit dem göttlichen Prinzip verbindet. Entscheidend ist, zwischen Gott und allen Dingen sowie zwischen jedem Wesen und Gott eine Verbindung herzustellen. Wenn ihr einen Meister habt und ihn nicht als einen Aspekt des göttlichen Prinzips betrachtet, kann er nichts für euch tun, selbst wenn er über alle Kräfte verfügt. Er wird seine Kräfte für andere einsetzen, aber nicht für euch, weil ihr ihm gegenüber verschlossen seid und weil das, was er euch schickt, zurückgewiesen, umgelenkt und zunichte gemacht wird. Wenn ihr die Fensterläden geschlossen haltet, kann dann die Sonne herein kommen? Nein. Sie ist allmächtig, sie setzt die Planeten in Bewegung, aber sie kann keine Fensterläden öffnen. Und auch der Herr kann das nicht. Er ist sehr mächtig, aber Er kann nicht an eurer Stelle Fensterläden öffnen, das heißt euer Herz. Es ist an euch, ihr müsst es selbst öffnen. Halbe, halbe – ihr öffnet euer Herz und Er wird eintreten.

Ich habe mich bereits beim Thema Liebe zu dieser Frage geäußert. Wenn ein Mann und eine Frau wahre Liebe leben wollen und wahres Glück und Befreiung kennen lernen wollen, müssen sie sich immer als Repräsentanten des Himmlischen Vaters und der Göttlichen Mutter betrachten. Sonst wird der Mann, wenn er seine Liebste umarmt, auch ihre Schwächen und Begrenzungen umarmen, er wird nichts erlangen, was höher und größer und reiner ist als sie, und ihre Liebe wird ein Ende haben. Es ist also ein anderes Verständnis nötig: dass der Mann seine Liebste als Repräsentantin der Göttlichen Mutter und sie ihren Liebsten als einen Aspekt des Himmlischen Vaters, von Christus auffasst. Durch diese Sichtweise verbinden sie sich bereits mit etwas Höherem, auf diese Weise wird jeder zu mehr als nur zur Liebsten oder zum Liebsten; und jeder hält in seiner Seele, in seinem Herzen, in seinen Armen etwas von der Unermesslichkeit. Dieser Unermesslichkeit entströmen Strahlen und fließen Ströme von viel feinstofflicherer Natur. Und die Engel, die Devas, die lichtvollen Geister der Natur beleben mit ihren Kräften und ihrer Freude diese beiden Wesen, die gerade dabei sind, der schönsten Sprache der Schöpfung, der Sprache der Liebe, der unbegrenzten Liebe Ausdruck zu verleihen.

Nehmen wir jetzt das Beispiel einer esoterischen Schule. Derjenige, der der Kopf dieser Schule ist, der Meister, ist der Mittelpunkt eines Kreises und alle Teilchen des Kreises, bis an die Peripherie, sollten bewusst mit diesem zentralen Punkt verbunden und an ihn angeschlossen sein, denn aufgrund dieses Punktes, durch diesen Punkt hindurch, empfangen sie Strömungen, Kräfte, die von sehr weit her, vom Kopf des Universums, von Gott kommen. Die Schüler, die sich auf ihren Meister konzentrieren, die ihm ihren Respekt, ihre Ergebenheit schenken, nähern sich einem symbolischen Mittelpunkt an, der ihnen Dummheiten und Leiden erspart. Manche sagen, dass sie einen Meister haben, aber sie bewegen sich immerzu an der Peripherie. Was nützt er ihnen dann, dieser Meister? Wenn man wirklich einen Meister hat, darf man nicht seine Zeit damit verbringen, hin und her geworfen zu werden und ins Wanken zu geraten. Ich sage euch das nicht, um eure Liebe oder eure Verehrung zu erbitten, nein, ich erkläre euch Gesetze, die den Kosmos, unseren Organismus und das spirituelle Leben regieren.

Wenn der Schüler zu seinem Lehrer kommt und ihn als einen ganz gewöhnlichen Menschen und nicht als Repräsentanten des großen Mittelpunktes oben betrachtet, dann wird er von ihm so gut wie nichts empfangen. Weiß er ihn jedoch als Repräsentanten Gottes zu betrachten, dann verbindet er sich bereits mit dem Herrn, wenn er nur an seinen Lehrer denkt. Und ob der Lehrer nun der Situation gewachsen ist oder nicht, das sollte für den Schüler keine Rolle spielen, wichtig ist, was in seinem eigenen Kopf vor sich geht. Von dem Moment an, wo er in seinem Kopf seinen Meister als Repräsentanten Gottes ansieht, ist er bereits mit Gott verbunden. Und da sich alle Wesen gegenseitig beeinflussen, so können so, wie der Meister die Schüler beeinflusst, die Schüler auch ihren Meister beeinflussen. Das wusstet ihr nicht. Ja, euretwegen kann sich die Situation eures Meisters verbessern oder im Gegenteil verschlechtern. Das hängt von der Art und Weise ab, wie ihr ihn betrachtet. Wenn ihr eurem Meister gegenüber nicht die richtige Einstellung habt, projiziert ihr Wolken und Nebel um ihn herum, und es ist für ihn schwieriger, den Weg frei zu bahnen, so, als würde er von Wespen, Fliegen und allen möglichen Insekten angegriffen. Er wird also gezwungenermaßen damit aufgehalten, sie zu vertreiben, um sich zu verteidigen, um einige Stiche zu behandeln.

Ich verdeutliche euch das mit einem Bild. Wenn ihr einen Brief aufgeben wollt, werft ihr ihn in einen von der Post aufgestellten Briefkasten, wo ihn ein Postbediensteter abholt. Wenn ihr ihn irgendwohin werft, wird niemand ihn holen, denn die Bediensteten leeren nur die Briefkästen, die der Post bekannt sind. Das ist ganz einfach zu verstehen. Nun, auch ich bin ein Briefkasten, ganz einfach. Und dieser Briefkasten ist den Wesen da oben bekannt, weil sie ihn aufgestellt haben. Also lasst eure Briefe nicht irgendwo liegen, sonst gehen sie verloren. Werft sie in diesen Briefkasten.

Jesus sagte: »Niemand kommt zum Vater denn durch mich« (Joh 14,6). Was bedeutet, dass er Christus ist, das kosmische Medium, das Gedanken und Gefühle bis zum Herrn transportiert. Die Eingeweihten haben diese großen Wahrheiten in zahlreichen Symbolen verborgen. Aber das wahre magische Agens, das als Vermittler zwischen der Welt oben und der Welt unten dient, das ist Christus. Er ist das magische Agens für alle Verwirklichungen. Niemand kann den Vater erreichen, außer durch ihn. Ihr werdet sagen: »Aber was ist mit den anderen Völkern, die Christus nicht kennen?« In Wirklichkeit kennen sie ihn unter einem anderen Namen, und wie auch immer sein Name ist, es ist immer derselbe, der, welcher übermittelt...

Auf der Erde ist es der Meister, der Christus repräsentiert. Und wenn der Schüler lernt, ihn auf diese Weise zu betrachten, wird auch er es sein, der wächst und sich verbessert. Als ich in Indien war, erzählte man mir folgende Geschichte über einen tibetischen Meister: Er hatte viele Schüler und einer dieser Schüler liebte ihn so sehr, hatte ein solches Vertrauen in ihn, dass er mit seinem Glauben und seiner Liebe anfing, Wunder zu vollbringen. Eines Tages erzählte man dem Meister, man habe diesen Schüler auf dem Wasser des Flusses gehen sehen. Der Meister rief ihn und fragte ihn: »Nun, mein Sohn, man erzählt mir, man habe dich auf dem Wasser des Flusses gehen sehen. Wie machst du das?« – »Oh, mein Meister«, antwortete der Schüler, »ich spreche deinen Namen mit Hingabe, mit Verehrung aus und gehe dann auf dem Wasser.« – »Gut«, sagte der Meister, »das möchte ich auch versuchen.« Er ging zum Fluss, setzte seinen Fuß auf das Wasser, sprach dabei seinen eigenen Namen aus – und ertrank! Er empfand zweifellos nicht die gleiche Verehrung für sich selbst wie sein Schüler ihm gegenüber. Er hätte einen anderen Namen aussprechen müssen!

Worauf es ankommt, das sind die Gedanken und die Gefühle des Schülers, das, was sie beseelt und ernährt. Das ist es, was eine gigantische Arbeit an ihm vollbringt. Vielleicht kümmert sich euer Meister gar nicht um euch, vielleicht hat er euch vergessen, aber eure Gedanken, eure Gefühle, sie vergessen euch nicht, sie sind aktiv und genau das ist es, was zählt. Selbst wenn ihr Schüler des größten Meisters seid, solange ihr für ihn nicht diese Hingabe und diese Liebe habt und dieses Vertrauen in ihn, wird er euch nicht helfen können, weil ihr Barrieren um euch herum aufgebaut habt, hoch wie Berge, die verhindern, dass seine Gedanken und seine Liebe zu euch gelangen. Ihr müsst den Wert der Dinge erkennen, ob etwas stark und mächtig ist oder nicht. Alles hängt also von euch ab, von eurer Einstellung diesem zentralen Punkt gegenüber. Ihr solltet denken, dass ihr hinter diesem Zentrum, eurem Meister, jenes andere Zentrum findet: Gott, und dass er, der Meister, euch als Ausgangspunkt dafür dienen sollte, den Weg bis zu Gott zu finden. Es kann sein, dass ihr euren Meister eines Tages übertrefft. Warum nicht…? Aber bis dahin solltet ihr ihn als Ausgangspunkt nehmen, sonst beraubt ihr euch vieler Möglichkeiten.[2]

Ich wünschte, ihr wärt von allein auf diese großen Wahrheiten gestoßen, aber jetzt sehe ich, dass ihr diese Frage vielleicht niemals verstehen würdet, wenn ich nicht zu euch darüber spreche. Wenn ich euch sage, dass ihr euch mit dem Zentrum, mit eurem Meister verbinden solltet, dann versteht mich richtig: Ich habe niemals gesagt, man solle sich an einen Meister klammern, um bei ihm Wurzeln zu schlagen. Ich sage nur, man solle ihn als Ausgangspunkt, als Repräsentanten des erhabensten und großartigsten Wesens betrachten, mit dem sich kein anderes Wesen vergleichen kann: Gott; Er allein sollte für euch der Endpunkt, das Ziel eures Daseins sein.

Le Bonfin 7. August 1961

Anmerkungen

1. Siehe auch Band 225 der Reihe Izvor »Harmonie und Gesundheit«.
2. Siehe auch Band 207 der Reihe Izvor »Was ist ein geistiger Meister?«, Kapitel 8: »Der Schüler vor dem Meister«.

Teil IV

Wie viele Dinge gibt es noch zu sagen zur Symbolik des Kreises und des Mittelpunktes! Man kann dieses Thema niemals erschöpfend behandeln, weil das ganze Universum auf diesem Symbol beruht, es hat sein Siegel allem, was wesentlich ist, aufgedrückt. Nehmt zum Beispiel das Ei. Das Ei ist der Ausgangspunkt des Lebens: Der Mensch ist zuallererst ein Ei, er ist in einem Ei…

Der Mittelpunkt befindet sich im gleichen Abstand zu allen Punkten des Umkreises, deshalb hält er den Kreis im Gleichgewicht. Zwischen dem Mittelpunkt und der Peripherie vollziehen sich täglich und konstant Austausche, und diese Austausche erzeugen das Leben auf der ganzen Kreisfläche. Alles Leben, das schwingt, pulsiert, atmet, verdaut, ausscheidet, denkt, ist darin enthalten.

Nehmen wir das Bild des Rades. Das Rad ist ein sehr tief greifendes Symbol. Ihr werdet sagen, ihr hättet schon viele Räder gesehen. Ja, ich weiß, aber das sind nur blasse Spiegelungen des Urrades, das alles in Bewegung setzt: Chokmah, das himmlische Rad, die zweite Sephira des Sephirothbaums.[1] Alle Ophanim sorgen dafür, dass sich dieses Rad dreht, und Binah, die dritte Sephira, erstellt eine Kopie von Chokmah, damit das Rad des Schicksals aller Geschöpfe in Bewegung bleibt. Im Tarotspiel ist es die zehnte Karte, die das Rad darstellt. Die zehnte Tarotkarte ist ein Rad, das sich dreht. Übrigens, wenn man die Zahl 10 interpretiert, stellt man fest, dass die 0 der Kreis ist und die 1 der Mittelpunkt. Ja, die 1 ist ein Punkt, denn die Projektion einer senkrechten Linie auf eine waagerechte Ebene ergibt einen Punkt. Hier finden wir also das männliche Prinzip, die 1, den Mittelpunkt. Und die 0 ist das weibliche Prinzip, der Kreis. Und wenn die 1 und die 0 vereint sind, ergibt das die Fülle. Ohne die 1, die das männliche Prinzip oder den Geist darstellt, ist die 0, die Materie, nicht organisiert. Sie besitzt alle Reichtümer, die 1 jedoch organisiert sie. Die 0 darf also niemals allein sein, sonst bleibt sie unorganisierte chaotische Materie.[2]

In der Genesis heißt es: »Und der Geist Gottes schwebte auf dem Wasser« (1 Mo 1,2). Der Geist Gottes, das ist das männliche Prinzip, das die Materie, das Wasser durchdrang, um es zu beleben und ihm eine Form zu geben. Das Wasser, das ist die 0, der Kreis; und der Geist Gottes ist die 1, der Mittelpunkt, das Zentrum. Ohne den Geist, der die Materie belebt, bleibt sie gestaltlos: »tohu va bohu«, gestaltlos und leer, wie es in der Genesis außerdem noch heißt. Aber wenn der Geist über sie streicht, sie belebt und an ihr arbeitet, beginnen sich alle Möglichkeiten, die ihr innewohnen, zu manifestieren und sie wird zu einer organisierten Welt, zu einem von Sonnen und Konstellationen bewohnten Universum. Das Universum ist also die 0, der Kreis, der bereits vom Geist, von der 1, bearbeitet, belebt und organisiert wurde. Die 0 ohne die 1 jedoch, bleibt unbeweglich und stagniert.

Man kann dieses Gesetz ebenso im inneren Leben nachvollziehen. Das Schlimmste, was einem Menschen passieren kann, ist, sich von der 1, vom Geist zu trennen, um nur eine 0 zu sein. Denn in dem Moment wird er zu einer Wüste, zu ausgetrockneter Erde, gleich einer Frau, die nicht befruchtet wird. Um fruchtbar zu werden, müsst ihr euch ständig mit der 1 verbinden. Natürlich seid ihr immer die 0, aber genau wie das ganze Universum, das die 0 ist, die der Geist unaufhörlich belebt.

Man kann sich auch fragen, warum man eine Zahl verzehnfacht, wenn man eine 0 hinten hinzufügt. Hat sich jemand damit befasst, dies zu interpretieren…?

Ich will euch das an einem sehr einfachen Beispiel verdeutlichen. Stellt euch vor, ihr bräuchtet eine Raumpflegerin oder eine Köchin. Sie kommt und ihr vertraut ihr euer Haus an. Wenn sie eine ordentliche, gewissenhafte, saubere Frau ist, ist alles sauber, glänzt alles. Wenn sie aber unordentlich, unsauber oder sogar diebisch ist, wie das manchmal vorkommt, merkt ihr, dass euer Haus zu einer Rumpelkammer geworden ist und sogar viele Gegenstände verschwunden sind. Alle Geschöpfe, ob Menschen, Tiere, Pflanzen oder Steine, hinterlassen Spuren, die genau ihrer Natur oder ihrem Charakter entsprechen. Wenn ihr einen Fuchs oder einen Wolf irgendwo hineinlasst, so hinterlässt er Spuren oder zumindest einen Geruch. Alle Wesen, sowohl die guten als auch die schlechten, hinterlassen Spuren. Wenn ihr den Mittelpunkt, Gott, in euer Innenleben hineinlasst, wird Er auf die gleiche Weise auch Spuren hinterlassen. Selbst wenn ihr euch lediglich mit dem Vorhandensein, der Existenz des Mittelpunktes verbindet, hinterlässt er etwas, das genau von derselben Natur ist wie er, das heißt Licht, Intelligenz, Güte, Harmonie und Schönheit. Man muss ihm nur Einlass gewähren. Sobald er eingetreten ist, weiß er, wie er handeln muss. Deshalb sagen die Eingeweihten: »Denkt an den Herrn, lasst Ihn in euch eintreten, damit Er euer Leben erfüllt«, denn allein schon die göttliche Gegenwart ist fähig, alle Übel zu beseitigen. Sie heilt, sie reinigt, sie belebt, sie harmonisiert, sie erweckt zu neuem Leben.

Ich kann euch weitere Beispiele nennen. Wenn die Soldaten allein in der Kaserne sind, sind sie salopp, zum Scherzen aufgelegt und rauchen. Aber sobald der General eine Visite abhält, stellen sich alle in tadelloser Uniform auf und marschieren im Gleichschritt. Oder seht euch die Kinder an, wenn der Lehrer nicht da ist: Sie schreien, zanken sich, werfen alles Mögliche durch den Klassenraum. Aber wenn der Lehrer erscheint, eilen alle sofort auf ihre Plätze, keine Unordnung, kein Lärm mehr. Obwohl der Lehrer gar nichts gesagt hat, nicht gedroht hat, genügte seine Gegenwart, um alles wieder ins Lot zu bringen. Wenn man diesem Mittelpunkt, Gott, Einlass in sein Inneres gewährt, findet auf die gleiche Weise im Inneren alles seinen Platz wieder und es herrschen Harmonie und Frieden, denn allein dieser Mittelpunkt, dieses Zentrum wird von allen Geschöpfen anerkannt. Wenn jemand anderer auftritt, achtet niemand darauf, niemand rührt sich. Wenn aber Gott, der Herr des Universums, sich irgendwo zeigt, Seine Gegenwart, Sein Hauch – stehen selbst die Dämonen bereit, um Ihm zu Diensten zu sein. Nur Gott wird von allen Geschöpfen anerkannt. Deshalb sollte man Ihn rufen, Ihn und nicht die anderen. Alle

Geschöpfe anerkennen Ihn und – gute wie schlechte – gehorchen Ihm. Ihr seht, wie wichtig es ist, dass man den Herrn sucht, Ihn anfleht, in uns einzutreten, denn allein durch Seine Gegenwart findet alles wieder seinen Platz. Diese Wahrheit steht über allen Wahrheiten.

Hier ist ein weiteres Argument, aber seid nicht schockiert. Ich habe euch oft gesagt, dass man von den Verliebten lernen kann, denn die Natur hat in ihrem Verhalten viele Dinge verborgen. Die Verliebten suchen den Mittelpunkt, aber sie sehen nicht, dass dieser Mittelpunkt nur eine Spiegelung eines anderen Mittelpunktes oben ist, den sie auch suchen und finden sollten. Deshalb lässt ihnen die Natur ein paar Freuden, ein paar flüchtige Glücksmomente, indem sie ihnen sagt: »Wenn dieser Mittelpunkt euch eine solche Fülle schenkt, um wie viel größer wird die Fülle sein, die ihr kosten werdet, wenn ihr den anderen Mittelpunkt, Gott, gefunden habt!« Diejenigen, denen es gelungen ist, den göttlichen Mittelpunkt zu finden, erleben dauerhafte Ekstasen, die die Freuden und das Glück, die ihnen der begrenzte Mittelpunkt – die gewöhnliche Liebe – verschaffen kann, bei weitem übertreffen. Leider haben die Verliebten nicht begriffen, dass die menschliche, körperliche Liebe nur ein Fingerzeig der Natur ist, der sie antreiben will, auf ihrer Suche noch wesentlich weiter zu gehen.

Ihr habt sicher schon eine sich drehende Schallplatte beobachtet. Wenn man verschiedene Punkte betrachtet, die alle auf dem Kreisradius der Schallplatte liegen, stellt man fest: Je näher die Punkte am Mittelpunkt liegen, desto geringer ist ihre lineare Geschwindigkeit und umgekehrt, je näher die Punkte am Rand liegen, desto höher ist ihre lineare Geschwindigkeit. Ihr konntet übrigens sicher auch schon gemeinsame Bewegungen von Soldaten oder von Akrobaten beobachten: Diejenigen, die sich an der Peripherie befinden, müssen viel größere Schritte machen, als die anderen, um in einer Reihe zu bleiben. Derjenige hingegen, der sich im Mittelpunkt befindet, bewegt sich nicht von der Stelle. Tatsächlich ist diese Unbeweglichkeit des Mittelpunktes die intensivste Bewegung. Aus spiritueller Sicht ist der Mittelpunkt der Ort der intensivsten Bewegung.

Vor mehr als zwanzig Jahren hielt ich einen Vortrag über die Farben, in dem ich erklärte, dass Licht ein kontinuierliches Spektrum aufweist, von den längsten (rot) bis zu den kürzesten (violett) Schwingungen und dass jede Schwingung, da sie kreisförmig abläuft, eine konische Spirale bildet.[3]

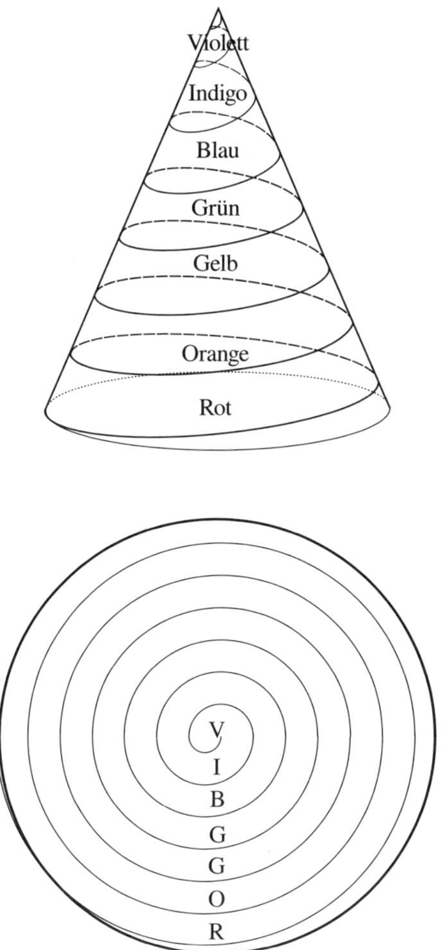

Der Mittelpunkt des Kreises (der die Spitze darstellt, da der Kreis in Wirklichkeit nur die Projektion eines Kegels ist) entspricht den kürzesten Wellenlängen, also den höchsten Frequenzen. Und dort, an diesem zentralen Punkt, befindet sich der spirituelle Friede, der kein unbeweglicher, stagnierender Friede ist, sondern ein Zustand intensiver Schwingungen, in dessen Innerstem die erhabensten Aktivitäten wirken. Friede bedeutet die größte Bewegung und größte Aktivität, aber vom spirituellen und nicht vom physikalischen Gesichtspunkt aus betrachtet.

Um uns dem Mittelpunkt, den göttlichen Regionen zu nähern, müssen wir uns mit der höchsten Wellenfrequenz synchronisieren, das heißt die Intensität unseres Denkens, unserer Gefühle erhöhen. Je intensiver, subtiler, spiritueller das Leben wird, desto mehr nähert sich der Mensch dem Gipfel… desto mehr nähert er sich den himmlischen Regionen und den Bewohnern dieser Regionen, bis hinauf zum Schöpfer. Verlangsamt er sich aber, verliert also diesen Glauben, dieses Feuer, diesen Enthusiasmus, lässt er sich in die Materie hinunterfallen. Er wird dumpf, schwerfällig und grob, seine Schönheit verschwindet, sein Denken wird starr und er ist nur noch ein Stein. Alle, die diesen Mittelpunkt, das Herz des Universums, den Schöpfer, die Urquelle finden wollen, erhöhen die Intensität ihres Lebens.

Die Eingeweihten und Mystiker bemühen sich darum, sich innerlich zu sammeln, um diesen Mittelpunkt zu erreichen, das heißt ihr Gleichgewicht, den Sinn ihres Lebens. Für manche befindet sich dieser Mittelpunkt im Kopf, für andere zwischen den Augen oder am Nabel oder im Herz. In Wirklichkeit ist der Ort, den man ihm auf der physischen Ebene zuweist, nicht wichtig, denn er befindet sich nicht auf der physischen Ebene. Man muss einfach nur an ihn denken und schon wird man die Richtung finden, ohne sich darum zu kümmern, wo er sich befindet. Seht euch die Pflanzen an, sie besitzen keine Augen, um zu sehen, wohin sie wachsen sollen, aber sie brauchen die Sonne und es gibt in ihnen eine Kraft, die sie führt, die sie in Richtung Sonne lenkt. Das nennt man Tropismus. Genau das geschieht auch in dem Menschen, der sein Zentrum sucht, selbst wenn er nicht weiß, wohin er seine Konzentration richten soll.

Die Yogis in Indien besitzen Konzentrationstechniken, von denen ihr sicher schon gehört habt. Eine von ihnen hat zum Ziel, die Kundalini zu erwecken, eine weibliche Kraft, die man in Form einer dreifach eingerollten Feuerschlange darstellt. Diese Schlange schläft an der Basis der Wirbelsäule im Muladhara-Chakra, dem vierblättrigen Lotus. Dort ist sie unter mehreren Hüllen verborgen und schläft. Und eben diese Schlange versuchen die Yogis durch entsprechende Übungen zu wecken. Wenn sie erwacht ist, steigt sie spiralförmig nach oben, vorbei an den anderen Chakras Svadisthana, Manipura, Anahata, Vishudha, Ajna, bis hinauf zum Sahasrara-Chakra, dem tausendblättrigen Lotus am höchsten Punkt des Kopfes.

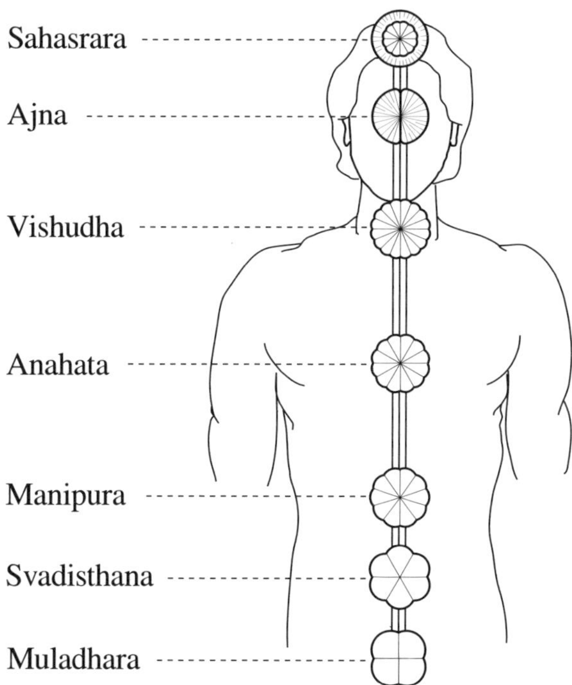

Doch bevor der Yogi das Kundalinifeuer erweckt, muss er den Hauptkanal der Wirbelsäule, Sushumna genannt, frei machen. Durch Übungen, besonders Atemübungen und mit Hilfe der beiden Ströme Ida und Pingala (zu beiden Seiten von Sushumna liegend und mit dem rechten und dem linken Nasenloch verbunden) reinigt er diesen Kanal. Diese Säuberung ist notwendig, denn sobald die Kundalinischlange erwacht, beginnt sie das ganze psychische Leben des Menschen zu aktivieren. Sie ist ein so intensives Feuer, dass sie alles verbrennt. Deshalb müssen auf ihrem Weg alle Unreinheiten und Hindernisse beseitigt werden, damit sie schnell und ohne Schaden für den Menschen anzurichten, aufsteigen und das Kronenchakra erreichen kann. Die Eingeweihten sagen, dass die Kundalini am Ende ihrer Reise Shiva, das männliche Prinzip, erreicht. Die Vereinigung der beiden Prinzipien Männlich und Weiblich, dem Kopf und dem Schwanz der Schlange, vollzieht sich in einem gleißenden Licht. Von diesem Augenblick an erreicht der Yogi die vollständige Befreiung von allen Ketten, von allen Fesseln.[4]

Aber das sind Erfahrungen, die noch sehr fern von euch liegen. Das Wesentliche ist, dass ihr die Notwendigkeit dieser Suche nach dem Mittelpunkt, der Gott ist, begreift. Selbst wenn ihr nicht wisst, wo dieser Mittelpunkt ist, eure Seele weiß es, euer Geist weiß es. Von dem Augenblick an, wo ihr die Absicht habt, diesen Mittelpunkt zu finden, in seine Richtung zu gehen, beginnen sich in euch Kräfte zu manifestieren, die euch ganz genau den Weg zeigen. Manche Christen, die weder etwas von den Chakras wissen, noch wo sie sich befinden, noch wie man sie entfaltet, entfalten sie trotzdem durch die Ausübung der Tugenden, mithilfe bestimmter Gebete oder bestimmter Methoden, die man in der christlichen Religion verwendet, und auch sie finden den Mittelpunkt, obwohl sie keine spezielle Technik dafür besitzen. Alles, was rein ist, alles, was selbstlos ist, setzt die gleichen Räderwerke in Gang und ermöglicht die gleichen spirituellen Entdeckungen, welcher Religion ihr auch immer angehört.

Natürlich erleichtert es die Sache, wenn man weiß, wo sie sich befinden, da besteht kein Zweifel. Wenn ihr im Nebel, im Schatten, im Unbewussten arbeitet, so führt auch das irgendwann zum Ziel, aber man braucht viel länger dafür. Ein Christ, der nichts von all den indischen Yoga-Arten weiß, kann dennoch allein durch seine Liebe zu Gott große Fortschritte erzielen. Wenn seine Liebe sehr glühend, sehr stark ist, so ist sie fähig, ihn zu befreien und bis zur Erleuchtung zu führen. Dennoch, wenn er zusätzlich ein paar Kenntnisse hätte, die es ihm ermöglichen würden, klarer zu sehen, wo er sich hinwendet, wäre es noch besser, denn er würde mit wirksameren Mitteln arbeiten und das Ziel wäre viel schneller erreicht. Deshalb lehrt man euch in unserer Lehre die Macht der Liebe, des Gebetes, der Sanftmut, der Demut und aller christlichen Tugenden, aber es werden noch ein paar Kenntnisse dieses ewigen Wissens – das die Eingeweihten seit uralten Zeiten besitzen – hinzugefügt: über den Sephirotbaum, über die feinstofflichen Körper des Menschen, über die Regionen des Raumes, über die Seele, über den Geist usw., was die Arbeit vereinfacht, denn man mindert die Gefahr, Fehler zu machen.

Um eine vollständige und genaue Sicht der Dinge zu haben, braucht man natürlich viel Wissen, was jedoch die Arbeit, die Praxis betrifft, genügt sehr wenig. Zu viel Wissen kann sogar zu einem Hindernis werden. Die Menschen, die sich für alles interessieren, die überall hinlaufen, um zu lesen, zu sehen und zu hören, machen nichts, sie praktizieren nichts, sie begnügen sich damit, alles gierig zu verschlingen. Andere hingegen, die nicht so sehr damit beschäftigt sind, Wissen anzuhäufen, sondern sich auf zwei oder drei Übungen konzentrieren, täglich, und das jahrelang, erzielen großartige Ergebnisse.

Ihr werdet fragen: »Aber welchen Rat geben Sie uns dann?« Ich denke, man sollte über ein breites Wissen über das Leben, über die Geschöpfe, über die unsichtbare Welt verfügen und dann eine Auswahl treffen, das heißt, man sollte ein paar Kenntnisse, ein paar wesentliche Wahrheiten aufgreifen, sich auf diese konzentrieren und sie anwenden und umsetzen. Es ist sehr schlecht, sich immer nur theoretisch mit den Dingen zu befassen, ohne dass man jemals den Versuch macht, etwas zu verwirklichen. Aber vorher sind Kenntnisse vonnöten, denn wenn man nicht genügend Kenntnisse besitzt, kommt in der Praxis immer nur Stückwerk heraus. Eure Unwissenheit wird sich negativ auf eure Schöpfungen auswirken, die eher Fehlgeburten gleichen werden. Also, auch im spirituellen Leben muss man beides harmonisch aufeinander abstimmen können: Theorie und Praxis.

In unserer Lehre entwickelt man das Herz und den Verstand, aber auch den Willen. Und der Wille entwickelt sich eben durch die Praxis, durch die Übung, die das Endergebnis der Aktivitäten von Herz und Verstand ist. Deshalb halte ich unsere Lehre für eine vollständige Lehre. Alles hängt in der Folge von der Ernsthaftigkeit desjenigen ab, der in diese Lehre hineinkommt. Wenn er sich beklagt, es fehle etwas, nun, so fehlt es ganz einfach bei ihm: Entweder befasst er sich nicht ernsthaft mit der Lehre oder er wünscht sich nicht wirklich, vollkommen zu werden oder er ist faul… Also darf er der Lehre nicht die Schuld geben, die Lehre ist sehr reichhaltig, aber was am meisten zählt ist das, was wir daraus machen. Ich habe Leute gesehen, die nur ein ganz kleines Manuskript, ein paar Brocken besaßen, die sie ihr ganzes Leben lang wiederholten und sich eifrig bemühten, sie anzuwenden, und auf diese Weise machten sie Fortschritte. Und die ersten Christen, sie besaßen nur die Evangelien, und in welchem Zustand! Schmutzig, zerrissen, weil sie sich diese gegenseitig ausliehen, um sie abzuschreiben. Aber sie lasen beständig darin, interpretierten sie, und sie empfingen das Licht. Heutzutage hingegen hat man in seiner Bibliothek alle heiligen Bücher aller Religionen: die Upanischaden, die Veden, den Zend-Avesta, das Tao-te-King, das ägyptische und das tibetische Totenbuch, den Talmud, den Sohar, die Kabbala, die Bibel und noch andere, aber man macht keine Fortschritte. Also, sagt nicht, man solle noch nach einer anderen Lehre suchen, weil diese nicht ausreiche!

Nun, meine lieben Brüder und Schwestern, das waren noch ein paar Worte über den Kreis. Jetzt liegt es an euch, an diesem Symbol zu arbeiten, es zu beleben, und ihr werdet alles sehen, was zwischen dem Mittelpunkt und der Peripherie erscheint: Interferenzen, geometrische Figuren, ein ganz außergewöhnliches Leben. Man könnte meinen, der Raum zwischen dem Mittelpunkt und der Peripherie sei leer. Aber nein, das ganze Leben findet eben genau dort statt.

Sogar die Entstehung unseres Universums kann durch das Symbol des Kreises erklärt werden. Es heißt, dass »der Ewige den Kreis zog über den Fluten der Tiefe«[5] (Spr 8,27), bevor er die Welt erschuf. Warum? Damit die Kräfte innerhalb dieser Grenzen konzentriert bleiben würden, damit sie sich nicht zerstreuten. Und innerhalb dieser Grenze begann Gott Seine Arbeit an der Schöpfung. Das Universum ist nicht unendlich, es hat Grenzen. Nur der Absolute ist unbegrenzt und man weiß nicht, was Er ist. Aber das Universum hat Grenzen. Von dem Moment an, an dem Gott sich durch die Schöpfung manifestierte, begrenzte Er sich, und das Universum, das Er schuf, ist zeitlich und räumlich begrenzt. Selbst wenn es mehrere Universen gibt, ist jedes innerhalb feststehender Grenzen eingeschlossen, und eben zwischen diesen Grenzen manifestiert sich das Leben. Ein Universum, das seine Grenzen verlieren würde, würde wieder in den Ewigen eingehen und alles würde verschwinden… Aber diese Dinge haben für euch keinerlei praktischen Wert, sie sind zu weit weg von euch und man sollte gar nicht darüber sprechen.

Als Jesus sagte: »Dein Wille geschehe wie im Himmel so auf Erden« (Mt 6,10),[6] meinte er damit, dass die Erde sich nach dem Himmel ausrichten solle. Um die gleichen Formen, die gleiche Schönheit, die gleiche Herrlichkeit zu besitzen, ist es notwendig, dass sie sich ausrichtet. Der Himmel schwingt so intensiv, dass die Erde ihre Schwingungen intensivieren muss, wenn sie sich nach ihm ausrichten will. Damit kommen wir zur Frage der Intensität der Schwingungen des Mittelpunktes zurück. Der Mittelpunkt bleibt unerreichbar, solange der Mensch mit ihm nicht auf derselben Wellenlänge schwingt. Ja, solange es ihm nicht gelingt, so zu schwingen wie er, kann der Mensch niemals wissen, was dieser Punkt ist, was er ihm mitteilt, was er enthält, was er ihm bringt. »Wie im Himmel so auf Erden…« Die Erde, das sind wir, oder sagen wir, unser derzeitiger Bewusstseinszustand. Wir sollten Anstrengungen unternehmen, und es ist gar nicht so wichtig, wie lange wir brauchen werden, bis es diesem Teil der Peripherie, der wir selbst sind, gelungen ist, sich nach diesem Mittelpunkt des Kreises, der die Ur-Quelle ist, auszurichten und mit ihm im Einklang zu schwingen. In jenem Moment vollzieht sich ein Kreislauf, Ströme kommen in Fluss, durchqueren uns und wir wissen alles, was dieser Punkt weiß, wir fühlen alles, was dieser Punkt fühlt, wir vollbringen alles, was dieser Punkt überall im Universum vollbringt.

In den Heiligen Schriften heißt es, dass eines Tages alle Mysterien offenbart werden. Diese Epoche rückt näher. Ja, alle Mysterien werden den Kindern Gottes offenbart werden. Die Symbole werden sprechen, alles wird sprechen, die Steine, der Regen, der Ozean, die Bäume, die Sterne, die Insekten, die Blumen, die Menschen, alles wird sprechen und große Mysterien enthüllen. Für mich sind es die Symbole, die mich ernähren. Alles ist darin zusammengefasst, kondensiert und auf seine einfachsten Linien reduziert, und eben darin liegen die größten Reichtümer verborgen. Es ist wie bei einem Samenkorn: Ein Samenkorn ist winzig, aber wenn ihr es einpflanzt, reicht die ganze Wissenschaft nicht aus, um zu erklären, was in seinen Wurzeln, seinen Blättern, Blüten und Früchten vor sich geht.

Also, meine lieben Brüder und Schwestern, das reicht für heute. Ich habe euch über dieses Symbol des Kreises und seines Mittelpunktes noch nicht alles gesagt. Was die Sublimierung der Sexualkraft betrifft, muss ich euch noch weitere wichtige Zusammenhänge offenbaren, aber habt Geduld, ich werde darüber sprechen, sobald euer Verständnis dies zulässt. Es ist nun an euch, über all diese Wahrheiten zu meditieren.

Le Bonfin, 8. August 1961

Anmerkungen

1. Siehe auch Band 236 der Reihe Izvor »Weisheit aus der Kabbala – Der lebendige Strom zwischen Gott und Mensch«, Kapitel 2: »Darstellung des Lebensbaumes«.
2. Siehe auch Band 237 der Reihe Izvor »Das kosmische Gleichgewicht – Die Zahl 2«, Kapitel 3: »Die 1 und die 0«.
3. Siehe auch Band 1 der Reihe Gesamtwerke »Das geistige Erwachen«, Kapitel 3: »In den Augen offenbart sich die Wahrheit«.
4. Siehe auch Band 219 der Reihe Izvor »Geheimnis Mensch – Seine feinstofflichen Körper und Zentren«, Kapitel 5: »Die Kundalinikraft« und Kapitel 6: »Die Chakras«.
5. Siehe auch Band 236 der Reihe Izvor »Weisheit aus der Kabbala – Der lebendige Strom zwischen Gott und Mensch«, Kapitel 8: »Als der Ewige den Kreis zog über den Fluten der Tiefe«.
6. Siehe auch Band 215 der Reihe Izvor »Die wahre Lehre Christi«, Kapitel 5: »Wie im Himmel, so auf Erden«.

IV

ZEIT UND EWIGKEIT

Wenn ihr am Morgen zum Sonnenaufgang kommt, kümmert euch nicht um die Zeit, vergesst sie. Ob es lange dauert oder kurze Zeit, ob die Minuten vergehen oder die Stunden… vergesst das alles! Messt hier nicht die Zeit, lasst sie nicht in euren Kopf hinein, denn sie ist ein Hindernis für viele Dinge. Die Zeit zerstört alles, mit ihr rostet und zerbröckelt alles, nichts kann ihr widerstehen – außer der Ewigkeit.

Die Zeit ist ein Fragment, ein abgetrenntes Teilchen vom Ganzen und da sie vom großen Ganzen getrennt ist, stirbt sie. Alles, was sich vom Baum löst, die Blätter, Blüten und Früchte, die vom Baum abfallen, sind nicht mehr mit der Quelle des Lebens verbunden und sie sterben. Wenn wir also immer weiter angeklammert bleiben an Fragmente, sagen wir … getrennt vom kosmischen Ozean bleiben, an Teilstücke angeklammert, die von der Ewigkeit abgetrennt sind, vom Ganzen, und dem Tode geweiht sind, dann sterben auch wir.

Christus, der diese Wahrheit kannte, drückte sie in folgenden Worten aus: »Ich bin der Weinstock, ihr seid die Reben. Wer in mir bleibt und ich in ihm, der bringt viel Frucht… Wer nicht in mir bleibt, wird wie die Rebe weggeworfen und verdorrt, und man sammelt sie und wirft sie ins Feuer und sie müssen brennen« (Joh 15,5-6). Ja, denn alles, was tot ist, wird ins Feuer geworfen, um wieder belebt zu werden. Diese Worte Christi bedeuten: »Wenn ihr das Leben und das Licht haben wollt, wenn ihr Macht, Glück und Intelligenz haben wollt, verbindet euch mit mir. Ich bin der Weinstock, und der Weinstock ist lebendig, er ist eingepflanzt, seine Wurzeln sind in der Erde verankert, er lebt.« Der Weinstock mit den Reben ist das Symbol der menschlichen Seelen, die mit Gott verbunden sind, denn die Seele schöpft ihre Kräfte direkt aus Gott, aus der Quelle. So wie das vom Baum getrennte Blatt stirbt und vermodert, so verfinstert sich die von Gott abgetrennte Seele und verschwindet. Aber die Seele, die mit dem Baum verbunden bleibt, wächst und blüht auf.

Man kann sich dieser Bilder vom Weinstock und vom Baum auch bedienen, um Zeit und Ewigkeit zu erklären. Die Ewigkeit, das ist der Weinstock, Gott ist die Unermesslichkeit. Die Zeit, das sind die kleinen Samenkörner, die aus der Ewigkeit herausfallen, die kleinen Blätter, die sich ablösen, wegfliegen und verschwinden; die Zeit, das sind alle Momente, alle Sekunden, die sich von diesem Baum, der Ewigkeit ist und für immer Ewigkeit bleibt, lösen. Die Zeit ist also immer beschränkt, immer begrenzt. Selbst Milliarden von Jahren sind eine sehr begrenzte Zeit und alles, was begrenzt ist, stirbt. Deshalb sollten wir, die wir Geist sind, uns nicht an die Zeit klammern, weil wir sonst begrenzt werden, schwach werden und sterben. Wir müssen die Zeit vergessen und stattdessen die Ewigkeit in die Arme nehmen, und das Leben wird von Neuem in uns zu fließen beginnen, das überquellende, ewige Leben, von dem Jesus sprach, als er sagte: »Das ist aber das ewige Leben, dass sie dich, der du allein wahrer Gott bist, und den du gesandt hast, Jesus Christus, erkennen« (Joh 17,3).[1]

Ewigkeit heißt also, sich mit Gott verbinden, sich Ihm anschließen, damit das wahre Leben zu pulsieren beginnt. Zeit, das ist alles, was sich ablöst. Deshalb sagt man, es sei unmöglich, die vergangene Zeit einzufangen. Ja, sie ist tot und man kann die Minuten, die entflohen sind, nicht wieder zurückholen, weil sie sich losgelöst haben. Die Ewigkeit hingegen kann man ununterbrochen besitzen; das ewige Leben kann man ab sofort leben. Man muss nur begreifen, dass es ein Bewusstseinszustand ist, in den man augenblicklich eintreten kann. Sobald es dem Menschen gelingt, auf göttliche Art und Weise zu leben und zu denken, sich mit der Quelle zu verbinden, ist er nicht mehr getrennt vom Ganzen und das ewige Leben pulsiert in ihm. Das ewige Leben stellt also eine Lebensqualität dar, eine besondere Stufe des Lebens. Das Leben in der Zeit hingegen, vergänglich, instabil, flüchtig, losgelöst, ist ein Teilchen, das kaum noch Energien enthält, so wie der abgetrennte Schwanz einer Eidechse, der sich noch einen Augenblick lang bewegt, aber bald damit aufhört, weil er vom Körper abgetrennt ist. Das bedeutet also Zeit: Ein kleines bisschen Leben, das im abgeschnittenen Schwanz der Eidechse noch zuckt und dann verschwinden wird.

Wenn ihr Früchte eines Baumes pflückt, sind sie lebendig, aber nach und nach verlieren sie ihre Frische und nach einiger Zeit könnt ihr sie nicht einmal mehr essen. Der Körper ist geblieben, aber das Leben ist verschwunden, weil die Früchte abgetrennt sind. Solange die Früchte noch am Baum hängen, sind sie lebendig, weil sie vom Leben des Baumes schöpfen. Aber sobald sie abgelöst sind, leben sie ihr eigenes Leben und das währt nicht lange. Wenn das Wasser aus der Quelle kommt, ist es gut, weil es vom Leben der Quelle belebt wird, aber sobald es einmal geschöpft ist, verliert auch das Quellwasser seine Frische. Ebenso werden die Sonnenstrahlen schwächer, wenn sie sich von der Sonne entfernen. Sie kommen mit einer großen Menge an Kräften und Energien aus der Sonne hervor, aber sobald sie in Kontakt mit dem Staub, dem Schmutz und allen Unreinheiten der Erde kommen, verlieren sie ihr Licht und ihre Wärme, und anschließend sind sie gezwungen, zur Sonne zurückzukehren, um von Neuem Lebenskräfte zu sammeln.[2]

Aber nehmen wir das Bild der Frucht wieder auf. Bevor ihr eine Frucht esst, schält ihr sie oder entfernt die Rinde oder Schale, ebenso die Kerne. Die Schalen enthalten noch ein paar Teilchen des Lebens, aber ihr werft sie weg und dann werden sie von Insekten und anderen Tierchen verspeist oder sogar von Bettlern, die nicht die Möglichkeit haben – die Armen, Lebensmittel von bester Qualität zu kaufen und in Mülltonnen nach Essensresten suchen. Nun, für Zeit und Ewigkeit gilt das Gleiche: Wer immer in der Zeit lebt, ohne sich mit dem ewigen Leben zu verbinden, das heißt mit einem höheren Bewusstseinszustand, der isst auch nur Schalen. Er ist nur mit dem verbunden, was trüb und matt wird, was rostet und zerbröckelt und sein Dasein kann nicht ausgefüllt, erfüllt, göttlich sein. Deshalb bitte ich euch darum, die Zeit zu vergessen und nicht immer zu sagen: »Wie lange bleiben wir denn noch auf dem Felsen? Wir sollten doch jetzt hinuntergehen…«, damit ihr lernt, in der Ewigkeit zu leben.

Wenn ihr euch mit der Unermesslichkeit verbindet, mit dem, was weder Anfang noch Ende hat, erweitert sich euer Bewusstsein, es wird lichtvoll, schwingt anders und das neue Leben, das Leben der

Ewigkeit beginnt zu kreisen. Ihr werdet sagen: »Aber ist die Ewigkeit nicht etwas, was auf unbegrenzte Zeit andauert…?« Nein, nicht unbedingt, jeder Augenblick kann eine Ewigkeit sein. Obwohl ihr nicht ewig lebt, lebt ihr das ewige Leben. Ihr könnt die Ewigkeit weder in der Vergangenheit noch in der Zukunft ausschöpfen, sondern ihr lebt in der Gegenwart und jeder Augenblick dieser Gegenwart kann zur Ewigkeit werden. Das ist sehr schwierig zu erklären, weil es sich dabei um eine Wirklichkeit der vierten, fünften Dimension handelt, und in der dritten Dimension, der Dimension der Worte, gibt es keinen Begriff für Ewigkeit. Also bediene ich mich der Bilder, um es euch verständlich zu machen, aber in Wirklichkeit ist es unmöglich, die Ewigkeit zu erklären, denn man kann an die Unbegrenztheit nicht einen begrenzten Zeitmaßstab anlegen. Aber trotz allem, das versichere ich euch, kann ein begrenzter Augenblick in der Zeit durch die alleinige Tatsache, dass ihr ihn mit der Ewigkeit verbindet, zur Ewigkeit werden.

Ich gebe euch noch ein weiteres Bild. Ihr seht diesen Stock: Das ist eine gerade Linie, die einen Anfang und ein Ende hat, also ein Stück von etwas Unendlichem, und mit diesem begrenzten Stück, könnt ihr die Ewigkeit nicht abmessen. Nehmt jetzt an, dieser Stab wäre biegsam und es würde mir gelingen, ihn so weit zu biegen, dass die beiden äußeren Enden zusammenkämen. Er würde zu einem Kreis werden und mit diesem Kreis kann ich die Ewigkeit ausdrücken: kein Anfang, kein Ende, keine Fragmente, keine Bruchstücke, sondern eine unbegrenzte Einheit! Jeder Augenblick der Zeit, jede Sekunde, die ich mit der Quelle, der Unendlichkeit verbinden kann, wird jetzt also zur Ewigkeit; dadurch, dass sie in den Kreis zurückkehrt, ändert sie ihre Größe, ändert sie ihre Eigenschaft, weil sie nicht mehr ein vom Ganzen abgetrenntes Fragment ist. Jeder Punkt der geraden Linie ist ein Punkt der Zeit, jeder Punkt des Kreises ist ein Punkt der Ewigkeit, deshalb tritt jede Sekunde, in der es mir gelingt, mich mit der Quelle zu verbinden, in den Kreis der Ewigkeit ein.

Um genährt zu werden und sich weiterentwickeln zu können, muss sich jede Rebe von Neuem mit dem Weinstock verbinden, und sie wird Blüten und Früchte tragen. Verbindet euch also mit dem göttlichen Prinzip, mit Christus, um das Leben Christi zu leben, um euer persönliches, begrenztes und rein menschliches Bewusstsein umzuwandeln in ein unbegrenztes Bewusstsein, in ein universelles Bewusstsein, in ein Bewusstsein, das zu einem Ewigkeitsbewusstsein geworden ist. Deshalb sage ich euch: »Wenn ihr hierher kommt, denkt nicht mehr an die Zeit, nicht an Sorgen, nicht an Momente der Trauer. Vergesst sogar eure Unvollkommenheiten und Mängel, beschäftigt euch mit dem Zentrum, beschäftigt euch mit dem göttlichen Prinzip, das in euch ist, und lebt das Leben der Ewigkeit, taucht ein in das ewige Leben.« Ihr könnt das ewige Leben leben, weil es nicht eine Frage der Zeit ist, weil es nicht nötig ist, Milliarden von Jahren zu leben, um in der Ewigkeit zu sein. Übrigens, sogar wenn man Milliarden von Jahren leben würde, wäre dies noch nicht die Ewigkeit. Die Ewigkeit, das ist ein Bewusstseinszustand, meine lieben Brüder und Schwestern, nicht eine bestimmte Zeitspanne.

Anarchistische Partikel, die sich vom Baum der Ewigkeit loslösen wollten, um ihr eigenes Königreich zu errichten, das ist die Zeit. Die Partikel lösen sich ab, leben eine bestimmte Zeit, und genau das nennt man dann »Zeit«; anschließend sterben sie. Und all diese Partikel, die sich eins nach dem anderen losgelöst haben, können sich zu Milliarden von Jahren aneinanderreihen, aber sie werden niemals die Ewigkeit ausmachen, denn es wird immer einen Anfang und ein Ende geben. Das ewige Leben ist eine Lebensqualität, ist intensives Leben, und wenn es einem gelingt, diese Intensität des Lebens zu leben, so tritt man ein in die Ewigkeit, und sei es auch nur für einen Sekundenbruchteil.

Man kann im Bereich der Liebe eine Bestätigung dieser Wahrheit finden. Diejenigen, die sich lieben und dabei von der göttlichen Quelle abtrennen, die sich der göttlichen Liebe verschließen, nur um ihre persönliche Liebe füreinander zu leben und dabei vergessen, dass sie ein Teil der Unermesslichkeit sind, leben in der Zeit. Und da sie in der Zeit leben, verliert ihre Liebe ihren Glanz und zerbröckelt schließlich. Würden sie das Geheimnis der Ewigkeit kennen und würden sie sich mit der Unermesslichkeit, mit der göttlichen Quelle verbinden, würde ihre Liebe trotz der Zeit immer lichtvoll und schön bleiben, weil sie auf diese Weise der Zeit entkommen würden. Das trifft für die Liebe zu, aber auch für alle anderen Bereiche des Daseins.

Heute gebe ich euch einen Schlüssel, um die beiden Sätze Jesu zu interpretieren: »Ich bin der Weinstock, ihr seid die Reben« und »Das ist das ewige Leben: dich, den einzigen wahren Gott, zu erkennen und Jesus Christus, den du gesandt hast« (Joh 17,3). Auf zweierlei Weise wird hier dieselbe Wahrheit ausgedrückt: dass der Mensch den Weg wieder finden muss, um sich wieder mit der göttlichen Quelle zu verbinden, von der er sich niemals abtrennen darf, weil Abtrennung den spirituellen und den physischen Tod bedeutet. Alles in der Natur kann uns helfen, uns mit der Quelle zu verbinden, aber das mächtigste, das wirksamste Mittel ist die Sonne. Die Sonne ist das Symbol dieses lebendigen Flusses, der herabsteigt, der hervorsprudelt und das ganze Universum überflutet, das Symbol Gottes, und sie kann uns am besten helfen, den Weg zum Schöpfer wieder zu finden, so wie Er zu leben und zu schwingen, zu dieser Rebe zu werden, die mit dem Weinstock verbunden ist. Die Sonne ist der Weinstock, wir müssen zu den Reben werden, und wir werden das ewige Leben haben. Meine lieben Brüder und Schwestern, vergesst niemals dieses Symbol der Sonne.

Man sieht in den alten Büchern, dass die Eingeweihten die Schlange auf drei verschiedene Arten dargestellt haben: Erstens als Sinuskurve, zweitens spiralförmig und drittens kreisförmig, als Schlange, die ihren Schwanz verschlingt.

Diese Symbole sind sehr tief greifend. Die Schlange wird in der Bibel als das weiseste, intelligenteste Tier beschrieben, aber sie ist auch die Personifikation des Bösen und der List. Wenn ihr wollt, werde ich euch ein anderes Mal erklären, warum das so ist. Heute beschäftigen wir uns mit diesen drei Darstellungen der Schlange, über die ich gerade gesprochen habe, denn sie symbolisieren die Arbeit des Schülers, dem es gelingen muss, die Schlange zu sublimieren, das heißt, die gerade Linie in einen Kreis zu verwandeln. Das ist ein umfangreicher psychischer und intellektueller Vorgang, eine Einweihungspraktik. Die Schlange ist zuerst eine gerade Linie (symbolisch ausgedrückt, denn in Wirklichkeit ist sie eine Sinuskurve), sie kriecht auf der Erde. Dann richtet sie sich vertikal auf und hat dann die Form einer Spirale, das ist die Wirbelsäule. Schließlich muss sie ihre beiden äußeren Enden, ihren Kopf und ihren Schwanz, vereinen, um einen Kreis zu bilden, das heißt sich mit den harmonischen, symmetrischen und schöpferischen Bewegungen der Ewigkeit vereinen. Alle Emanationen, alle Energien sind dann verteilt und geordnet und es gibt keine Kämpfe und Disharmonie mehr zwischen ihnen. Ausgehend von allen Punkten der Peripherie, die den gleichen Abstand vom Mittelpunkt haben, entstehen Wellen, die sich auf erhabene Weise überlagern. Der Eingeweihte, dem es gelingt, diesen Kreis in sich zu formen, wird mächtig, unerschöpflich und vollkommen wie die Sonne und er lebt in der Ewigkeit.

Die Ewigkeit wird durch den Kreis dargestellt und dieser Kreis, das ist der Zodiak, der Tierkreis. Alle alten Bücher ziehen eine Parallele zwischen dem Tierkreis und dem Symbol der Schlange, die sich in den Schwanz beißt. Alle Weisen, die die Dinge gesehen haben, die sie »gemessen und gewogen« haben (wie im Sepher Jetzirah oder dem Buch der Schöpfung geschrieben steht, das Abraham zugesprochen wird, der Kabbalist und Magier war), sind sich darin einig... Ich habe bereits vom Sepher Jetzirah gesprochen, das eines der am schwierigsten zu entziffernden Bücher ist. Es hat nur ein paar Seiten, aber es enthält alle Prinzipien der Kabbala. Das Buch Sohar (Sepher ha-Sohar) hingegen ist ein sehr voluminöses Werk, das vor allem Kommentare zur Bibel enthält. Sohar ist ein Begriff, der sehr schwierig zu übersetzen und zu übertragen ist und man übersetzt ihn mit »Herrlichkeit«. Sohar ist genau genommen das Licht der Morgenröte bevor die Sonne erscheint (in Bulgarien sagt man sianié), ein Licht, das Dinge offenbart, aber selbst nicht sichtbar ist. Sohar ist ein verborgenes, geheimes Licht, das aber gleichzeitig Offenbarung des göttlichen Lichtes ist.[3]

Die gerade Linie muss also zu einem Kreis werden. Für die Physiker übrigens, ist die gerade Linie ein Kreisabschnitt. Da sich alles bewegt, gibt es nur gebogene Linien im Raum, die gerade Linie existiert nicht. Spirituell gesehen muss der Mensch zu einem Kreis werden. Seht euch ein Kind an: Bevor es geboren wird, ist es in sich zusammengerollt wie eine Kugel. Ihr werdet sagen, das sei eine ökonomische Lösung, um so wenig Platz wie möglich im Mutterleib einzunehmen. Das ist möglich. Und nach der Geburt, richtet der Mensch sich auf. Spirituell gesehen jedoch, muss er die Form des Kreises einnehmen, das heißt, aus seinem persönlichen, begrenzten Bewusstsein heraustreten, um das kosmische Leben, das universelle Leben, das Leben der Ewigkeit zu leben – oder, wenn ihr so wollt –, um diese Idee in den menschlichen Bereich zu übertragen, das brüderliche Leben zu leben. Ja, was macht man in der Bruderschaft? Man versucht, die Menschen aus ihrem rein persönlichen Leben herauszureißen, um sie zum kollektiven, weiten, unermesslichen Leben hinzuführen. In Wirklichkeit leben sie bereits in dieser

Unermesslichkeit, aber sie sind sich dessen nicht bewusst. Und jetzt müssen sie sich dessen bewusst werden, um diese Verbindung und die Harmonie mit dem universellen Leben wieder herzustellen.

In Wirklichkeit kann sich nichts und niemand vom universellen Leben loslösen: Weder das kleinste Staubkorn noch das kleinste Atom können sich ihm entziehen. Der Bruch findet nur im Bewusstsein statt und dies führt in der Folge natürlich zu chaotischen Zuständen auf den anderen Ebenen. Aber inmitten dieses Durcheinanders ist man weiterhin mit dem Kosmos verbunden, allerdings nur mit den niederen Regionen des Kosmos, mit den Regionen der Fäulnis, der Fäkalien, mit den Kliphoth (wie die Kabbala sie nennt). Das Einzige, was man machen kann, ist, die Region, die Wohnung oder das Stockwerk zu wechseln, so wie in einem Haus zum Beispiel: Anstatt in den oberen Stockwerken zu wohnen, kann man auch in die unteren Stockwerke oder sogar in den Keller hinabziehen. Aber man kann sich nicht abtrennen, das ist eine Illusion. Niemandem ist es je gelungen, sich vom Einfluss der kosmischen Kräfte und Energien loszulösen. Ihr werdet erwidern: »Ich werde bis ans Ende der Welt gehen, um dem Einfluss der Sterne zu entgehen!« Nun, auch dort werden sie euch finden. Wenn ihr euch unbedingt loslösen wollt, bleibt euch nur eine einzige Möglichkeit, nämlich euch von den guten Einflüssen zu lösen, um euch allem Schlechten hinzugeben, und von allem Schlechten ins noch Schlechtere zu stürzen. Gott hat uns nur die Freiheit gegeben, die Region zu wechseln. Die Bulgaren sagen: »Ot trnta na glog«, trn ist eine Dornenart und glog eine andere. Man kann von bestimmten Dornenarten in andere, noch gröbere, noch spitzere geraten, doch es sind immer Dornen: Man kommt nicht heraus!

Niemand kann sich von den universellen Kräften loslösen. Man kann nur die Bedingungen verändern oder die Regionen wechseln: Günstiger oder weniger günstig, aber diese Veränderungen vollziehen sich im Bewusstsein und von dort überallhin. Deshalb betone ich: »Kehrt zur Quelle zurück!« Dank der Sonne – oder falls ihr die Sonne nicht sehen könnt – dank des göttlichen Prinzips in euch, denkt jeden Tag ohne Unterlass beim Essen, beim Spazierengehen, beim Arbeiten daran, die Verbindung zur Quelle wieder herzustellen.

Wenn ihr von nun an bestimmte Bilder, bestimmte Symbole seht, versucht, sie mit dem Licht der Lehre zu interpretieren. Lasst diese Gelegenheit nicht ungenutzt verstreichen. Manche Menschen tragen Schmuck in Form von Symbolen, aber da sie diese nicht verstehen, nützen sie ihnen nichts. Wozu nützt es, wenn ihr auf einem Ring oder dem Griff eines Spazierstocks die Schlange tragt, die sich in den Schwanz beißt, wenn man sie nicht zu interpretieren weiß? Kennt ihr hingegen den tieferen Sinn dieses Symbols und habt den Wunsch, innerlich zu verwirklichen, was es darstellt, so wird es unglaublich mächtig. Ja, und um die sexuelle Liebe zu verwandeln (denn das ist die Schlange), muss man sie mit Gott verbinden. Die Schlange, die sich in den Schwanz beißt, ist das Symbol der sexuellen Liebe, die ein Eingeweihter sublimieren konnte. Zuallererst ist die Schlange eine Sinuskurve, das heißt sie kriecht, sie ist giftig, und wenn sie euch beißt, vergiftet sie euch und ihr seid verloren. Diese Energie der Liebe, die nicht umgewandelt wird, gleicht einem Schwert, das zerreißt und tötet. Aber der Kreis der Schlange, die sich in den Schwanz beißt, ist die Liebe, die ungefährlich geworden ist. Sie kann niemandem mehr Böses tun, weil sie mit Gott, mit dem Kosmos verbunden ist, und ihre Energien zirkulieren und steigen auf, sie verlieren sich nicht in der Materie.

Die gerade Linie, die Spirale und der Kreis repräsentieren die sexuelle Liebe in den drei Welten, in der physischen, der spirituellen und der göttlichen Welt. Für den gewöhnlichen Menschen ist es die gerade Linie, für den Schüler die Spirale und für den Meister der Kreis. Die gerade Linie ist wie ein Schwert: Es verwundet, es reißt auseinander. Und es stimmt: Die Frau wird wirklich vom Schwert des Mannes auseinandergerissen. Die Schlange muss sich also verwandeln, das heißt aufsteigen. Und die Schlange, die in der Wirbelsäule aufsteigt, ist die Bewegung der Kundalinikraft, die spiralförmig aufsteigt, um das Chakra des Kopfes, Sahasrara zu erreichen. Dort oben wird die Schlange zum Kreis, weil symbolisch gesehen der Kopf und der Schwanz vereint sind. Die Arbeit des Eingeweihten besteht also darin, die Spannung, die Kräfte, die sich in den Geschlechtsorganen ansammeln, zu bemeistern und sie bis ins Gehirn zu leiten. In diesem Augenblick tritt er in das ewige Leben ein, in die vollkommene Bewegung. All seine Energien werden in Licht, in Liebe, in Leben umgewandelt und er lässt sie der gesamten Menschheit zugutekommen.

Wenn der Mensch nur in der sexuellen Liebe lebt, lebt er in der Zeit, das heißt in den Veränderungen: Erst ist er glücklich, dann wieder unglücklich; einmal lebt er in der Freude, dann wieder in der Enttäuschung. Er liebt, dann liebt er wieder nicht mehr. Wenn er hingegen oben im Kreis, in der wahren Liebe lebt, entgeht er den Veränderungen.

Hier handelt es sich um eine sehr tief greifende Frage, die ihr später verstehen werdet. Man darf die Liebe nicht unterdrücken, man darf die Schlange nicht töten, sondern man muss ihr Gift in ein Heilmittel verwandeln, und sie wird alle Krankheiten heilen. Diese Idee kommt auch im Hermesstab zum Ausdruck, dem Symbol von Äskulap, dem heilenden Gott, und das ebenso das Symbol der Ärzte und Apotheker geblieben ist. Der Hermesstab stellt die Schlange dar, die ihr Gift umgewandelt hat, um die Krankheiten der Menschheit zu heilen. Genauso, wie die Schlange, die sich in den Schwanz beißt, ist er das Symbol der sublimierten Sexualenergie, die heilend und mächtig wird: Sie ist das Allheilmittel, das die Weisen suchten; das Allheilmittel, von dem die alchimistischen Bücher sprechen, es ist die kosmische Kraft der sublimierten Liebe.

Im Bereich der Metalle wird die Zeit durch das Blei und die Ewigkeit durch das Gold repräsentiert, weil Gold sich niemals verdunkelt. Das Blei steht unter dem Einfluss von Saturn, der auch eine Personifikation der Zeit ist. Er ist der griechische Gott Chronos, der seine Kinder verschlingt. Um nicht verschlungen zu werden, muss man in die Ewigkeit eintreten. Der Übergang von der Zeit zur Ewigkeit ist auch eine Anwendung des alchimistischen Prozesses der Umwandlung von Blei in Gold. Blei in Gold umwandeln heißt, das Leben in der Zeit in das ewige Leben umzuwandeln, den alten Adam in Christus.[4] Ihr seht also nun all die Entsprechungen, die zwischen den Symbolen existieren. Momentan sind diese Symbole für euch noch irgendwo verstreut. Sie müssen miteinander verbunden und belebt werden.

Ihr kennt viele Symbole, aber ihr versteht sie noch nicht, und ihr seht nicht die Zusammenhänge, die es zwischen ihnen gibt. Dennoch, der Augenblick kommt, in dem all diese Symbole beseelt und belebt werden müssen, für ein gutes Voranschreiten der Schüler der Universellen Weißen Bruderschaft, für ihre Weiterentwicklung. Diejenigen, die diesen Bereich sehr lieben und über die mentalen Möglichkeiten verfügen, werden darin außergewöhnliche Mittel für ihre Arbeit, für ihre Weiterentwicklung und ihre Freude finden.

Le Bonfin, 31. Juli 1961

Anmerkungen

1. Siehe auch Band 4 der Reihe Gesamtwerke »Das Senfkorn«, Kapitel 1: »Das ist aber das ewige Leben, dass sie Dich, den einzig wahren Gott erkennen…«.
2. Siehe auch Band 212 der Reihe Izvor »Das Licht, lebendiger Geist«, Kapitel 2: »Die Sonnenstrahlen: Ihre Natur und ihre Aktivität«.
3. Siehe auch Band 228 der Reihe Izvor »Einblick in die unsichtbare Welt«, Kapitel 8: »Sichtbares und unsichtbares Licht: Svetlina und Videlina«.
4. Siehe auch Band 241 der Reihe Izvor »Der Stein der Weisen – Von den Evangelien zur Alchimie«, Kapitel 17: »Die Entfaltung des göttlichen Keims«.

II

»Verbindet euch in den Augenblicken intensiver und tiefer Stille, die ihr hier zu schaffen lernt, mit der Unermesslichkeit, mit dem, was weder Anfang noch Ende hat, und das neue Leben wird in euch zu kreisen beginnen. Das neue Leben, das ist das Leben der Ewigkeit. Wir leben in der Zeit, aber in jedem Augenblick der Zeit können wir die Ewigkeit kosten.«

Es ist zur Gewohnheit geworden, Zeit und Ewigkeit einander gegenüberzustellen. Und das stimmt, die Zeit ist eine Sache, die Ewigkeit ist eine andere, und dennoch sind sie untrennbar verbunden.

Jesus sagte: »Das ist das ewige Leben: dich, den einzigen wahren Gott, zu erkennen und Jesus Christus, den du gesandt hast« (Joh 17,3). Ich habe euch oft erklärt, dass der Vorgang des Erkennens nicht der ist, wie man ihn sich gewöhnlich vorstellt: Lesen, Studieren, Analysieren, Nachdenken. Wahres Erkennen ist nicht bloß theoretisch, intellektuell, sondern besteht darin, den Gegenstand, den man erkennen möchte, zu berühren, zu schmecken, sich mit ihm zu vereinen, mit ihm zu verschmelzen. Das intellektuelle Erkennen hingegen bleibt äußerlich und an der Oberfläche.

Man kennt die Dinge oder Lebewesen nur, wenn man mit ihnen verschmilzt. Was bedeutet übrigens das Wort »Erkennen« in der Bibel? Es heißt dort: »Adam erkannte Eva« (1.Mo 4,1) und Kain wurde geboren. Der Einweihungswissenschaft zufolge besteht das wahre Erkennen in einem Fusionieren, einem Verschmelzen mit dem, was man erkennen möchte. Und den Herrn nur äußerlich zu erkennen, über Ihn zu sprechen und zu diskutieren, das bedeutet noch nicht, dass man Ihn erkennt. Solange man noch nicht mit Ihm verschmolzen ist, erkennt man Ihn nicht. Nur die Verschmelzung, die

Vereinigung, die Ekstase ermöglicht es einem Heiligen, einem Propheten oder einem Eingeweihten, endlich den Herrn zu erkennen. Das ist das wahre Erkennen und dieses Erkennen bringt das ewige Leben.

Das ewige Leben ist nichts anderes als ein intensives Leben, intensiv in der Reinheit, in der Liebe, im Opfer. Es ist die Intensität eures Lebens, die ihm die Dimension der Ewigkeit verleiht. Ihr werdet nicht ewig leben, nein, ihr werdet einen Anfang und ein Ende haben, aber da das ewige Leben nichts anderes ist als das intensive Leben, könnt ihr es leben, ohne ewig zu leben. Jeder Augenblick kann zu ewigem Leben werden: Es genügt, dass er nicht mehr nur ein einfaches Fragment der Zeit ist, sondern dass er von einer solchen Schwingung belebt ist, dass er das ganze Universum umfasst. Dieser lebendige, vibrierende Augenblick ist es, der zur Ewigkeit wird.

All denen, die die Dinge vertiefen, die sich der Natur der Zeit und der Ewigkeit bewusster werden wollen, kann das Studium mancher psychologischer Phänomene dazu verhelfen. In manchen Augenblicken habt ihr den Eindruck, dass die Zeit sich in die Länge zieht und in anderen, dass sie sich verkürzt. Ihr seid zum Beispiel nur ein paar Sekunden eingenickt, wacht auf und habt schon ein ganzes Dasein durchlebt: Ihr habt geträumt, dass ihr verheiratet wart, dass ihr Kinder hattet usw., und doch habt ihr nur ein paar Sekunden geschlafen. Dasselbe geschieht auch bei manchen Unfällen: Jemand ertrinkt oder erstickt fast, wird aber im letzten Augenblick noch gerettet und erzählt, dass er in ein paar Sekunden sein ganzes Leben vor seinen Augen ablaufen sah, mehrere Jahrzehnte zusammengefasst und verdichtet.

Wenn ein ganzes Leben in ein paar Sekunden zusammengefasst werden kann, was ist dann die Zeit? Sie ist kein sehr klarer Begriff. Die Physiker und Philosophen versuchten, die Natur der Zeit zu definieren, aber es gelingt ihnen nicht. Es sind Begriffe, die sich unserem Verständnis entziehen, solange unser Bewusstsein nicht fähig ist, über die dritte Dimension hinauszugehen. Man muss in einen viel höheren Bereich eintreten, in die Wahrnehmung der vierten Dimension, um die Natur von Zeit und Ewigkeit zu verstehen. Das intensive

Leben hingegen, das kann jeder verstehen, was das ist. Ihr habt alle die Erfahrung gemacht, dass euer Leben an manchen Tagen wie in Zeitlupe abläuft, so wie das der vegetierenden Pflanzen: keinerlei Gefühlsregung, keinerlei Empfindung, nichts… ein Leben in Zeitlupe. Und es gibt auch andere Augenblicke, in denen euer Leben so intensiv ist, dass ihr das Gefühl habt, ihr würdet das ganze Universum umfassen, es ist unbeschreiblich! Jeder kann das bestätigen.[1]

Und seid jetzt nicht erstaunt, dass ich, um bestimmte Dinge besser verständlich zu machen, die Worte »Zeit« und »Raum« und nicht mehr »Zeit« und »Ewigkeit« verwende. Auch vom Raum ist es schwierig, eine klare Vorstellung zu besitzen. Jeder hat natürlich eine bestimmte Wahrnehmung von Entfernungen, aber das erklärt nicht die Natur des Raumes. Symbolisch gesehen ist Raum nichts anderes als Materie. Raum und Zeit sind die Manifestationen von Materie und von Geist. Ihr werdet sagen: »Aber der Raum ist doch leer, man sieht nichts.« Nein, der Raum ist voll, er ist mit Materie gefüllt, es gibt keinen Raum ohne Materie, die Leere existiert nicht. Wenn ihr aus einem Gefäß die Materie entfernen wollt, wird sie augenblicklich durch eine feinstofflichere Materie ersetzt. Entfernt das Wasser aus einer Flasche und sie füllt sich mit Luft. Vertreibt die Luft und es bleibt Äthermaterie. Entfernt diese Äthermaterie und es bleibt Astralmaterie und so fort. Die Leere existiert nicht, und wenn man sie schaffen möchte, kommt es sogleich zu allen möglichen Reaktionen, um sie zu füllen.

Wenn ich noch weitergehe, werdet ihr sehen, dass alles durch Analogie verbunden ist und zusammengehalten wird. Symbolisch gesprochen stellt die Frau die Materie, den Raum oder auch – wenn ihr so wollt – die Leere dar. Und der Mann stellt den Geist, die Zeit, die Fülle dar. Die Fülle ist immer bereit, die Leere auszufüllen, und die Leere verlangt immer nach der Fülle, fordert sie und zieht sie an, damit sie ausgefüllt wird. Und da haben wir die beiden Prinzipien, die ununterbrochen anwesend sind, die sich gegenseitig suchen: Die Fülle, um die Leere auszufüllen und die Leere, um von der Fülle ausgefüllt zu werden.[2] Diejenigen, die es nicht gewöhnt sind nach

Entsprechungen zu suchen, die zwischen den Dingen existieren, werden vielleicht erstaunt oder empört sein. Sie werden sagen: »Aber das ist unmöglich, das ist dreist! Die Frau ist doch nicht die Materie und der Mann ist doch nicht der Geist, auch er ist Materie.« Hört euch diesen Einwand an! Ich spreche, indem ich Symbole und Entsprechungen benutze und darin müssen wir uns richtig verstehen. Bleibt, wenn ihr wollt, bei eurer Art und Weise zu denken, aber ihr werdet damit nichts erklären. Die Eingeweihten, die das Leben im Universum erforschten, haben entdeckt, dass alle Dinge untereinander Verbindungen, Affinitäten und Entsprechungen besitzen. Es ist ihr wertvollster Fund, ihre großartigste Entdeckung, dieses universelle Gesetz der Analogie erkannt zu haben.

Natürlich kann man nicht jeden Tag, jeden Augenblick im Unendlichen ohne Anfang und ohne Ende leben, dennoch kann man versuchen, sich jeden Tag einige Sekunden lang mit der Unermesslichkeit in Harmonie zu bringen. Das wird zur Gewohnheit, man findet Gefallen daran und wird sich dessen bewusst, dass es gar nicht so schwierig ist. Es reicht aus, daran denken zu wollen. Jeden Tag könnt ihr euch anpassen, euch in Einklang bringen mit allen göttlichen Intelligenzen, mit allen Hierarchien, euch auf sie einstimmen. Gewöhnt euch daran und ihr werdet sehen. Es ist sogar die größte Freude, die den Eingeweihten zuteilwird: sich ständig verbinden, sich ständig in Harmonie bringen, sich ständig in Einklang bringen mit der gesamten Schöpfung, mit allen himmlischen Wesen und zu sagen: »Ich bin in Einklang mit euch. Ich liebe euch, ich liebe euch, ich liebe euch...« Und danach fühlen sich die Eingeweihten in einem außergewöhnlichen Zustand inneren Friedens, denn sie haben sich in Einklang mit den himmlischen Wesen gebracht und ihre Schwingungen haben sich verändert. Macht diese Übung, und sollte es irgendwo noch widerspenstige, anarchistische Zellen geben, die nicht einverstanden sind, die nicht in Einklang schwingen, werdet ihr sehen, dass auch sie nach und nach umgänglicher werden, dank der Gewohnheit, euch mit der göttlichen Welt zu harmonisieren, dank dem Geschmack, den ihr daran gefunden habt.

Jetzt ist es an euch, diese Übung zu eurer täglichen Gewohnheit zu machen. Und sagt niemals: »Ich habe keine Zeit dafür, es warten wichtigere Beschäftigungen auf mich, Geschäfte, die erledigt werden müssen«, denn mit einer solchen Einstellung bleibt ihr immer euren Leiden verhaftet. Macht es euch zur Gewohnheit und ihr werdet sehen, was für ein Wohlbefinden, was für eine Harmonie und was für einen Frieden ihr dann erfahren werdet. Übrigens, weshalb kommt man dann überhaupt in die Lehre? Das ist doch zwecklos, man verliert hier seine Zeit, wenn man nicht das Wesentliche lernt. Und das Wesentliche ist, mit der Unermesslichkeit, mit der Ewigkeit in Harmonie zu kommen, denn damit verbindet man sich gleichzeitig mit den sehr fortgeschrittenen Wesen: den Erzengeln und Gottheiten. Und dadurch, dass man sich mit ihnen verbindet, nimmt man ihre guten Eigenschaften, ihre Tugenden, ihre Gaben auf und übernimmt sie in seine eigenen Zellen.

Selbstverständlich sage ich nicht, man solle die irdischen Beschäftigungen aufgeben, nein, aber man sollte auch eine bestimmte Zeit dafür aufbringen, sich mit dem Himmel in Harmonie zu bringen, sich mit der Unermesslichkeit zu verbinden. Unser Bewusstsein muss zwischen der Erde und dem Himmel, zwischen dem Zentrum und der Peripherie hin- und herpendeln. Das nennt sich spirituelle Atmung. Das bedeutet, sich tief konzentrieren und sich dann ausdehnen und sich weiten… von Neuem ins Zentrum zurückkehren, in das Höhere Ich, sich an dem Ort suchen und sich finden, wo der Friede wohnt, dann wieder hinausgehen, sich ausdehnen, bis an die Grenzen des Universums, bis zu den Grenzen der Unermesslichkeit… Das ist wahre spirituelle Atmung.

Unsere menschliche Atmung ist nichts anderes als eine Widerspiegelung dieser großen kosmischen, göttlichen Atmung.[3] Das ist etwas, was die Wissenschaft nicht weiß. Sie kennt bis in alle Einzelheiten die chemischen, biologischen Abläufe der Atmung, der Anatomie und der Physiologie des Herzens, der Lunge usw., aber sie weiß nicht, welches kosmische Modell all dem zugrunde liegt. Nur die Eingeweihten haben diese Frage vertieft und wissen, dass unsere Atmung die Spiegelung, das Abbild einer unermesslichen Atmung ist, der kosmischen Atmung. Gott selbst atmet. Er atmet ein und atmet aus… Wenn Er ausatmet, erscheint ein neues Universum, wenn Er einatmet, verschwindet alles wieder. Die Einatmung und die Ausatmung Gottes erstrecken sich über unzählbare Zeiträume. Der Mensch atmet 18 Mal pro Minute ein und aus, 18 Mal! Die kosmische Ein- und Ausatmung erstreckt sich hingegen über Millionen von Jahren. Das Leben der Lebewesen beginnt mit dem ersten Atemzug und endet mit dem letzten Ausatmen. Zwischen diesen beiden Augenblicken besteht das Dasein aus nichts anderem als einer ununterbrochenen Abfolge von Einatmen und Ausatmen.

Man kann sich den Spaß machen auszurechnen, wie oft ein normaler Mensch pro Stunde, pro Tag, pro Jahr atmet.

– pro Stunde: 1 080
– pro Tag: 25 920
– pro Jahr: 9 460 800
– pro zehn Jahre: 94 608 000.

Nehmen wir die Zahl 1 080: Sie ist das Ergebnis von 3 x 360 Grad des Tierkreises. Und 360 ist 10 x die 36 planetarischen Genien. 3 x 36 = 108, die heilige Zahl der Hindus. Und 36 ist 3 x die 12 Tierkreiszeichen. 12 ist 3 x die 4 Elemente: Erde, Wasser, Luft und Feuer. Was die 25 920 betrifft, die der Zahl der Atemzüge pro Tag entspricht, so ist sie das »große Jahr« von Platon, die Anzahl der Jahre, die der Frühlingspunkt braucht, um den ganzen Tierkreis zu durchlaufen. Würde man so fortfahren, könnte man noch viele andere Kombinationen entdecken. Die Zahl 72 (2 x 36) zum Beispiel, sie ist die Zahl der Pulsschläge eines normalen Herzens pro Minute und auch die Anzahl der Jahre, die der Frühlingspunkt braucht, um einen Grad des Tierkreises zu durchlaufen. Und 2 x 72 ergibt 144. Nun wisst ihr aber, dass 144000 die Zahl der Auserwählten in der Apokalypse ist.

Aber kehren wir jetzt zur Atmung zurück. Im spirituellen Bereich kann man folgende Übung machen: So wie sich die Lungen ausweiten, wenn sie die Luft einatmen, kann man sich mithilfe des Denkens bis an die Grenzen des Universum ausdehnen und dann, so wie im Augenblick der Ausatmung, wieder zu sich selbst zurückkehren, in sich hineintreten, dort den Mittelpunkt suchen und sich auf ihn konzentrieren. Wieder von vorne beginnen und sich ausweiten und wieder zu sich selbst zurückkehren... Man dehnt sich aus, um sich mit der Unermesslichkeit zu vereinen, um sich mit dem ganzen Universum zu harmonisieren, dann kehrt man zurück, um in sich selbst einzukehren und auf seine eigenen Zellen einzuwirken, ihnen Anordnungen zu geben, sie zur Vernunft zu bringen und ihre Entwicklung voranzubringen. Wenn man diese Atmung jeden Tag praktiziert, tritt man in das kosmische Bewusstsein ein. Diejenigen, die nicht auf diese Weise zu atmen wissen, ersticken, bekommen keine Luft und gehen schließlich in der spirituellen Welt zugrunde. Ja, denn sie verstehen es nicht zu atmen. Aber wie viele Leute sind noch weit davon entfernt, die spirituelle Dimension der Atmung zu erahnen!

Niemand hat die Atmung wirklich verstanden, außer den Eingeweihten. Ihr werdet sagen: »Was? Wir haben sie nicht verstanden? Wir sind in der Lage, einen ganzen Vortrag über die Atmung halten.« Nein, denn wenn ihr sie wirklich verstanden hättet, so hättet ihr euer ganzes Leben lang daran gearbeitet, die Kraft und das Licht Gottes einzuatmen, um danach dieses Licht der ganzen Welt zu schenken. Denn auch das ist Atmung: das Licht zu verteilen, das man in der Nähe Gottes aufnehmen konnte.

Einatmen, ausatmen... Einatmen, ausatmen... Anfang und Ende, das ist die Atmung, der Hauch. Aber man beschäftigt sich nicht mit dieser Frage. Man atmet automatisch, ohne zu wissen, dass die Atmung alle Manifestationen des spirituellen Lebens betrifft. Die Meditation ist eine Atmung, das Gebet ist eine Atmung, die Ekstase ist eine Atmung. Jede Kommunikation mit dem Himmel ist eine Atmung. Die Atmung offenbart die Intensität des Austausches. Wenn ihr mit dem Himmel kommuniziert, atmet ihr tief, so als ob ihr den Menschen umarmen würdet, den ihr liebt...

Heute sage ich euch nur ein paar Worte über den spirituellen und erhabenen Aspekt der Atmung: Sie ist die Kondensation, die Zusammenfassung einer anderen größeren Atmung. Und alle Prozesse, die Ernährung mit der Ausscheidung, das Wachstum, der Blutkreislauf, das Denken als solches, sind ebenso die Widerspiegelung umfassender Phänomene, die im ganzen Universum vor sich gehen. Warum verläuft der arterielle Kreislauf vom Zentrum (der Region des Herzens und der Lunge) zur Peripherie und der venöse Kreislauf von der Peripherie zum Zentrum? Das bedeutet auch, dass der Kreislauf eine Form von Atmung ist.

Alle diese Phänomene müssen erklärt werden. Ihr werdet fragen: »Nun, warum erklären Sie sie uns dann nicht?« Weil das Kenntnisse sind, die so weit entfernt, so erhaben sind, dass sie euch momentan nicht von Nutzen wären. Ihr müsst zunächst andere Dinge lernen: Wie man isst, wie man arbeitet, wie man sich verhält, wie man liebt... Das muss an erster Stelle stehen. Später werdet ihr in den am weitesten fortgeschrittenen philosophischen und esoterischen Bereich eingeführt.

Videlinata, 2. Februar 1972

Anmerkungen

1. Siehe auch Band 240 der Reihe Izvor »Söhne und Töchter Gottes«, Kapitel 1: »Ich bin gekommen, damit sie das Leben haben«.
2. Siehe auch Band 14/15 der Reihe Gesamtwerke »Liebe und Sexualität«, Kapitel 15 von Band 14: »Leere und Fülle – Poros und Penia« und Kapitel 25 von Band 15: »Liebt Gott und ihr werdet euren Nächsten besser lieben!«.
3. Siehe auch Band 303 der Reihe Broschüren »Die Atmung«.

V

DIE ZWÖLF AUFGABEN DES HERKULES

»Und Jakob berief seine Söhne und sprach: Versammelt euch, dass ich euch verkünde, was euch begegnen wird in künftigen Zeiten. Kommt zuhauf und höret zu, ihr Söhne Jakobs, und höret euren Vater Israel!

Ruben, mein erster Sohn bist du, meine Kraft und der Erstling meiner Stärke, der Oberste in der Würde und der Oberste in der Macht. Weil du aufwallest wie Wasser, sollst du nicht der Oberste sein; denn du bist auf deines Vaters Lager gestiegen, daselbst hast du mein Bett entweiht, das du bestiegst.

Die Brüder Simeon und Levi, ihre Schwerter sind mörderische Waffen.
Meine Seele komme nicht in ihren Rat, und mein Herz sei nicht in ihrer Versammlung; denn in ihrem Zorn haben sie Männer gemordet, und in ihrem Mutwillen haben sie Stiere gelähmt.
Verflucht sei ihr Zorn, dass er so heftig ist, und ihr Grimm, dass er so grausam ist.
Ich will sie versprengen in Jakob und zerstreuen in Israel.

Juda, du bist's! Dich werden deine Brüder preisen. Deine Hand wird deinen Feinden auf dem Nacken sein, vor dir werden deines Vaters Söhne sich verneigen.
Juda ist ein junger Löwe.
Du bist hochgekommen, mein Sohn, vom Raube. Wie ein Löwe hat er sich hingestreckt und wie eine Löwin sich gelagert. Wer will ihn aufstören?
Es wird das Zepter von Juda nicht weichen noch der Stab des Herrschers von seinen Füßen, bis dass der Held komme, und ihm werden die Völker anhangen.

Er wird seinen Esel an den Weinstock binden und seiner Eselin Füllen an die edle Rebe. Er wird sein Kleid in Wein waschen und seinen Mantel in Traubenblut.
Seine Augen sind dunkel von Wein und seine Zähne weiß von Milch.

Sebulon wird am Gestade des Meeres wohnen und am Gestade der Schiffe und reichen bis Sidon.

Issachar wird ein knochiger Esel sein und sich lagern zwischen den Sattelkörben.
Und er sah die Ruhe, dass sie gut ist, und das Land, dass es lieblich ist; da hat er seine Schultern geneigt, zu tragen, und ist ein fronpflichtiger Knecht geworden.

Dan wird Richter sein in seinem Volk wie nur irgendein Stamm in Israel.
Dan wird eine Schlange werden auf dem Wege und eine Otter auf dem Steige und das Pferd in die Fersen beißen, dass sein Reiter zurückfalle.
Herr, ich warte auf Dein Heil!

Gad wird gedrängt werden von Kriegshaufen, er aber drängt ihnen nach auf der Ferse.

Assers Brot wird fett sein, und er wird leckere Speise wie für Könige geben.

Naftali ist ein schneller Hirsch, er gibt schöne Rede.

Josef wird wachsen, er wird wachsen wie ein Baum an der Quelle, dass die Zweige emporsteigen über die Mauer.
Und wiewohl ihn die Schützen erzürnen und gegen ihn kämpfen und ihn verfolgen, so bleibt doch sein Bogen fest und seine Arme und Hände stark durch die Hände des Mächtigen in Jakob, durch ihn, den Hirten und Fels Israels.

Von deines Vaters Gott werde dir geholfen, und von dem Allmächtigen seist du gesegnet mit Segen oben vom Himmel herab, mit Segen von der Flut, die drunten liegt, mit Segen der Brüste und des Mutterleibes. Die Segnungen deines Vaters waren stärker als die Segnungen der ewigen Berge, die köstlichen Güter der ewigen Hügel. Mögen sie kommen auf das Haupt Josefs und auf den Scheitel des Geweihten unter seinen Brüdern!

Benjamin ist ein reißender Wolf; des Morgens wird er Raub fressen und des Abends wird er Beute austeilen.

Das sind die zwölf Stämme Israels alle, und das ist's, was ihr Vater zu ihnen geredet hat, als er sie segnete, einen jeden mit einem besonderen Segen.«

Beim Anhören dieses Kapitels aus der Genesis konntet ihr feststellen, dass sich Jakob auf sehr unterschiedliche Weise an jeden seiner Söhne wandte. Wenn man die Worte, die er zu jedem sprach, seine Prophezeiungen und seine Segnungen vertieft, stellt man erstaunt fest, wie sehr die zwölf Söhne Jakobs mit den zwölf Tierkreiszeichen übereinstimmen. Damit wollen wir uns nun befassen.

RUBEN wird von Jakob als »der Oberste in der Würde und der Oberste in der Macht« beschrieben. Er ist ungestüm wie Wasser, aber nicht er ist es, der die absolute Überlegenheit haben wird, denn er hat das Lager seines Vaters beschmutzt, als er dort hinaufgestiegen ist. Vielleicht denkt ihr, diese Beschreibung von Ruben entspräche dem Widder, dem nach Meinung der modernen Astrologie ersten Zeichen im Tierkreis, das außerdem durch Impulsivität gekennzeichnet ist. Nein, der Widder ist nicht wie die Wasser, und eben dieser Vergleich mit den Wassern zeigt, dass es sich um den Wassermann handelt, dessen Symbol ♒ die Form von Wellen hat. Andererseits wird dieses Zeichen von Saturn regiert, aber vor allem von Uranus, der Kühnheit repräsentiert, das Bedürfnis, sich den Konventionen entgegenzustellen, die etablierten Normen umzustürzen, was die Tatsache erklärt, dass er auf das Lager seines Vaters gestiegen ist. In seinem höheren Aspekt jedoch bringt Uranus Erneuerungen im kollektiven, universellen Leben.

Der zweite und der dritte Sohn Jakobs, SIMEON und LEVI, werden zusammen genannt. Jakob sagt von ihnen: »Mein Herz sei nicht in ihrer Versammlung. Denn in ihrem Zorn haben sie Männer gemordet… Ich will sie versprengen in Jakob und zerstreuen in Israel« (1 Mo 49,7). Das sind fast Fluchworte, die Jakob da ausspricht. Simeon und Levi haben Männer getötet unter dem Vorwand, sich um der Ehre ihrer Schwester Dinah willen zu rächen. Sichem, Fürst der Länder, hatte Dinah, die Tochter Jakobs entführt, bat aber anschließend ihren Vater, sie ihm zur Frau zu geben. Jakob hatte akzeptiert. Aber Simeon und Levi töteten Sichem – unter dem Vorwand der Ehrverletzung, die ihre Schwester erlitten hatte – sowie dessen Vater Hamor und alle Männer ihrer Stadt durch Verrat. Dann bemächtigten sie sich deren Truppen und aller Reichtümer. Jakob war sehr aufgebracht über dieses Verbrechen. Diese beiden Brüder, die so flink darin waren, mit List zu handeln, zu töten und zu stehlen, das sind die Zwillinge ♊, in der griechischen Mythologie durch Castor und Pollux dargestellt, von denen übrigens eine Legende erzählt, sie hätten auch ihre von Theseus entführte Schwester Helena befreit. Das Tierkreiszeichen Zwillinge ist mit der Lunge, den Armen und den Händen verbunden und wird von Merkur regiert, dem Gott mit dem schnellen und erfinderischen Geist, immer bereit zu handeln und sogar unehrlich und skrupellos zu handeln.

Von seinem vierten Sohn JUDA sagt Jakob, er sei wie ein junger Löwe und die Beschreibung, die er von ihm gibt: »Deine Hand wird deinen Feinden auf dem Nacken sein… Vom Raub, mein Sohn, bist du hochgekommen«, sowie die Bilder des Zepters und des Herrscherstabs entsprechen ganz genau dem Zeichen des Löwen ♌, welches das Zeichen der Autorität, der Expansion und der Königswürde ist: »Deine Hand wird deinen Feinden auf dem Nacken sein… vor dir werden deines Vaters Söhne sich verneigen«. Juda wird Oberhaupt bleiben bis zur Ankunft von Schilo, dem die Völker gehorchen werden. Schilo ist einer der Namen des Messias.

Alles, was über SEBULON, den fünften Sohn Jakobs gesagt wird, bezieht sich auf das Meer: »Sebulon wird am Gestade des Meeres wohnen, am Gestade der Schiffe und reichen bis Sidon« (einem Hafen an der phönizischen Küste im heutigen Libanon). Sebulon entspricht dem Zeichen Krebs ♋, einem Wasserzeichen. Der Krebs wird durch eine Krabbe dargestellt, die ganz nahe an den Küsten lebt. Dieses Zeichen regiert den Magen, es nimmt also die Nahrung auf, um daraus alles zu extrahieren, was notwendig ist zur Erhaltung des Lebens.

Von seinem sechsten Sohn, ISSACHAR, sagt Jakob, er sei ein knochiger Esel, der in den Ställen schläft. Ihr denkt ganz sicher, dass es im Tierkreis keinen Esel gibt... Ja, aber man darf die biblischen Texte nicht immer wörtlich nehmen. Die Eigenschaften, mit denen Issachar hier charakterisiert wird, sind auch die von Ochs oder Stier: Widerstandskraft, Geduld, Hartnäckigkeit, die Liebe zur Arbeit und sogar zu harter Arbeit. Issachar stellt also das Zeichen Stier dar ♉, ein Erdzeichen in Verbindung mit dem vollen Aufblühen der Frühlingskräfte (vom 21. April bis zum 21. Mai), mit den Wiesen, den Feldern, den Obstgärten, der fruchtbaren Erde, worauf auch in den Worten Jakobs hingewiesen wird: »Und er sah die Ruhe, dass sie gut ist und das Land, dass es lieblich ist.« Der Stier steht unter der Herrschaft von Venus, aber in ihrem ursprünglichen, instinkthaften, fruchtbaren Aspekt.

Von seinem siebten Sohn DAN sagt Jakob, dass er Richter sein wird in seinem Volk, aber auch, dass er wie eine Schlange auf dem Weg sein wird. Dies sind zwei nahezu gegensätzliche Züge, denn ein Richter wird normalerweise als ein gerechter, maßvoller Mensch angesehen und nicht als Viper auf einem Weg. Aber diese Züge finden sich wieder in der Waage ♎. Die Waage mit ihren zwei Waagschalen ist ein Symbol für Gleichgewicht, gutes Urteilsvermögen, Gerechtigkeit, Ausgleich und ihr Einfluss bringt Verwaltungsbeamte, Gesetzesdiener, Rechtsanwälte, aber auch Künstler wie Maler, Bildhauer, Musiker usw. hervor. Venus regiert in der Waage, aber Saturn ist dort erhöht und wenn er schlecht aspektiert ist, geht das Gleichgewicht verloren und das Zeichen kippt in Richtung Skorpion, dem folgenden Tierkreiszeichen, und damit manifestiert sich die Schlange.

GAD, sagt Jakob, wird gedrängt werden von Kriegshaufen, aber er drängt ihnen nach auf der Ferse. Gad steht für das Zeichen Skorpion ♏, dem achten astrologischen Haus. Er wird von Mars regiert, dem Planeten der Gewalt, des Krieges und ebenso von Uranus und Pluto. Der Skorpion ist das mysteriöseste Zeichen des Tierkreises, er stellt die unterirdische Seite des Lebens dar, das Unterbewusstsein, die Sexualkraft, Gärung, Verwesung, Tod, alles, was man im Geheimen schürt: Revolten, Umwälzungen, Komplotte und Spionage. Aber für diejenigen, die eine spirituelle Arbeit machen, um ihre Kräfte zu sublimieren und für das Gute zu verwenden, wird der Skorpion zum Adler mit durchdringendem Blick, der in Richtung Sonne fliegt. Der Skorpion ist das Zeichen der größten magnetischen und magischen Kräfte. Und unter den vier Heiligen Tieren, die, wie ihr wisst, auch bildlich von den vier Evangelisten dargestellt werden, ist Johannes derjenige, der für den Adler, den vergöttlichten Skorpion[1] steht.

Von seinem neunten Sohn ASSER sagt Jakob, dass sein Brot fett sein wird und dass er Königsspeise geben wird. Asser entspricht dem Zeichen Jungfrau ♍, dargestellt von einer jungen Frau mit Weizenähren. Die Jungfrau stellt das sechste astrologische Haus dar, das Haus der Gesundheit, der Hygiene, der Ernährung.

NAFTALI, der zehnte Sohn, wird verglichen mit einem flüchtigen Hirsch und er gibt schöne Rede. So wie den Esel, von dem wir vorher in Bezug auf Issachar sprachen, darf man auch das Wort »Hirsch« nicht im wörtlichen Sinne nehmen. Der springende Hirsch erinnert auch an die Ziege, und Naftali entspricht dem Zeichen Steinbock ♑. Saturn, der den Steinbock regiert, ist ordentlich, methodisch und ökonomisch. Er treibt den Geist bis zu den höchsten Gipfeln, wo er Autorität, die Meisterschaft durch Arbeit, Ausdauer und Hartnäckigkeit erlangt. Die Sonne durchläuft das Zeichen Steinbock zwischen dem 21. Dezember und dem 21. Januar. Sie tritt also zum Zeitpunkt von Weihnachten in den Steinbock ein und die schöne Rede ist die der Hirten, der Priester und der Eltern während des Festes, aber vor allem der Engel, die zu den Hirten sagten: »Fürchtet euch nicht! Siehe, ich verkündige euch große Freude, die allem Volk widerfahren wird; denn euch ist heute der

Heiland geboren, welcher ist Christus, der Herr, in der Stadt Davids. Und das habt zum Zeichen: Ihr werdet finden das Kind in Windeln gewickelt und in einer Krippe liegen. Und alsbald war da bei dem Engel die Menge der himmlischen Heerscharen, die lobten Gott und sprachen: Ehre sei Gott in der Höhe und Friede auf Erden bei den Menschen seines Wohlgefallens« (Lk 2,10-14). Während dieser Zeit sind die Nächte am längsten und die Tage am kürzesten, aber dennoch birgt der Steinbock die Hoffnung auf Wiederkehr und Frühling in sich.

An JOSEF wendet sich Jakob sehr lange, aber wir beschäftigen uns nur mit den zwei Hauptaussagen, die die Segnungen charakterisieren, die er für seinen Sohn ausspricht. Da ist zuerst der Gedanke der Erhebung, der Höhe: »Er wird wachsen wie ein Baum an der Quelle… dass die Zweige emporsteigen über die Mauer… Die Segnungen deines Vaters waren stärker als die Segnungen der ewigen Berge, die köstlichen Güter der ewigen Hügel. Mögen sie kommen auf das Haupt Josefs und auf den Scheitel des Geweihten unter seinen Brüdern.« Dann das Bild von Bogen und Pfeilen: »Und wiewohl ihn die Schützen erzürnen und gegen ihn kämpfen und ihn verfolgen, so bleibt doch sein Bogen fest.« Josef entspricht dem Zeichen Schützen ♐, der, wie sein Name schon anzeigt, einen Menschen mit Bogen und Pfeilen darstellt. Der Schütze ist das neunte astrologische Haus, das Haus der spirituellen Erhebung, symbolisiert vom Zentaur, einem Geschöpf, halb Mensch halb Pferd, das galoppierend einen Bogen spannt. Der Zentaur stellt die Anstrengung dar, die wir aufbringen müssen, um unsere höhere Natur (den Menschen) von unserer niederen, tierischen Natur (dem Pferd) zu befreien und uns in Richtung der himmlischen Regionen (dem Schwung, der durch den Pfeil angezeigt wird) aufzuschwingen.[2] Der Schütze ist das Zeichen großer spiritueller Kämpfe, jener Kämpfe, die aus einem Menschen einen Eingeweihten machen. Deshalb heißt es, dass Josef verfolgt werde, aber dass sein Bogen fest und seine Hände stark blieben durch die Hände des Mächtigen in Jakob.

Der Schütze wird von Jupiter regiert, dessen Eigenschaften wie Aufrichtigkeit, Edelmut und Freigiebigkeit den spirituellen Charakter noch betonen. Ihr kennt die Geschichte von Josef. Seine Brüder, die sehr eifersüchtig auf ihn waren, weil er vom Vater bevorzugt wurde und weil sie ihn als ihnen überlegen empfanden, verkauften ihn als Sklaven. Josef wurde nach Ägypten geschickt und gewann durch seine guten Eigenschaften die Hochachtung und das Vertrauen des Pharao, der ihn mit der Staatsführung seines Landes betraute… Aber zunächst trafen ihn alle möglichen Missgeschicke. Die Frau seines ersten Herrn, Putifar, verliebte sich in ihn und weil er ihr nicht nachgeben wollte, beschuldigte sie ihn vor ihrem Gemahl, er hätte sie vergewaltigen wollen und Josef wurde ins Gefängnis geworfen. Jahre später jedoch, als Josef mächtig geworden war, traf er seine Brüder wieder und verzieh ihnen nicht nur, sondern zeigte ihnen gegenüber großen Edelmut. Diese Fähigkeit zu verzeihen und dieser Edelmut sind, ebenso wie die Leichtigkeit, Erfolg zu haben, Eigenschaften von Jupiter. Die Menschen, die unter dem Einfluss von Jupiter geboren sind, vor allem wenn dieser Planet sich im ersten Haus befindet, sind immer die ersten unter ihren Brüdern und Schwestern, die Lieblinge ihrer Eltern und oft kommen sie auch in den Genuss großer Vorteile in der Gesellschaft.

Der Schütze ist das dritte Zeichen des Feuerdreiecks, das von den Zeichen Widder, Löwe und Schütze gebildet wird. Dem Widder entspricht der Kopf (das Denken), dem Löwen entspricht das Herz (das Gefühl), und dem Schützen entsprechen die Oberschenkel, das heißt die Ausführung, die Verwirklichung des Denkens und des Gefühls. Der Schütze führt aus: Er verwirklicht die Weisheit, die im Kopf ist und die Liebe, die im Herzen ist.

BENJAMIN wird als Wolf dargestellt, und der Wolf entspricht hier dem Tierkreiszeichen Widder ♈. Dem Anschein nach besteht zwischen Widder und Wolf ein Widerspruch. Ja, aber nur dem Anschein nach. Der Widder wird von Mars regiert, und dieses erste Zeichen des Feuerdreiecks, das wir gerade gesehen haben, ist, wenn es nicht gezähmt wird, ein Zeichen der Kraft, der Gewalt und der Zerstörung. Aber wenn es sublimiert wird, kann das Feuer des Krieges zum Feuer der Opferbereitschaft werden und der Widder ist dann nicht mehr der zerstörerische Wolf, sondern das Opferlamm am Beginn der Welt, das von Christus repräsentiert wird. Übrigens wird diese Idee sogar von Jakob selbst ausgedrückt, als er sagt: »Des Morgens wird er Raub fressen und des Abends wird er Beute austeilen.« Natürlich kann man diese Aussage auch wörtlich auffassen: Am Morgen zerstört der Krieger seine Feinde und am Abend verteilt er die Beute, die er aus dem Kampf mitgebracht hat. Aber der Morgen und der Abend stellen den Beginn und das Ende eines Tages dar, und ein Tag kann ein ganzer Entwicklungszeitraum sein, so wie die sieben Tage der Schöpfung. Auf diese Art und Weise verstanden, bedeuten die Worte Jakobs, dass im Laufe der Entwicklung das Zeichen Widder zum Zeichen des Lammes wird, das heißt der Liebe, des Opfers, das nicht nur keine Menschen mehr vernichtet, sondern seine Reichtümer mit ihnen teilt.

———	Erde:	Stier ♉, Jungfrau ♍, Steinbock ♑
– – – – –	Wasser:	Krebs ♋, Skorpion ♏, Fische ♓
—·—·—	Luft:	Zwillinge ♊, Waage ♎, Wassermann ♒
··········	Feuer:	Widder ♈, Löwe ♌, Schütze ♐

Ihr habt zweifellos bemerkt, dass aufgrund der Darstellung des Zeichens Zwillinge durch Simeon und Levi die zwölf Söhne Jakobs nur elf Tierkreiszeichen repräsentieren können und dass wir uns noch nicht mit dem Zeichen Fische befasst haben. Um die Fische zu finden, lesen wir in der Genesis das vorangehende 48. Kapitel (Vers 8-20), wo Jakob den Söhnen von Josef, Ephraim und Manasse, seinen Segen erteilt:

»Und Israel sah die Söhne Josefs und sprach: Wer sind die? Josef antwortete seinem Vater: Es sind meine Söhne, die mir Gott hier gegeben hat. Israel sprach: Bringe sie her zu mir, dass ich sie segne… Israel streckte seine rechte Hand aus und legte sie auf Ephraims, des Jüngeren, Haupt und seine linke auf Manasses Haupt und kreuzte seine Arme, obwohl Manasse der Erstgeborene war. Und er segnete Josef und sprach: Der Gott, vor dem meine Väter Abraham und Isaak gewandelt sind, der Gott, der mein Hirte gewesen ist mein Leben lang bis auf diesen Tag, der Engel, der mich erlöst hat von allem Übel, der segne die Knaben, dass durch sie mein und meiner Väter Abraham und Isaak Name fortlebe, dass sie wachsen und viele werden auf Erden. Als aber Josef sah, dass sein Vater die rechte Hand auf Ephraims Haupt legte, missfiel es ihm und er fasste seines Vaters Hand, dass er sie von Ephraims Haupt auf Manasses Haupt wendete, und sprach zu ihm: Nicht so, mein Vater, dieser ist der Erstgeborene; leg deine rechte Hand auf sein Haupt. Aber sein Vater weigerte sich und sprach: Ich weiß wohl, mein Sohn, ich weiß wohl. Dieser soll auch ein Volk werden und wird groß sein, aber sein jüngerer Bruder wird größer als er werden und sein Geschlecht wird eine Menge von Völkern werden. So segnete er sie an jenem Tage und sprach: Wer in Israel jemanden segnen will, der sage: Gott mache dich wie Ephraim und Manasse! Und so setzte er Ephraim vor Manasse.«

Diesem Text gemäß können wir sehen, dass Jakob die Söhne Josefs genauso segnete, wie er danach seine eigenen Söhne segnete. Ephraim und Manasse entsprechen dem Zeichen Fische ♓. Die Segnung

Jakobs: » … dass sie wachsen und viele werden auf Erden« und später: »Dieser soll auch ein Volk werden und wird groß sein; aber sein jüngerer Bruder wird größer als er werden und sein Geschlecht wird eine Menge von Völkern werden«, hebt den Aspekt der Fruchtbarkeit des Zeichens Fische hervor, in dem Jupiter regiert und Venus erhöht ist. Das Tierkreiszeichen Fische symbolisiert den kosmischen Ozean, aus dem alle Welten hervorgegangen sind. Die Schöpfung wird aus den Fischen geboren, aus dem Meer und durchläuft nacheinander alle anderen Zeichen, um zu den Fischen zurückzukehren. Für alles, was existiert, vollzieht sich diese Rückkehr zu den Fischen, die Rückkehr ins Chaos, aus dem jedes Mal wieder neue Welten hervorkommen werden.

Da Schütze (Josef) und Fische (Ephraim und Menasse) von Jupiter regiert werden, folgen die beiden Söhne Josefs der gleichen Linie wie ihr Vater. Aber der Vater und seine beiden Söhne werden nicht auf gleiche Weise von Jupiter beeinflusst. Der Schütze manifestiert vor allem den Ehrgeiz, die Autorität, die Dominanz von Jupiter, während die Fische seine Güte, seine Sanftmut manifestieren, die beide bis zur Selbstverleugnung, zur Selbstaufgabe, zur Selbst-Aufopferung gehen können.

Dadurch dass die Menschheit dem besonderen Einfluss des Tierkreises unterworfen ist, regte er nahezu alle Völker zu Mythen und Legenden an, die die jeweilige Charakteristik der zwölf Tierkreiszeichen widerspiegeln. In der griechischen Mythologie sind dies die zwölf Aufgaben des Herkules.

Ihr kennt die Geschichte von Herkules, der in Griechenland Herakles genannt wird. Er war der Sohn des Zeus und der Alkmene, der Frau des Amphitryon, eines Generals aus Theben, die Zeus verführt hatte, indem er die Züge ihres Gemahls annahm. Als Herakles geboren wurde, wollte Hera, Gattin des Zeus und immer wieder verärgert über seine Untreue, das Kind töten und schickte ihm zwei Schlangen, die ihn in seiner Wiege ersticken sollten; aber es war das Kind, das die Schlangen erstickte. Als Jugendlicher erhielt er eine hervorragende

Erziehung, und er hatte bereits einige Heldentaten vollbracht, als er Megara heiratete, die Tochter des Königs von Theben, mit der er mehrere Kinder bekam. Eines Tages jedoch tötete er – plötzlich wahnsinnig geworden – seine Kinder und ihre Mutter. Übermannt von Schuldgefühlen ging er nach Delphi, um das Orakel des Apollo zu befragen, wie er sein Verbrechen sühnen könne. Apollo gab ihm den Auftrag, zwölf Jahre lang in den Dienst des Königs Eurystheus zu treten, und es war Eurystheus, der ihm die Prüfungen auferlegte, die man als die »zwölf Arbeiten« des Herkules bezeichnet.

Herkules erfüllte nacheinander folgende Aufgaben:

1 – Er erwürgte den Nemëischen Löwen.
2 – Er tötete die Hydra von Lerna.
3 – Er fing lebendig den Eber vom erymanthischen Berg.
4 – Er besiegte im Wettlauf den Hirsch mit den ehernen Füßen.
5 – Er erlegte mit Pfeilschüssen die Vögel vom See Stymphalos.
6 – Er zähmte den Stier von der Insel Kreta, der von Poseidon gegen den König Minos ausgesandt worden war.
7 – Er tötete Diomedes, den König von Thrakien, der seine Pferde mit Menschenfleisch fütterte und bändigte dessen Pferde.
8 – Er besiegte die Amazonen.
9 – Er mistete die Ställe von Augias aus, indem er die Flüsse Alpheios und Peneios durchfließen ließ.
10 – Er bekämpfte und tötete den Riesen Geryon, dem er seine Rinderherde stahl.
11 – Er pflückte die goldenen Äpfel vom Garten der Hesperiden.
12 – Er befreite Theseus aus der Unterwelt und bändigte Cerberus, den Höllenhund.

Jetzt nehmen wir uns eine Aufgabe nach der anderen noch einmal vor, um zu sehen, welchen Tierkreiszeichen sie entsprechen.

1. Der Nemëische Löwe: Man versteht sofort, dass es sich um das Zeichen Löwe handelt; das ist eindeutig, man braucht es nicht weiter zu erklären.

2. Die Hydra von Lerna: Das war ein Drache mit sieben Köpfen, der die Region von Lerna mit seinem übel riechenden Atem vergiftete. Herkules versuchte, seine Köpfe mit einer goldenen Sichel abzutrennen, aber sie hörten nicht auf, immer wieder nachzuwachsen, sobald er sie abschnitt. Er musste sie alle zusammen abschlagen. Schließlich kam ihm sein Weggefährte Iolaos zu Hilfe: Er legte Feuer im Wald und mit diesen brennenden Ästen brannte er die Wunden an jedem Kopf aus, den Herkules abtrennen konnte, um diese am Nachwachsen zu hindern. Die Hydra von Lerna entspricht dem Zeichen Skorpion. Der Skorpion ist das Symbol der Sexualkraft, der ununterbrochen ein Kopf, neue Kraft, neue Stärke, nachwächst. Nur allein das göttliche Feuer kann über sie triumphieren. Man kann die sexuelle Liebe nicht auslöschen, sondern muss sie in göttliche Liebe verwandeln. Auf diese Weise wurden manche Menschen, die ständig von der Sexualkraft gequält wurden, im Opfer zu den erhabensten Menschen: weil sie wussten, wie man diese Kraft umwandelt.[3] Diejenigen hingegen, die so dumm sind, gegen sie zu kämpfen, reiben sich in diesem Kampf auf, ohne jemals über sie siegen zu können. Sie werden verbittert, verklemmt, boshaft und sind allen Arten von Beschwerden ausgeliefert.

3. Der Erymanthische Eber: Wie der Wolf in dem Abschnitt, den wir vorhin behandelt haben: »Benjamin ist ein reißender Wolf«, so stellt das Wildschwein die rohe Kraft von Mars dar und entspricht dem Zeichen Widder. In der griechischen Mythologie gibt es übrigens eine Sage, nach der Mars sich in ein Wildschwein verwandelt hat, um Adonis, an dem er sich rächen wollte, zu verwunden.

4. Der Hirsch mit den ehernen Füßen: Ihr erinnert euch, was Jakob über Naftali sagte: »Das ist ein schneller Hirsch«. Auch hier hat der Hirsch die gleiche Bedeutung wie die Ziege und entspricht dem Zeichen Steinbock.

5. Die Vögel des Sees Stymphalos: Die Sage erzählt, dass diese Vögel Geier waren. Herkules tötete sie mit Pfeilschüssen, was offensichtlich dem Schützen entspricht, der immer mit Pfeil und Bogen bewaffnet ist.

6. Der Stier von der Insel Kreta: Wie für den nemeischen Löwen, ist es auch hier sehr klar, dass diese Tat dem Zeichen Stier entspricht.

7. Diomedes: Diese Tat entspricht dem Tierkreiszeichen Zwillinge. Natürlich sind die Verbindungen hier schwieriger herauszufinden, aber es gibt sie dennoch. Die Geschichte ist folgende: Diomedes fütterte seine Pferde mit dem Fleisch von Reisenden, die sich in sein Königreich verirrten. Um ihn zu bestrafen, bemächtigte sich Herkules des Diomedes, und warf ihn seinerseits seinen Pferden zum Fraß vor, bevor er diese bändigte. Sehen wir uns an, welche Beziehungen es zwischen dieser Geschichte von Diomedes und dem Zeichen Zwillinge gibt. Zuerst die Pferde: Castor und Pollux, die Zwillinge, wurden meistens als Pferde dargestellt. Weiter sahen wir, als wir uns mit den Söhnen Jakobs beschäftigten, dass Jakob sagte: »Sie mordeten Männer«. Nun, auch Diomedes tötete Männer. Und wenn wir uns jetzt mit dem Planeten und dem Gott Merkur näher befassen, sehen wir, wie wir auch schon bei Simeon und Levi bemerkten, dass Merkur, der in den Zwillingen regiert, der Planet der Hinrichtung (Diebstahl oder sogar Mord) ist, aber auch, dass Merkur der Gott der Reisenden war. Nun fütterte also Diomedes seine Pferde mit den Fremden, die sich verirrt hatten. Und schließlich ist Merkur das Symbol des Verstandes, und der Verstand zerstört. Der hinduistischen Weisheit zufolge ist der Verstand der größte Zerstörer der Wirklichkeit.[4] Ja, durch seinen Verstand zerstört der Mensch: Er analysiert, er kritisiert und er

verleumdet; aber am Ende, durch die Zerstörung all dessen, was ihn umgibt, zerstört er sich schließlich selbst. Genau das geschah mit Diomedes: Er gab seinen Pferden Menschen zu fressen, aber schließlich war er selbst es, der von seinen Pferden gefressen wurde.

8. Die Amazonen: Das war ein Volk von Kriegerinnen, die zu Pferd mit Pfeil und Bogen kämpften. Sie bildeten ein Volk von Frauen ohne Männer und stellten auf diese Weise einen anderen Aspekt des Zeichens Jungfrau dar.

9. Die Ställe des Augias: Augias war ein Fürst, der unübersehbare Herden besaß, deren Ställe er nie säubern ließ. Um sie zu säubern, leitete Herkules zwei Flüsse um: den Alpheios und den Peneios. Diese Arbeit ist mit dem Zeichen Wassermann verbunden, dessen spirituelle Gewässer das Unterbewusstsein des Menschen – seine Ställe – säubern.

10. Der Riese Geryon: Das war eine Art Ungeheuer, dessen enorme Hüften sich in drei Körper verzweigten. Er wohnte auf einer Insel und besaß eine Stierherde. Diese Prüfung entspricht dem Zeichen Krebs. Erinnert euch zunächst daran, was ich euch vorhin über den fünften Sohn Jakobs, Sebulon, sagte, wobei ich Bilder von Meer und Küste erwähnte. Hier wird das Meer durch die Insel dargestellt. Geryon besitzt auch Stiere. Nun regiert der Mond im Krebs und in einigen Überlieferungen wird der Wagen des Mondes, von Stieren gezogen, dargestellt. Was jedoch vor allem interessant ist in Bezug auf Geryon, das sind seine drei Körper. Ich habe es euch bereits erklärt, dass der Mensch aus drei Prinzipien besteht: dem Denken, dem Herzen und dem Willen, die in ihm auf einer niederen Ebene der Personalität und auf einer höheren Ebene der Individualität existieren. Die Personalität wird vom Mond dargestellt, während die Individualität von der Sonne dargestellt wird. Die drei Körper von Geryon entsprechen also der physischen Ebene, der Astral-Ebene und der Mental-Ebene, welche die Personalität bilden.

11. Die goldenen Äpfel vom Garten der Hesperiden: Diese Prüfung entspricht dem Zeichen Waage, das die Sonne während der Zeitspanne zwischen dem 21. September und dem 21. Oktober durchquert. Das ist der Beginn des Herbstes, die Zeit, in der man die letzten Früchte erntet. Ihr wisst, dass dieses Zeichen von Venus regiert wird, die über die Gärten, die Blumen und die Schönheit regiert. Andererseits lautet der Name des Planeten Venus auf griechisch: Hesperos.

12. Theseus wird aus der Unterwelt befreit: Wie ich euch schon vorhin sagte, stellt das Zeichen Fische das universelle Chaos, das ursprüngliche Tohuwabohu dar, aus dem alle Wesen hervorgingen, also die Welt der Undifferenziertheit, des Unbewussten, der Finsternis (die Unterwelt), aus der Herkules Theseus herauszog, um ihn ins Licht, ins Bewusstsein zu führen.

Über diese zwölf Aufgaben hinaus vollbrachte Herkules viele andere Heldentaten, mit denen wir uns heute nicht beschäftigen, weil sie nicht in Zusammenhang mit den Tierkreiszeichen stehen.

Als Zusammmenfassung werden wir schnell eine Tabelle erstellen mit den Entsprechungen zwischen den Tierkreiszeichen, den Söhnen Jakobs und den Aufgaben des Herkules in Stichpunkten.

♈	Widder	Benjamin	Erymanthischer Eber
♉	Stier	Issachar	Stier der Insel Kreta
♊	Zwillinge	Simeon und Levi	König Diomedes und seine Pferde
♋	Krebs	Sebulon	Riese Geryon
♌	Löwe	Juda	Nemëischer Löwe
♍	Jungfrau	Asser	Amazonen
♎	Waage	Dan	Goldene Äpfel der Hesperiden

♏	Skorpion	Gad	Hydra von Lerna
♐	Schütze	Josef	Vögel des Sees Stymphalos
♑	Steinbock	Naftali	Hirsch mit den ehernen Füßen
♒	Wassermann	Ruben	Ställe des Augias
♓	Fische	Ephraim und Manasse	Theseus

In Wirklichkeit sind die zwölf Aufgaben des Herkules nichts anderes als eine Darstellung des Durchlaufs der Sonne durch die verschiedenen Tierkreiszeichen, wenn wir jedes Zeichen als Etappe in der langsamen Verwandlung der Natur in einem Jahresablauf betrachten.

Wenn die Sonne in den Widder eintritt, ist das der Frühlingsanfang, die Freisetzung der Naturkräfte, das Aufbrechen der Knospen. Dieser Schwung setzt sich im Stier und in den Zwillingen mit dem Erscheinen von Blättern und Blüten fort. Mit dem Zeichen Krebs beginnt der Sommer: Das Samenkorn bildet sich; dann reift die Frucht (das Zeichen Löwe) und einmal reif, erntet man sie (das Zeichen Jungfrau). Dann folgt der Herbst (die Zeichen Waage, Skorpion und Schütze): Man erntet die letzten Früchte, die Blätter fallen, die Vegetation stirbt und zersetzt sich. Schließlich kommt der Winter (die Zeichen Steinbock, Wassermann und Fische): Das Samenkorn liegt im Boden, wo es stirbt und in der Erde aufgeht. Aber aus diesem Zustand der Undifferenziertheit werden die neuen Saaten geboren, für ein neues Hervorsprudeln und ein neues Erblühen. In jedem Zeichen erledigt die Sonne also bestimmte Arbeiten.

Diese Arbeit der Sonne an der Vegetation kann aus alchimistischer Sicht ausgelegt werden als die Umwandlung der Materie des Großen Werkes, die – so wie das Samenkorn – gegart wird, verfault, wieder aufersteht und so weiter. Die alchimistische Arbeit jedoch besteht nicht nur darin, die Materie des Großen Werkes umzuwandeln. Für den Schüler besteht die wahre alchimistische Arbeit darin, die Samen, die in ihm selbst ruhen, zu entfalten, genau so, wie die Naturkräfte die in der Erde ruhenden Samen wachsen lassen.[5] Jedes Tierkreiszeichen besitzt einen positiven und einen negativen Aspekt. Der Schüler muss, wie Herkules, gegen jeden dieser negativen Aspekte kämpfen und stattdessen in sich die positiven Aspekte entwickeln.

Er muss gegen den Wolf und das Wildschwein des Mars kämpfen (Wildheit und Grausamkeit) und in sich den Wunsch nähren, die notwendigen Opfer für das Aufkeimen zu bringen.

Er muss die materielle Einstellung und die Sinnlichkeit des Stieres besiegen und seine Geduld, seine Hartnäckigkeit und seine Kraft erlangen.

Er muss gegen die schädlichen Neigungen der Zwillinge kämpfen, gegen den Intellekt, der schnell bereit ist zu täuschen, zu kritisieren und zu verleumden, aber immer bereit sein, den Weisungen von Liebe und Weisheit zu folgen.

Er muss die Emotionalität und die zwielichtige und ungeordnete Vorstellungskraft des Krebses beherrschen, die vom Mond begünstigt wird, aber ein Gespür für die spirituellen Strömungen entwickeln, den Wunsch haben, an seinem Leben zu arbeiten und alle Kräfte, die ihm gegeben sind, zu reinigen und zu läutern.

Er muss den hochmütigen Stolz und die Prahlerei des Löwen besiegen, aber seinen Edelmut, seine Größe und seine Aufrichtigkeit entwickeln.

Er muss die Borniertheit, die Gefühllosigkeit und den Geiz der Jungfrau besiegen, aber ihre Reinheit, ihren Sinn für Ordnung und Methodik erlernen.

Er muss die Faulheit und die Unentschlossenheit der Waage besiegen und ihr Bedürfnis nach Harmonie und Schönheit entfalten.

Er muss die Eifersucht und sexuelle Leidenschaft des Skorpion besiegen und immer bereit sein, dem, was nieder ist, zu entsagen, so wie Jesus es lehrte, als er sagte: »Wer sein Leben erhalten will, der wird es verlieren« (Lk 9,24).[6]

Er muss den Hang zur Revolte und zur Unbeständigkeit des Schützen bekämpfen, aber fähig sein, sich ständig bis zu Gott zu erheben, er braucht eine starke Philosophie, um die Festung der Eingeweihten, der Kinder Gottes verteidigen zu können. Der Schütze ist der Verteidiger, er steigt auf die Stadtmauern, wo er mit gespanntem Bogen Wache hält, um die Stadt der Söhne und Töchter Gottes zu beschützen.

Er muss den Hochmut, die Härte und die Unnachgiebigkeit des Steinbock besiegen, um durch Meditation und Kontemplation die höchsten spirituellen Gipfel zu erreichen.

Er muss den Individualismus und das Bedürfnis des Wassermanns, Aufsehen zu erregen und sich aufzulehnen, besiegen, um mit der unermesslichen Gemeinschaft der universellen Bruderschaft, mit dem kosmischen Leben zu verschmelzen.

Er muss den Nebeln und den inneren Gefängnissen der Fische entkommen, aber Selbstverleugnung, Selbstaufgabe und Aufopferung lernen.

Der Schüler muss also alle Zeichen durchlaufen, in sich selbst gegen seine Feinde kämpfen, die da sind: Wildschweine, Wölfe, Löwen, Stiere, Vögel, Ziegen, Skorpione und so weiter. Wenn diese Aufgaben erfüllt sind und er die zwölf Tugenden erlangt hat, wird er wie Herkules ein Halbgott. Durch die Mythen und Religionen aller Völker hindurch findet man Spuren der Einweihung wieder: Die gleiche Sprache, die gleiche Weisheit, nur die Formen ändern sich. Überall lehrt man den Menschen, wie er ein höheres Wesen, ein Held, eine Gottheit werden kann.

Wir sollten uns ununterbrochen darum bemühen, um uns zu vervollkommnen. Und selbst wenn es uns nicht gelingt, sind wir wenigstens dem Himmel gegenüber gerechtfertigt. Niemals wird der Himmel uns dafür anklagen, dass wir keinen Erfolg hatten, es ist das Bemühen, das zählt und dies hängt von uns ab. Wenn der Himmel sieht, dass wir nicht nachlassen in unseren Bemühungen, wird oben der Entschluss gefällt, uns alles zu geben, worum wir bitten, und Freude, Licht, Schönheit und Freiheit werden sich über uns ergießen. Die Auswahl der Geschenke hängt von demjenigen ab, der um sie gebeten hat, unter Berücksichtigung seines Charakters, seiner Struktur, seiner Affinitäten, der Arbeit, die er verrichtet hat und dessen, was für seine Entwicklung notwendig ist. Ähnlich einem Fisch, zieht jeder diese

Geschenke aus dem kosmischen Ozean und entnimmt ihnen die Elemente, die er braucht, um seine Haut, sein Geschmeide, seine Intelligenz zu gestalten.

Ich würde mich gerne noch länger mit diesem Thema befassen und euch auch die Entsprechungen aufzeigen, die es zwischen den zwölf Tierkreiszeichen und den zwölf Edelsteinen gibt, die das Fundament des Neuen Jerusalem[7] bilden sowie den zwölf Aposteln. Für heute gebt euch mit dem Wenigen zufrieden, das ich euch offenbart habe. Eigentlich ist das für eure spirituelle Arbeit schon sehr viel.

Möge der barmherzige Gott sich uns allen zuwenden! Möge Er die Aufrichtigkeit all derjenigen sehen, die mit ihrem ganzen Herzen die Verwirklichung der großen Universellen Weißen Bruderschaft, das Goldene Zeitalter unter den Menschen erstreben!

Sèvres, 21. Januar 1951

Anmerkungen

1. Siehe auch Band 230 der Reihe Izvor »Die Himmlische Stadt – Kommentare zur Apokalypse«, Kapitel 7: »Die Vierundzwanzig Ältesten und die vier Heiligen Tiere«.
2. Siehe auch Band 213 der Reihe Izvor »Die menschliche und göttliche Natur in uns«, Kapitel 4: »Über die Möglichkeit, den Begrenzungen der niederen Natur zu entgehen«.
3. Siehe auch Band 205 der Reihe Izvor »Die Sexualkraft oder der geflügelte Drache«
4. Siehe auch Band 6 der Reihe Gesamtwerke »Die Harmonie«, Kapitel 8: »Menschlicher Intellekt und kosmische Intelligenz«.
5. Siehe auch Band 241 der Reihe Izvor »Der Stein der Weisen – Von den Evangelien zur Alchimie«, Kapitel 13: »Die Entfaltung des göttlichen Keims«.
6. Siehe auch Band 240 der Reihe Izvor »Söhne und Töchter Gottes«, Kapitel 3: »Wer sein Leben retten will, wird es verlieren«.
7. Siehe auch Band 216 der Reihe Izvor »Die Geheimnisse aus dem Buch der Natur«, Kapitel 11: »Das Neue Jerusalem«.

VI

DER GROSSE FRÜHLING

Nun, meine lieben Brüder und Schwestern, habt ihr bemerkt, dass der Frühling kommt? Je mehr die Zeit voranschreitet, desto näher kommt er… Ich bin stolz darauf, das zu wissen! Ihr werdet sagen, da gäbe es doch nichts, worauf man stolz sein könnte. Aber ja doch, denn seht euch die Leute auf den Straßen an: Sie laufen herum, ohne daran zu denken, dass der Frühling kommen wird, deshalb sind sie traurig und entmutigt. Man sollte daran denken, dass der Frühling kommen und man alle alten Mäntel wieder ausziehen wird. Selbst wenn man kein Geld hat, um Gas, Strom und Miete zu zahlen, was macht das schon aus? Man wird ein Lächeln auf den Lippen haben! Wenn das nur so einfach wäre, nicht wahr? Ich meinerseits wollte auch gerne, dass das wahr wäre… aber sagen wir doch einfach, dass es wahr ist. Und übrigens: Es ist wahr…!

Der Frühling, ja, wollt ihr, dass ich euch sage, was der Frühling ist, der Große Frühling…? Wenn ihr denkt, dass das Reich Gottes kommen wird, dass das Goldene Zeitalter kommen wird und dass sich alle Menschen lieben werden, dann ist das der Frühling. Denkt, dass das Reich Gottes kommen wird, und ihr werdet fühlen, dass sich schon etwas in euch verändert. Die meisten Menschen kümmern sich nicht um den derzeitigen Zustand der Dinge, und da sie überall nur tiefe Betrübnis sehen, werden sie davon angesteckt, und schon sind sie traurig, unglücklich und verzweifelt. Denkt an den Frühling und euer Gemütszustand wird sich ändern.

Ihr seht also, jedes Jahr spreche ich vom nahenden Frühling, vom Frühling, der kommen wird, und ihr wisst nicht, warum ich das mache. Ich mache es deshalb, weil ich an diesen Großen Frühling, an das Reich Gottes denke. Unglück, Leid und Krieg, all das ist vergänglich. Die Menschen werden auf Schwierigkeiten stoßen, sie werden Enttäuschungen erleben, sie werden sich an etwas verbrennen. All das ist wahrscheinlich, aber es ist so vergänglich. Alles ist vergänglich und die Leute beschäftigen sich nur mit dem, was vergänglich ist, sie sehen nie, was darüber hinausgeht, das Ziel, das es zu erreichen gilt. Ihr werdet sagen: »Aber der Frühling ist doch auch vergänglich.« Ja, aber ich spreche von einem anderen Frühling, ich spreche vom Ewigen Frühling. Nur muss man ein wenig höher hinaufsteigen, um ihn zu fühlen und ihn zu erleben. Dort oben, sehr viel höher oben, scheint immer die Sonne, erfüllen die Blumen die Atmosphäre mit ihrem Duft, singen die Vögel, sprudeln die Quellen. Ja, meine lieben Brüder und Schwestern, man muss sehr hoch hinaufsteigen, um im Ewigen Frühling zu leben.

Nun, das waren nur ein paar Worte, um euch zu sagen, dass der Frühling kommt, aber nicht dieser Frühling, der schon wieder geht, kaum dass er gekommen ist. Denn – ihr habt es bemerkt, nicht wahr? – der Winter ist immer noch da, mitten im Frühling, und dann ist es plötzlich schon zu warm und der Sommer ist da. Also, wo war denn da der Frühling? Kaum ein paar Tage war er da und man hat nichts von ihm gemerkt. Ich jedoch, ich denke an einen anderen Frühling. Oh, und wie schön er ist! Wünscht ihn euch, damit ihr ihn eines Tages seht und erlebt! Ich bin mir absolut sicher, dass er kommt. Schon allein wenn ihr jeden Tag an diesen Frühling denkt, werdet ihr sehen, dass ihr nicht mehr in demselben Zustand von Entmutigung, Vernebelung und Schwere sein werdet.

Das Traurige ist, dass all diejenigen, die bereits etwas älter sind, anfangen, an den Winter zu denken. Ja, schon mit fünfzig, sechzig Jahren finden sie, dass der Winter da ist und sie verharren auf der Stelle. Würden sie an den Frühling denken, so würden sie ihre sonnigen Tage ein wenig verlängern.[1] Aber nein, sie fangen an, alles aufzugeben und bereiten sich aufs Sterben vor. Ich kenne hingegen andere, die, wenn sie sechzig werden, im Gegenteil endlich aufwachen und mit der Arbeit beginnen. Sie haben verstanden und beeilen sich. Natürlich bleibt ihnen nicht mehr viel Zeit, aber sie machen Dampf dahinter. Und bis dahin? Nun, da amüsierten sie sich. Bis sie sechzig, siebzig Jahre alt waren, amüsierten sie sich. So wie ich zum Beispiel, und jetzt erst beginne ich zu verstehen, dass ich etwas tun sollte.

Das ist ein bisschen spät, aber das macht nichts. Ich muss immer von mir sprechen, um euch zu ermutigen, sonst hättet ihr keine Lust, mir zuzuhören. Also, seid ihr nun ein bisschen getröstet...? Die Jugendzeit, nicht wahr! Ihr sagt: »Oh, wenn auch der Meister von sich sagt, er habe sich amüsiert und ab jetzt endlich arbeiten wolle, haben auch wir Zeit, gibt es auch für uns noch Hoffnung.« Aber ihr kennt mich. Mein Maßstab ist nicht eurer. Nach Meinung der anderen ist es mir vielleicht gelungen, etwas zu erreichen, aber meiner Meinung nach ist das noch nicht der Fall. Nach meinen Maßstäben denke ich, dass alles, was ich gemacht habe, nicht viel wert ist. Also ist das, was ich euch sage, wahr, und zugleich ist es nicht wahr. Aber dennoch, meiner Meinung nach ist es wahr, denn man sollte niemals zufrieden sein mit seiner armen kleinen unbedeutenden Arbeit. Wenn ich euch sage, dass ich den Eindruck habe, meine Arbeit noch gar nicht begonnen zu haben? Und dennoch, seit ich mich kenne, gab es für mich niemals Stillstand.

Denkt an den Frühling, an den Großen Frühling, der kommen wird, denn indem ihr an ihn denkt, arbeitet ihr daran, dass er schneller kommt. Wenn Millionen von Menschen an diesen Frühling denken würden, hätten sie begriffen, was man machen müsste, um ihn zu verwirklichen. Doch es ist traurig und schade, dass es nicht viele gibt, die daran denken. Deshalb verspätet sich dieser Frühling etwas. Aber wenn ihr euch jetzt entschließt, jeden Tag an ihn zu denken, dann werdet ihr sehen, dass aller Zauber, alle Inspiration, Enthusiasmus und Verzückung bei euch einkehren werden. Stellt ihn euch sehr schön vor, mit seinen Farben, seinen Düften, seinen Formen, seinen Emanationen. Versucht es und ihr werdet sehen.

Mag sein, dass ihr heute nichts gelernt habt, aber das Wichtigste ist nicht das Lernen, sondern das Verwirklichen, das Sich-an-die-Arbeit-machen. Aber dieses Bedürfnis nach Verwirklichung, das fehlt den Menschen am allermeisten. Sie lieben das Neue, die Vielfalt und die Abwechslung. Sie erwarten immer neue Ideen, aber sie setzen niemals etwas in die Tat um. Sie nähren nur ihren Verstand und nie ihren

Willen.[2] Jetzt ist es aber wichtig, dass man das, was man weiß, in die Tat umsetzt. Ja, das Wenige, was man weiß, das muss man in die Tat umsetzen. Und vergesst nie, dass jeder eurer Fortschritte, sei er auch noch so klein, auch für die ganze Welt ein Fortschritt ist. Würde ich diese Wahrheit nicht kennen, hätte auch ich mich vielleicht schon längst gehen lassen, selbst ich. Aber weil wir wissen, dass unser Fortschritt auch der Fortschritt der ganzen Welt ist, dass wir alle verbunden sind, dürfen wir niemals mit unseren Bemühungen aufhören.

Ja, meine lieben Brüder und Schwestern, denkt an den Frühling, an den Ewigen Frühling, konzentriert euch jeden Tag auf ihn und wenn ihr euch dann im Spiegel anschaut, werdet ihr euch unwillkürlich ein kleines Lächeln schenken. Und selbst wenn dieser Frühling niemals kommen sollte, glaubt daran, denkt an ihn, denn ihr braucht ihn, und ihr werdet sehen, eure Situation wird sich verbessern. Selbst wenn er nicht kommt, wird er bereits in eurem Inneren sein. Selbst wenn es äußerlich keinen Frühling gibt, macht das nichts, er wird in euch da sein und das ist es, worauf es ankommt.

Sèvres, 16. Februar 1970

Anmerkungen

1. Siehe auch Band 241 der Reihe Izvor »Der Stein der Weisen – Von den Evangelien zur Alchimie«, Kapitel 3: »Ihr seid das Salz der Erde«, Teil 1 »Der Materie das Siegel des Geistes aufprägen« und Teil 2 »Die Quelle der Energien«.
2. Siehe auch Band 222 der Reihe Izvor »Die Psyche des Menschen«, Kapitel 5: »Die Schulung des Willens«.

VII

DER ERSTE TAG DES FRÜHLINGS

In Bulgarien ist es Brauch, jedes Jahr am ersten Tag des Frühlings im Knopfloch zwei Pompons* zu tragen, einen roten und einen weißen. Auf diese Weise hat man in fast allen slawischen Ländern die Ankunft der schönen Jahreszeit gefeiert. Das ist ein sehr alter Brauch und niemand weiß, woher er kommt. Die rote und die weiße Kugel sind zwei sehr tiefgründige alchimistische Symbole. In manchen Büchern über Alchimie werdet ihr Andeutungen auf den roten Mann und die weiße Frau finden, die auch durch die Sonne (den Mann) und den Mond (die Frau) dargestellt werden. Unter den Metallen ist es das Gold, das der Sonne entspricht und das Silber, das dem Mond entspricht. In den Abhandlungen der Alchimisten gibt es immer zwei Punkte, die sie nie genauer erklärt haben: die Ur-Materie, aus der man das »Große Werk« verwirklichen soll und der Wärmegrad. Dieser Ur-Materie geben sie sehr unterschiedliche und äußerst ungewöhnliche Namen: Messing, Aurum pigmentum, Eisen, Magnesium, Auswurf des Mondes, jungfräuliche Milch, Minera. Sie sagen nur, dass es sich aus zwei Elementen zusammensetzt und dass man die Arbeit beginnen sollte, wenn diese Elemente zu kochen beginnen (bei einer Temperatur, die sie nicht offenlegen).

Der Beginn dieser alchimistischen Arbeit muss zu einer genau bestimmten Zeit stattfinden: wenn die Sonne in das Tierkreiszeichen Widder eintritt – das heißt so wie heute, an den ersten Frühlingstagen – und der Mond in das Tierkreiszeichen Stier. Das ist der günstige Moment für den Beginn der alchimistischen Arbeit. Also, begebt auch ihr euch an die Arbeit und beginnt das große Werk, denn die Sonne tritt gerade in den Widder und der Mond in den Stier ein. Und warum muss man die Arbeit genau zu diesem Zeitpunkt beginnen?

* Ein Pompon ist ein Wollbommel oder ein wollener Knauf, wie man ihn z. B. an der Spitze einer Pudelmütze oder an anderen Kopfbedeckungen und Kleidungs-Zierelementen kennt, nur etwas kleiner.

Weil die Sonne im Widder und der Mond im Stier erhöht ist. Die Sonne ist männlich, aktiv, und der Mond ist weiblich, passiv. Dem Mann entspricht also hier die Farbe Rot und der Frau die Farbe Weiß. Da habt ihr den roten Mann und die weiße Frau. Die beiden Kugeln, die eine rot und die andere weiß, sind hier die beiden Symbole für das männliche und für das weibliche Prinzip, die in der Natur wirken.

Diese Arbeit, mit der man zum Frühlingsanfang beginnen sollte, wenn die Sonne in den Widder und der Mond in den Stier eintritt, ermöglicht es den Alchimisten, ein rotes Pulver zu gewinnen, das die Metalle in Gold und ein weißes Pulver, das sie in Silber verwandelt. Wo findet man diese beiden Kugeln sonst noch? Im Blut, in Form der roten und der weißen Blutkörperchen, aber auch im Ei, mit einer leicht veränderten Nuance: das Weiß und das Gelb. Ihr seht, wenn ihr den roten und den weißen Pompon tragt, seid auch ihr Alchimisten, aber unbewusste Alchimisten, denn ihr wisst noch nicht, wie ihr alle diese niederen Metalle, die in euch vorhanden sind, in Gold und Silber verwandeln sollt. Ihr erreicht dies durch die Liebe und die Weisheit. Der Liebe entspricht das Rot und der Weisheit entspricht das Weiß. Die Umwandlung der Metalle in Gold und Silber ist ein alchimistischer Vorgang, der sich in den drei Welten verwirklichen sollte und nicht nur auf der physischen Ebene. Zur Umwandlung der Gedanken in Silber muss man das Licht der Weisheit verwenden. Zur Umwandlung der Gefühle in Gold muss man die Wärme der Liebe verwenden. Findet also die Materie und den Wärmegrad und macht auch ihr euch an die Arbeit!

Der Eintritt der Sonne in das Tierkreiszeichen Widder ist für die Alchimisten von überaus wichtiger Bedeutung, denn es ist die Zeit, wo die Sonne, das männliche Prinzip, am weiblichen Prinzip, der Erde arbeitet, die deren Strahlen aufnimmt, sie absorbiert und anfängt, Blätter und Früchte hervorzubringen. Der Frühling ist also der Stein der Weisen, das Leben, das die ganze Natur verjüngt. Das Feuer der Sonne wirkt auf die Ur-Materie, die Erde, um ihr Leben einzuhauchen. Das ist das alchimistische Symbol des Frühlings. Während des Winters ist die Erde verlassen und kalt, aber nach einiger Zeit des

»Kochens« der Materie kommen all ihre Schätze zum Vorschein. Die Alchimisten beobachteten diese Arbeit, die sich in der Natur verwirklicht. Sie begriffen, wie sie arbeitet, um alles umzuwandeln und zu verklären. Alles, was tot, dunkel und schwarz war, wird lebendig, schön und farbenprächtig. Und warum hat man das Fest der Auferstehung gerade in den Frühling gelegt? Ja, auch Ostern ist ein alchimistisches Symbol. Im Frühling wird die Natur von einer gesteigerten Vitalität belebt, alles erwacht zu neuem Leben, und die Weisen, die diese Gesetze erforschten, haben entdeckt, dass die selben Phänomene ebenso im Menschen ablaufen müssten. Denn auch im Menschen findet man die Sonne, den Mond, die Vegetation usw. wieder und auch im Menschen kann sich alles verwandeln und zu neuem Leben erwachen, so wie in der Natur und manchmal sogar viel schneller.

Ihr fragt euch, wie man Gold und Silber herstellen kann. Das ist ganz einfach. Jeden Tag verwandelt euer Organismus jetzt schon eine Menge von Materialien in Gold und in Silber, das heißt in rote und weiße Blutkörperchen. Und was ist die Ausgangsmaterie? Man findet sie in der Natur in vier unterschiedlichen Formen: als Feuer, Luft, Wasser und Erde. Indem ihr Licht, Luft, Wasser und Nahrung in euren Organismus einführt, stellt ihr Gold in euch her. Der Beweis ist, dass ihr euch bewegen, handeln und sprechen könnt. Da ihr fähig seid, ununterbrochen euer Leben aufrechtzuerhalten und zu verlängern, bedeutet das, dass ihr Alchimisten seid, unbewusste Alchimisten. Aber wenn ihr die Sonne bewusst betrachtet, wenn ihr bewusst atmet und esst, werden sich nach und nach Goldpartikel in eurem Blut ansammeln.

Gold existiert zunächst in feurigem Zustand. Hermes Trismegistos sagte: »Die Sonne ist ihr Vater, der Mond ist ihre Mutter, der Wind hat sie in ihrem Leib getragen und die Erde ist ihre Amme.« Es ist die Sonne, die das Gold herstellt, jeder ihrer Strahlen ist aus Gold und der Mond ist der Widerschein dieses Goldes. Durch die Luft kommen die Sonnenstrahlen bis zur Erde, wo sie sich verdichten, das heißt, wo sie zu diesem Metall werden, das man Gold nennt. Die Sonne stellt also das ätherische Gold her und die Erde kondensiert es. Auf der Sonne ist das Gold zu flüchtig, es kann keine feste Form annehmen.

Diese Verfestigung kann sich nur in den Eingeweiden der Erde vollziehen. Es ist die Erde, die die Materialien liefert, die diese Verfestigung ermöglichen. Wenn ihr von nun an die Sonne betrachtet, denkt an das, was ich euch gerade offenbart habe. Betrachtet sie, liebt sie und sagt: »Das ist Gold«, und dieses Gold wird sich in euch anlagern. Glaubt mir, das ist die Wahrheit.

Heute ist ein wunderbarer Tag, meine lieben Brüder und Schwestern, es ist der erste Tag des Frühlings und es hängt nur von euch ab, ob sich die Sonne öffnet, um all ihre Schätze an euch zu verteilen. Je mehr ihr die Sonne voller Liebe betrachtet, desto mehr Goldpartikel werdet ihr ansammeln in Form von Licht, Entzückung, Freude, Frieden, Gesundheit, Aktivität und Kraft. Aus diesem Grund nannten die Alchimisten die Ur-Materie, derer sie sich bedienten, »Eisen«, um zu zeigen, wie viel Kraft und Dynamik von ihr ausgehen.

Die Alchimisten sagen, dass die Ur-Materie durch die Farbe Schwarz hindurchgehen muss, bevor sie bei der weißen und bei der roten Farbe ankommt. Das Schwarz ist wie ein Tunnel, bevor man wieder ans Tageslicht zurückkommt. Es ist, so wie der Winter, eine Zeit der Vorbereitung. Die Alchimisten symbolisieren diesen Zustand der Materie durch den Raben oder einen toten Menschen, den sie manchmal »dunkler Leichnam« nennen. Diese Materie muss sterben und verwesen, und aus diesem Zustand der Verwesung und der Schwärze kommt das Weiß und dann das Rot hervor.

Jesus sagte: »Wenn das Weizenkorn nicht in die Erde fällt und stirbt, bleibt es allein; wenn es aber stirbt, bringt es reiche Frucht« (Jh 12,24). Das Schwarz, durch das die erste Ur-Materie hindurch muss, wird auch Rabe genannt. Wenn diese Materie weiß wird, nennt man sie die Taube der Diana und wenn sie rot wird, nennt man sie Phönix. Der Phönix stellt den endgültigen Zustand der Ur-Materie dar. Zwischen dem Weiß und dem Rot geht sie durch andere Farben hindurch, durch das Grün, das Violett usw. und die Gesamtheit dieser Zwischenfarben wird Pfauenschweif genannt. Aber beschäftigen wir uns hier nicht mit dem Thema Farben, sonst müssten euch zu viele Details vermittelt werden, die euch nicht einmal nützlich wären.

Wenn man diese Frage vertieft, wird man feststellen, dass das Leben der Eingeweihten, der Großen Meister und Retter der Menschheit ebenso dieselben Phasen durchlaufen muss, wie die von den Alchimisten bei ihren Arbeiten verwendete Materie. Diese Menschen müssen sterben, um wieder zum Leben erweckt zu werden.[1] Deshalb ist Jesus, der ans Kreuz geschlagen wurde und wieder auferstand, das Symbol des Steins der Weisen. Übrigens ist für die Alchimisten alles in den Heiligen Schriften Alchimie. Sie gehen davon aus, dass alles, was dort berichtet wird, den Phasen des Großen Werkes entspricht. Nehmen wir als Beispiel das Massaker an den unschuldigen Kindern durch Herodes: Nicolas Flamel meint zum Beispiel, dass die Art und Weise, wie die Soldaten Kinder aus dem Leib ihrer Mutter herausrissen, um ihr Blut zu vergießen, symbolisch zu verstehen sei. Er sagt, dass dieses Blut in einen Kelch gegeben wurde, in dem die Sonne und der Mond baden. Jeder Alchimist wählte eine Stelle der Schriften aus, um die Phasen des Großen Werkes zu symbolisieren. Manche wählten den Traum, wo Daniel vier wilde Tiere aus dem Meer herauskommen sah. Andere das Standbild aus Gold, Silber, Bronze, Eisen und Ton, das Nebukadnezar im Traum sah, andere die Stelle, wo Elisa Naeman vom Aussatz heilte, indem er ihm auftrug, sieben Mal in den Jordan einzutauchen. In der ganzen Bibel findet man Passagen, die als Symbole des Großen alchimistischen Werkes interpretiert werden können. Und selbst manche Ereignisse im Leben können auf diese Weise interpretiert werden. Wenn man euch zum Beispiel verleumdet, werdet ihr schwarz, aber wenn sich die Ereignisse ändern, werdet ihr von diesen Verleumdungen rein gewaschen (das ist die weiße Farbe), ein neues Leben fängt an, und ihr beginnt, die reifen Früchte (das ist die rote Farbe) eurer Arbeit zu essen.

Ich spreche nicht von Alchimie zu euch, um euch zu veranlassen, Gold herzustellen, nein, denn das ist sehr schwierig, sondern damit ihr euch für die Arbeit der Natur begeistert. Studiert die Natur, beobachtet alle Phänomene, die dort auftreten, und ihr werdet sehen, was für ein Licht in euch zu leuchten beginnt. Wenn ihr jeden Morgen die Sonne betrachtet, werdet ihr lebendig, ihr stellt das Elixier des ewigen

Lebens her. Überall, in der Sonne, in der Luft, in den Steinen, in den Pflanzen könnt ihr auch dieses Elixier holen.

....

Vorhin beim Sonnenaufgang habe ich euch die Bedeutung der roten und der weißen Kugel offenbart. Ich möchte noch ein paar Worte hinzufügen, aber ich weiß nicht, wie ihr mich verstehen werdet.

Ich sagte euch, dass während der alchimistischen Arbeit die Materie, die zuerst weiß ist, rot wird und dass es die Frau ist, die weiß ist, während der Mann rot ist. In Wirklichkeit ist es umgekehrt, und indem die Alchimisten die Dinge so darstellten, drehten sie diese Zuordnung um: Dem Mann entspricht das Weiß und der Frau das Rot. Der Sonne entspricht das glühende Weiß und der Erde das Rot. Früher gab es in manchen Ländern einen Brauch, den manche von euch vielleicht kennen. Am Folgetag des Hochzeitsfestes musste sich der Neuvermählte am Fenster zeigen und seinen Eltern und Freunden ein Laken zeigen, das bewies, dass seine junge Frau Jungfrau war. Und alle schrien und sangen vor Freude. In dieser Vereinigung der beiden Frischvermählten erscheinen die Farbe Weiß und die Farbe Rot: Für den Mann ist es das Weiß und für die Frau das Rot. Und sagt jetzt nicht, ich sei schamlos! Ich kann nichts dafür, die Natur hat alles so eingerichtet. Aber man sollte wissen, dass die Alchimisten die Dinge absichtlich umdrehen, wenn sie vom roten Mann und der weißen Frau sprechen, und ich werde euch nicht sagen, warum das so ist. Auf diese Weise verbargen die Eingeweihten früher die tief greifendsten Wahrheiten. Wenn Mann und Frau sich begegnen, beginnt die alchimistische Arbeit: die Zeugung des Kindes. Findet ihr nicht, dass das wunderbar ist? Für mich ist die Geburt eines Kindes das großartigste Ereignis, das es gibt.

Der Frühling ist die Vereinigung von Sonne und Erde, der Beginn der Arbeit. Im Frühling bringt die Natur viele Kinder zur Welt. Ohne den Vater, die Sonne, kann die Mutter keine Pflanzen und Früchte hervorbringen. Aber all diese Phänomene, die im Kosmos existieren, finden wir im inneren Leben des Menschen wieder. Dort ist die Seele die Frau und der Geist ist der Bräutigam. Am ersten Tag des Frühlings muss die Seele sagen: »Ich gebe mich dem göttlichen Geist hin«, und sie wird befruchtet werden. Aber wenn sie sich weigert, sich ihm hinzugeben, wird sich nichts ereignen und sie bleibt unfruchtbar. Heute öffnet sich die Erde den Sonnenstrahlen, aber dieser kosmische Vorgang der Befruchtung wiederholt sich überall. Wenn der Meister zu seinen Schülern spricht, stellt er die Sonne dar und die Schüler die Erde. Der Meister ist der Mann und der Schüler die Frau. Wenn sich die Frau, das heißt der Schüler öffnet, um die Worte des Meister aufzunehmen, wird er Freuden und Inspirationen erleben: Das sind die Kinder.[2]

Wir können alle Väter und Mütter sein. Derjenige, der spricht und dem wir zuhören, der spielt die Rolle des Vaters, derjenige, der zuhört, steht für die Mutter. Und genau darin liegt die Größe des Menschen und seine Macht: Abwechselnd Mann oder Frau zu werden, Vater oder Mutter, das heißt, sich zu polarisieren. Gott gab uns diese Fähigkeit. Viele Männer werden sagen: »Eine Frau werden? Pah, nie im Leben!« Sie haben unrecht, wenn sie so reagieren, denn selbst unbewusst sind sie ständig gezwungen, innerlich die Polarität zu wechseln. Wenn man liebt, ist man ein Mann und wer diese Liebe empfängt, ist eine Frau. Ja, all diese Gesetze sind in den Menschen eingeschrieben, und auch wenn er sich ihrer nicht bewusst ist, muss er ihnen gehorchen.

Viele, die in die Bruderschaft kommen, bleiben verschlossen. Der Geist sagt zu ihnen: »Öffne dich, um diese Weisheit und diese Liebe zu empfangen.« Aber sie antworten: »Nein!«. Denn in der Welt hat man die Menschen daran gewöhnt, verschlossen zu bleiben. Mögen sie, wenn sie wollen, diese Einstellung in der Welt behalten. Aber sie sollten wenigstens begreifen, dass sie sich hier öffnen müssen, sonst empfangen sie gar nichts, weder Licht noch Inspiration noch Freude. Ja, ihr solltet verstehen, dass ihr euch dem Geist Gottes öffnen müsst, der eure Seele befruchten wird, so wie die Sonnenstrahlen die Erde befruchten.

Es ist nicht einfach, den Geist anzuziehen. Es heißt in den Evangelien: »Der Wind weht, wo er will; du hörst sein Brausen, weißt aber nicht, woher er kommt und wohin er geht« (Jh 3,8). Der Geist verweilt in der Seele, die bereit ist, ihn mit größter Achtung, Liebe und Hingabe zu empfangen. Wenn der Geist in diese Seele herabsteigt, wird das Christuskind geboren, das ist der Stein der Weisen, mit dem der Eingeweihte Wunder vollbringt. Um den Geist zu empfangen, muss die Seele wie ein junges Mädchen sein, das durch ihr Verhalten, ihren Blick, ihr Lächeln gelernt hat, was dem Prinzen, den sie anziehen möchte, gefällt. Um den Geist zu empfangen, muss der Mensch eine Frau werden… Und was ist eine Frau? Sie ist die Äolsharfe, die beim geringsten Windhauch vibriert. Die Frau, die Seele, ist eine Harfe, und der Mann, der Geist ist die Hand, der leicht über die Saiten streicht. Wenn aus dieser Harfe kein Ton hervorkommt, so bedeutet das, dass sie keine Harfe mehr ist.

Und als die Apostel zu Pfingsten den Heiligen Geist empfingen, geschah das auch deshalb, weil sie in ihrer Seele zu Frauen geworden waren, die mit Achtung, Bewunderung und Hingabe ihre Arbeit verrichteten. Übrigens trifft das, was ich euch sage, sogar auf der physischen Ebene zu. Frauen haben bei Männern nur Erfolg, wenn sie wahre Frauen sind. Frauen ziehen Männer an, weil diese aussendend, emissiv, und sie selbst aufnehmend, rezeptiv, gepolt sind. Ein Mann möchte auf keinen Fall ein Mannweib. Außer einigen Weisen, die »Akrobaten« werden möchten und eine Xanthippe* suchen, so wie Sokrates. Manche Weise haben sich solche Frauen ausgesucht, um zu arbeiten und sich zu üben. Aber die Geister oben akzeptieren sie nicht. Sie gehen immer nur zu den wahren Frauen, das heißt zu den Seelen, die von Vertrauen, Liebe und Verehrung erfüllt sind. Wer nicht weiß, wie er sich polarisieren und dem Geist gegenüber eine Frau werden kann, bleibt unfruchtbar.

In der Antike galt die Unfruchtbarkeit einer Frau als Zeichen eines Fluches. Tatsächlich hat diese Art und Weise, die Unfruchtbarkeit aufzufassen, ihren Ursprung in dem Wissen um viel tiefer gehende Fragen. Wenn die Erde unfruchtbar ist, wird sie zu einer Wüste. Wenn die Seele unfruchtbar ist, wird der Mensch jegliche Inspiration verlieren. Wenn also das weibliche Prinzip in uns unfruchtbar ist, wenn die

* Xanthippe war die Ehefrau des griechischen Philosophen Sokrates. Sie ist ein Inbegriff für eine zänkische, streitsüchtige, launische Frau.

Seele unfruchtbar ist, bedeutet dies das Ende jeglicher Schöpfung. In der Genesis heißt es: »Seid fruchtbar und mehret euch!«[3], und man hat diese Formel fast immer als eine Aufforderung interpretiert, die sich nur auf die physische Ebene, die Zeugung von Kindern bezieht. Aber nein, meine lieben Brüder und Schwestern, diese Aufforderung betrifft genauso die menschliche Seele, die auch fruchtbar sein und wunderbare Empfindungen und Inspirationen zur Welt bringen soll.

Das Wichtigste ist, zu verstehen, was die Natur uns lehrt. Am ersten Frühlingstag öffnet sich die Erde der Sonne. Auch der Mensch muss sich öffnen und er wird eine Freude empfinden, die er bis dahin noch nie gekostet hat. Wenn er diese Freude nicht empfindet angesichts der Natur, die sich vor ihm zeigt, vollständig offen und pulsierend, wenn er sich nicht von den Strahlen der spirituellen Sonne durchdrungen fühlt, so wie die Erde von den Strahlen der physischen Sonne durchdrungen wird, dann hat er die Bedeutung des Frühlings nicht verstanden.

Einer sehr alten Überlieferung zufolge brachte ursprünglich der Mann die Kinder zur Welt, und Eva war nicht die Frau, sondern die Tochter Adams. Eva wurde aus der Vereinigung Adams mit dem Heiligen Geist geboren. Danach hatte Adam eine Beziehung zu Lilith und aus dieser Vereinigung wurden finstere und bösartige Geschöpfe geboren. Eva, seine Tochter, machte das Gleiche mit Samaël, der symbolisch in Form einer Schlange dargestellt wird, und aus dieser Vereinigung heraus wurden weitere teuflische Geschöpfe geboren. Aber ab dem Zeitpunkt als Adam Eva erkannt hatte, erschienen menschliche Geschöpfe: Kain, Abel, Seth… Es wird in der Bibel nicht erklärt, dass Eva die Tochter Adams war, aber es ist symbolisch an der Stelle ausgedrückt, wo berichtet wird, dass sie aus einer Rippe Adams geschaffen wurde. Ja, der erste Mann brachte die Kinder zur Welt, danach war es die Frau.

Aber merkt euch vor allem, dass alle Geschöpfe abwechselnd Mann und Frau sein müssen, das heißt aktiv und rezeptiv. Es erhebt sich natürlich die Frage zu wissen, wann. Man muss Mann sein gegenüber der Erde und Frau gegenüber dem Himmel. Man muss die Erde formen und sich innerlich, dem Herrn gegenüber, empfänglich, sanft, voller Verehrung zeigen. Wer diese Polarisation verwirklichen kann, dem gehört der Himmel und die Erde. Wenn ihr zur Frau gegenüber der Erde werdet, die selbst Frau ist, stößt sie euch zurück und ihr werdet sterben, weil ihr nichts mehr zu essen habt. Die Erde wird zu euch sagen: »Verschwinde, ich bin Frau und ich kann dich nicht ausstehen.« Für die Erde muss man Mann sein, man muss sie bearbeiten und besäen. Dann wird man reich, denn man erntet die Früchte seiner Arbeit. Wenn man Frau bleibt auf der physischen Ebene, das heißt schwach, kümmerlich und faul, dann verharrt man in der Armut.

Gegenüber der Erde solltet ihr Mann sein und sie wird euch zärtlich lieben. Dem Himmel gegenüber müsst ihr jedoch Frau sein, das heißt sanft, empfänglich und voller Vertrauen. Wenn ihr dem Himmel gegenüber Mann seid, geht gar nichts mehr, er wird euch verstoßen, weil ihr befehlen, unterwerfen und beherrschen wollt und weil im Himmel kein Platz ist für solche Wesen. Der Himmel ist positiv gepolt, deshalb sucht er nicht nach Männern. Wenn man den Himmel unterwerfen möchte, ist man Schwarzmagier. Auf diese Weise handelte der sich auflehnende Engel Luzifer. Anstatt Frau zu sein, das heißt anstatt Gottes Willen zu erfüllen, wollte er wie Gott Selbst sein, deshalb wurde er verstoßen. Und alle, die in diese Richtung gehen, die den Himmel ihrem Willen und ihren Launen unterwerfen wollen, werden verjagt und in die Kategorie der Schwarzmagier verbannt. Man hat das Recht zu herrschen, aber über die Erde und nicht über den Himmel. In der Genesis sagte Gott zu den Menschen, dass sie sich die Erde untertan machen sollen. Er sagte nicht, sie sollen sich den Himmel untertan machen. Das hat man vielleicht noch gar nicht bemerkt.

Lernt, euch zu polarisieren und ihr werdet sehen, dass sich sogar eure Gesundheit verbessert. Ihr wisst vielleicht auch gar nicht, dass Krankheiten die Folge eines Ungleichgewichts, einer Disharmonie sind, die sich in den Kreislauf der Strömungen eingeschlichen hat, die von den beiden Gehirnhälften aus hinab fließen. Man muss immer darauf achten, dass, wenn man mit der rechten Körperhälfte sehr aktiv ist, man dann auch mit der anderen Hälfte aktiv werden muss, um das Gleichgewicht wiederherzustellen. Die Menschen irren sich sehr, wenn sie das Organ, das ihrer Meinung nach krank ist, behandeln wollen. Die Krankheit hat wesentlich tiefere Ursachen. Sie manifestiert sich in diesem oder jenem Organ, aber ihr Ursprung liegt im Ungleichgewicht zwischen diesen beiden Strömungen. Meine lieben Brüder und Schwestern, es gibt nichts Wichtigeres als das Gleichgewicht. Deshalb hat man dem Bild der Waage seit alters her eine so große Bedeutung beigemessen. Für die Kabbalisten stellt die Waage die beiden Gehirnhälften dar und diese Zweiteilung findet sich im ganzen Körper wieder: in den beiden Lungenflügel, den beiden Armen, in Milz und Leber, den beiden Nieren, den Hoden beim Mann, den Eierstöcken bei der Frau, den beiden Beinen und den beiden Füßen. Überall findet man dieses Bild der Waage wieder, dem Symbol des universellen Gleichgewichts.

Alles, was ich euch darlege, gehört zu den großen ewigen Wahrheiten, aber ich bringe sie mithilfe der Mittel zum Ausdruck, die mir zur Verfügung stehen. Diese Mittel unterscheiden sich natürlich von denen, die die Menschen vor zweitausend oder mehr Jahren hatten. Aber jeder verfügt über die Ausdrucksmittel, die ihm die unsichtbare Welt gegeben hat. Kein Sänger kann mit der Kehle eines anderen singen, und ich kann nur mit meiner eigenen Kehle singen. Das gilt für alle Menschen. Ich finde die Ausdrucksmittel, über die ich verfüge, sehr klar, einfach und eindeutig, deshalb stehe ich dazu. Wenn ihr später Bücher lest, die die gleichen Themen behandeln, werdet ihr euch vielleicht fragen, wie ich gewisse Fragen so einfach erklären konnte, die von anderen Autoren so kompliziert und so abstrakt dargestellt wurden.

Gebt euch für heute mit diesen paar Worten zufrieden. Ein andermal werde ich auf dieses so wichtige Thema von den beiden Prinzipien Männlich und Weiblich, vom Weiß und vom Rot zurückkommen.

Sèvres, 22. März 1958

Anmerkungen

1. Siehe auch Band 241 der Reihe Izvor »Der Stein der Weisen – Von den Evangelien zur Alchimie«, Kapitel 11: »Die Regeneration der Materie: das Kreuz und der Tiegel«.
2. Siehe auch Band 207 der Reihe Izvor »Was ist ein geistiger Meister?«, Kapitel 8: »Der Schüler vor dem Meister« und Kapitel 12: »Wenn ihr nicht werdet wie die Kinder«.
3. Siehe auch Band 4 der Reihe Gesamtwerke »Das Senfkorn – Symbole im Neuen Testament«, Kapitel 12: »Wachset und mehret euch«.

VIII

DIE WAHRE EHE

I

In der Genesis heißt es, dass, als sich die Menschen auf der Erde zu vermehren begonnen hatten und ihnen Töchter geboren wurden, die Gottessöhne sahen, dass die Menschentöchter schön waren und sie sich die Frauen nahmen, die ihnen gefielen.

Viele Okkultisten schrieben über diese Verse, die noch immer ein Mysterium bleiben. Wie kann es sein, dass Engel, die mächtig, schön und rein waren, sich von Menschentöchtern verführen ließen, obwohl zu jener Zeit die Frauen noch gar nicht so weit entwickelt waren? Wer waren diese Engel? Kamen sie in fliegenden Untertassen von anderen Planeten, wie es heute manche vermuten? Warum sind sie herabgestiegen? Sogar die Kabbala sagt nicht viel zu diesem Thema. Aber man weiß, dass die Offenbarungen, die heute die esoterische Wissenschaft ausmachen, aus dieser Epoche stammen. Die Gottessöhne offenbarten diese Wissenschaft zunächst ihren Frauen – zum Beispiel die Magie und das Wahrsagen – und sie lehrten sie auch die Geheimnisse der Künste. Danach offenbarten die Frauen es ihren Söhnen. Die Kabbala erwähnt die Namen einiger dieser Engel und was diese jeweils brachten, die Kenntnisse, die sie übermittelten. Ich habe sie mir aufgeschrieben und ich kann sie euch geben, aber was würdet ihr damit machen…?

Da diese Geschichte von Gottessöhnen und Menschentöchtern das Thema Ehe berührt, möchte ich euch ein paar Worte dazu sagen, denn ich merke, dass dabei für die meisten Menschen noch vieles im Unklaren ist. Man weiß nicht, was man davon halten soll. Paulus zum Beispiel sagt, dass es gut ist zu heiraten, aber dass es vorzuziehen ist, unverheiratet zu bleiben. Ihr seht also, es ist gut, aber es ist nicht wirklich gut, denn die Frage der Vereinigung von Mann und Frau ist etwas sehr Kompliziertes geworden.

Die Ehe, die wahre Ehe, so wie die Eingeweihten sie verstehen, ist die Vereinigung von Geist und Materie, eine Arbeit des Geistes an der Materie.[1] Der Geist muss sich mit der Materie vereinigen, um ihr Form zu geben, sie feinstofflicher zu machen. Wenn der Geist in die Materie hineinströmt und dort einschläft, wenn er nicht mehr ausreichend Kräfte hat, um sie zu beleben, wird diese Ehe zum Grab für den Geist. Für mich ist das ganz klar, der tiefe Sinn der Ehe ist die Vereinigung von Geist und Materie. Die Materie ist undurchsichtig, träge, formlos und der Geist möchte sie beleben, zum Leuchten bringen, ausdrucksstark machen. Der Geist hingegen ist eine so feinstoffliche Essenz, dass er unbedingt Materie braucht, um Gestalt anzunehmen und sich zu verdichten, sonst verflüchtigt er sich und verschwindet. Wenn der Geist es erreicht hat, die Materie feinstofflich zu machen, wenn es der Materie gelungen ist, den Geist zu verdichten, verwirklichen beide eine Einheit und eine außergewöhnliche Verschmelzung, und genau das ist die wahre Ehe.

Bereits vor allen anderen Ehen existierte oben diese Ehe des Geistes und der Materie. Es waren die Menschen, die die Ehe entweihten. Jemand langweilt sich und heiratet, um sich zu amüsieren… oder er braucht sinnliche Vergnügungen und sucht den Partner oder die Partnerin, der oder die ihm diese Vergnügungen verschafft… oder er ist arm und heiratet, um sich zu bereichern… oder er muss sich allein im täglichen Leben durchschlagen und braucht die Hilfe einer Dienerin oder eines Dieners. Was haben die Menschen nicht alles aus der Ehe gemacht, schweigen wir lieber darüber!

In ihrer ursprünglichen Bedeutung war die Ehe eine magische Arbeit. Deshalb heißt es, dass der Mensch Vater und Mutter verlassen wird, um nur mit seiner Frau eins zu werden. Dies sollte man aus spiritueller Sicht verstehen, das heißt, man sollte verstehen, dass zu jedem Menschen eine zweite Hälfte gehört, mit der er sich vereinigen muss, um eine göttliche Arbeit zu verrichten. Die wahre Arbeit kann nur beginnen, wenn der Mensch diese andere Hälfte gefunden hat, die man Schwesterseele[2] nennt. Oft befindet sich diese Schwesterseele nicht auf der physischen Ebene und er muss sie innerlich, auf der spirituellen Ebene suchen. Für manche ist das schon geschehen: Sie haben ihre Schwesterseele gefunden und sie sind zusammen, um die göttliche Arbeit zu verrichten. Darin liegt das Mysterium der Ehe; es gibt nichts Heiligeres und Großartigeres als die Ehe.

Was bleibt jetzt von all dem? Wenn ein Mann und eine Frau heiraten, wird gesungen, musiziert und mit Blumen dekoriert. Die Braut ist in Weiß gekleidet und es sind auch kleine Kinder da, deren Gegenwart der Zeremonie etwas Reines verleiht. Alles ist feierlich, alles ist lichtvoll. Der Priester segnet die Ringe und während dieser ganzen Zeit denken der Junge und das Mädchen oft nur an den Moment, wo sie gemeinsam in einem Bett sein werden… wenn es nicht sowieso schon längst geschehen ist! Übrigens kommt es vor, dass sie nur heiraten, weil das Kind schon unterwegs ist und die Situation geregelt werden muss. Wie sollen sie unter diesen Voraussetzungen die richtigen Vorstellungen von der hohen Bedeutung der Ehe haben?

Die Ehe ist die innere Vereinigung mit der anderen Hälfte seines Wesens, die jeder in sich selbst besitzt. In der esoterischen Wissenschaft wird diese Idee mit dem Symbol des Androgynen dargestellt. Das bedeutet wahre Ehe: Seine andere Hälfte zu finden, sie anzuziehen, mit ihr zu verschmelzen und schließlich ein vollständiges Wesen zu werden, um zusammen wechselseitig eine magische Arbeit zu vollbringen. Dann ist die ganze Schöpfung voller Begeisterung über diese Ehe. Warum bemühen sich die Menschen nicht, diese Herrlichkeit anzustreben? Sie bleiben immer zu weit unten, anstatt sich zu erheben, um ihre wahre Hälfte oben zu finden. Ihr werdet sagen: »Aber ich habe doch meine andere Hälfte gefunden!« Gut, ich möchte keine Zweifel in euch schüren, aber gestattet mir dennoch, dass ich da etwas ungläubig bin. Ihr habt eure andere Hälfte gefunden, aber was ist dabei herausgekommen? Klagen, Zank und Haare raufen. Was für eine komische Hälfte, wirklich! Wenn ihr eure andere Hälfte wirklich gefunden hättet, würdet ihr mit ihr das Schönste und Reinste schaffen, das es gibt.

Die meisten Ehen, die auf der Erde geschlossen werden, sind lediglich Erfahrungen, mehr oder weniger erfolgreiche Versuche bis man die wahre Ehe verwirklichen kann, die man in Indien mit dem Symbol des Lingam darstellt. Ihr kennt dieses Symbol: Es lehrt uns, dass die beiden Prinzipien (das männliche Prinzip, das durch die vertikale Linie und das weibliche Prinzip, das durch die horizontale Basis dargestellt wird) im Menschen niemals getrennt sein dürfen. Selbst wenn Mann und Frau physisch getrennt sind, müssen sie innerlich die Vereinigung der beiden Prinzipien verwirklichen. Ich weiß, das ist sehr schwierig. Und meistens, sogar wenn Mann und Frau sich physisch vereinigen, bleiben sie in Wirklichkeit getrennt: In ihrer Seele, in ihrem Kopf sind sie getrennt. Ob sie nun physisch getrennt sind, das ist nicht von Bedeutung, das Wichtige ist, dass jeder in sich selbst die Ehe des männlichen und des weiblichen Prinzips verwirklicht.

So wie das Lingam ist auch der hebräische Buchstabe Shin ש das Symbol der Vereinigung der beiden Prinzipien. Dieser Buchstabe hat eine sehr poetische Form, man könnte ein Boot mit einem Ruderer erkennen, ein ewiges Licht mit seiner Flamme, eine Schwalbe im Flug, einen Menschen im Gebet, mit erhobenen Armen… Der Name Jesu auf Hebräisch ist Jeshuah ה-ו-ש-ה-י). Das ist genau der Name Gottes ה ו ה י (Jod-He-Vau-He) in dessen Mitte man den Buchstaben Schin eingefügt hat. Dieser Buchstabe Schin, den Jesus in seinem Namen empfangen hat, ist das Symbol der göttlichen Ehe von Geist und Materie. Jesus ist das WORT, das Fleisch wurde, es ist Gott, der sich in der Materie manifestierte. Die Göttlichkeit Jesu muss im spirituellen Sinne interpretiert werden. Jesus war nicht Gott selbst, sondern ein Mensch, der im Inneren die Göttlichkeit empfangen hat. Nur Christus, die zweite Person der Dreifaltigkeit, ist Gott selbst.[3] Der Apostel Johannes und alle Eingeweihten, die von Jesus sprachen, glaubten niemals, Jesus wäre Gott. Sie wollten nur den spirituellen Prozess zum Ausdruck bringen, dank dem der Geist Gottes in ihn hinabgestiegen ist.

Wenn ihr fähig seid, die Mysterien der Ehe zu verstehen, werdet ihr alle Geheimnisse des Lebens verstehen. Die Ehe ist die am weitesten verbreitete Gemeinschaftsform, aber sehr wenige kennen ihren tiefen Sinn, die meisten fassen sie nur als materielle Möglichkeit auf, zu einer Gefährtin zu kommen, die ihnen die Mahlzeiten kocht, ihre Wäsche wäscht, das Haus in Ordnung bringt und ihnen eine ganze Schar von Kindern in die Welt setzt, oder aber zu einem Mann, der sie mit Essen und Geld versorgt…! Das sind die Vorstellungen, die die Menschen von den heiligsten Mysterien haben.

Die Ehe ist für mich ein so erhabener Akt, dass ich noch nicht sicher bin, ob ich ihn wirklich ergründet habe. Was ich aber sicher weiß, das ist, dass man letztendlich nur in der Ehe großartige Dinge verwirklichen kann. Solange der Mann innerlich nicht verheiratet ist, wird er zwar die Kraft haben, wird er die Quintessenz haben, aber er wird sie niemals so verdichten können, dass sie auf der physischen Ebene sichtbar, greifbar und wirklich wird, weil ihm eben dieser Faktor fehlt, den die Materie liefern kann, um damit die Dinge zu verwirklichen, das heißt das weibliche Prinzip, die Schwesterseele. Und wenn die Frau innerlich nicht verheiratet ist, hat sie alle Materialien, aber es fehlt ihr die Flamme, der Funke, der alles entflammen soll. Sie kann viel Materie haben, aber diese Materie wird sich nicht entzünden, sie ist tot, sie stagniert, weil der Geist fehlt.

Ihr werdet fragen: »Aber ist unser Geist nicht bereits mit unserer Seele verheiratet?« Nein, noch nicht, denn wenn eure Seele und euer Geist verheiratet wären, so würdet ihr Wunder vollbringen. Das ist etwas zum Nachdenken, nicht wahr…? Denkt manchmal darüber nach und sagt: »Oh, Herr, mein Gott, könnte nur auch ich diese Ehe verwirklichen zwischen meinem Geist und meiner Seele, die sich gegenseitig suchen, damit ich an Deiner Arbeit teilnehmen kann!«

In der Kabbala heißt es, dass Gott eine Gemahlin hat, Schekina. Wenn man nun den Christen von einer Gemahlin Gottes erzählt, werden sie natürlich empört sein und sagen, das sei eine Entweihung und Entwürdigung, den Herrn auf die Ebene der Menschen herabzuholen, indem man Ihm eine Frau zuspricht. Aber woher haben die Menschen dann den Begriff der Ehe? Die irdische Ehe ist nichts anderes als eine Wiederholung, eine Spiegelung, eine Erinnerung an eine Vereinigung, die ohne Unterlass oben im Himmel zwischen Gott und seiner

Gemahlin, der Göttlichen Mutter, geschieht. Hätte die Ehe nicht ihren Ursprung oben im Himmel, hätte sie keinen tiefen und göttlichen Sinn. In der christlichen Religion ist die Ehe ein Sakrament, das man respektieren muss, aber wenn man ihre göttlichen Wurzeln, ihren göttlichen Ursprung nicht anerkennt, welchen Wert kann sie dann haben?

Meine lieben Brüder und Schwestern, es geschieht auf der Erde nichts, was es nicht bereits oben gibt. Warum wollen die Christen das nicht begreifen? Sie stellen sich Gott als Junggesellen vor, und zweifellos weil Er sich langweilt und Abwechslung braucht, erfand Er die Ehe, um den Menschen eine harte Nuss zu knacken zu geben. Also heiraten die Christen, ohne zu wissen, dass sie den Herrn nachahmen und da sie nicht wissen, dass sie den Herrn nachahmen, wen glauben sie denn nachzuahmen…? Zweifellos die Teufel, denn die Teufel sind verheiratet, sie haben Teufelinnen! Also ihr seht, diese Unkenntnis ist folgenschwer: Das Christentum, das seinen Ursprung in der jüdischen und kabbalistischen Tradition hat, entfernte sich allmählich von der Wahrheit. Einige Kirchenväter haben aus dem einen oder anderen Grund die Dinge anders dargestellt und jetzt wissen die Christen nicht mehr so genau, woran sie sind. In der Kabbala steht, dass Gott eine Gemahlin hat, Schekina, und dass Sie immerzu in Ihre Liebe vertieft sind, dass Sie sich ohne Unterlass ansehen, ohne Unterlass erschaffen und dass alles, was im Universum existiert, die Schöpfung von Gott und Seiner Gemahlin, der Göttlichen Mutter ist, ihre Kinder.

Die Christen haben die Göttliche Mutter abgeschafft und sie durch die Heilige Jungfrau ersetzt. Nein, das ist zu begrenzt. Die Heilige Jungfrau, die Mutter Jesu und seiner Brüder, ist nur eine Spiegelung der Göttlichen Mutter. Man darf nicht alles durcheinander bringen. Die Göttliche Mutter hingegen, die die Gemahlin Gottes ist, formte das ganze Universum, das wir sehen, die Sterne, die Konstellationen, alles… Nicht Sie ist es, die auf die Erde herabgestiegen ist, um Josef zum Mann zu nehmen. Ihr seht, wenn die Christen nur ein wenig überlegen würden! Aber sie glauben lieber immer unwahrscheinliche Dinge, und sie machen weiter so. Ich habe nichts dagegen, aber mit solchen Vorstellungen werden sie nicht weit kommen.

Also, wenn Gott mit Schekina verheiratet ist, muss sich auch der Mensch mit seiner eigenen Seele verheiraten und dazu muss er diese Seele, seine Schwesterseele, finden. Ihr seht, man sagt »Schwesterseele« für den Mann, aber für die Frau, was soll man da sagen: »Brudergeist«? Das klingt etwas seltsam, aber warum nicht? Viele Begriffe und Regeln in der Spiritualität, in der Religion beweisen, dass beinahe alles von Männern und für Männer gemacht wurde. Es gibt fast nichts für die Frauen. Man sagt immer, der Mann suche seine Schwesterseele, aber es fehlen die Wörter, um auszudrücken, dass die Frau, ihren Brudergeist sucht. Das ist nicht gerecht! Eines Tages wird man all diese Begriffe überarbeiten.

Die Ehe ist eine sehr weitreichende Frage, die man überall in der Natur erforschen kann: Chemie, Physik, Astronomie, Botanik, Anatomie, Physiologie usw., alle sprechen von der Ehe. Nehmen wir nur als Beispiel das Wasser, das wir trinken und das Pflanzen, Tiere und Menschen am Leben erhält. Was ist das Wasser? Ein Kind, geboren aus der Vereinigung eines Vaters, dem Sauerstoff, und einer Mutter, dem Wasserstoff! Und wisst ihr, warum ein Molekül Sauerstoff und zwei Moleküle Wasserstoff nötig sind, damit Wasser entsteht? Ja, warum diese Vereinigung der 1 mit der 2? Man muss sich mit der Kabbala befassen, um diese Frage zu beantworten.

Nehmen wir auch das Beispiel des gesprochenen Wortes. Man kann nicht ohne die Hilfe der Zunge und der beiden Lippen sprechen. Auch hier sind also wieder die beiden Prinzipien Männlich und Weiblich vereint, um ein Kind auf die Welt zu bringen, das gesprochene Wort.*

Leider setzen viele Menschen durch ihren Mangel an Liebe und Licht abscheuliche, bösartige, zerstörerische Kinder in die Welt, weil sie nicht wissen, wie sie Worte der Weisheit und der Güte zeugen können, um die göttliche Seite bei den anderen zu erwecken.

* Siehe Kapitel 10: »Wie die beiden Prinzipien im Mund enthalten sind« in diesem Buch.

Und wenn ein Mann und eine Frau im Duo singen, heiraten dann nicht ihre Stimmen, um ein Kind, das heißt eine wunderbare Harmonie hervorzubringen? Die Stimme der Frauen ist hell, während die Stimme der Männer dunkel ist. Von der Stimme der Frauen sagt man, sie sei hoch und von der Männerstimme, sie sei tief... Und habt ihr nicht auch bemerkt, dass bei einer Umarmung die Frau dazu neigt, ihre Arme um den Hals des Mannes zu legen, während der Mann eher dazu neigt, die Frau an der Taille oder noch weiter unten zu umfassen? Ich habe euch bereits die Beziehungen zwischen Mann und Frau anhand der beiden Dreiecke, dem männlichen und dem weiblichen, erklärt. Das männliche Dreieck mit der nach unten gerichteten Spitze offenbart, dass der Mann symbolisch betrachtet dazu neigt, hinabzusteigen, während das weibliche Dreieck mit der nach oben gerichteten Spitze offenbart, dass die Frau sich gedrängt fühlt, nach oben zu steigen. Ihr seht, die Kosmische Intelligenz hat über die Ehe gut nachgedacht. Es sind die Menschen, die nicht viel davon verstehen.

Wisst ihr übrigens, warum die amtliche und die religiöse Ehe geschaffen wurden? Weil die wahre Liebe, die einzige Liebe, die die intelligente Natur anerkennt, verschwunden ist. Um dennoch etwas von den Ehen und den Familien zu retten, erfand man alle möglichen Prozeduren, Verträge und Versprechen, um ein Band zwischen den Eheleuten aufrechtzuerhalten. In der wahren Liebe muss man sich nicht durch Unterschriften und Verträge binden. Und übrigens, nichts von all dem trägt dazu bei, die Liebe zu schützen. All diese Papiere, all diese Zeremonien haben nichts verbessert: Die Paare streiten sich und trennen sich, selbst wenn alles nach den Regeln der christlichen Religion abgelaufen ist.

Man darf mich nun nicht falsch verstehen und sich vorstellen, ich sei für die freie Liebe, weil ich dies sage. Nein, ich respektiere alle Traditionen, alle Gesetze, aber ich erkläre euch, dass die wahre Ehe sich nicht im Äußeren, sondern im Inneren vollzieht. Solange eure Vereinigung nicht spirituelles, göttliches Leben hervorbringt, so wie Sauerstoff und Wasserstoff fähig sind, Wasser zu erzeugen, seid ihr noch nicht verheiratet. Es gibt Ehen, die dem Kohlendioxid ähneln: Die Eheleute ersticken sich gegenseitig.

Meine lieben Brüder und Schwestern, wir haben alle eine Schwesterseele, die auf uns wartet, weil wir vom Schöpfer darauf vorbereitet wurden, eines Tages die vollkommene Einheit zu verwirklichen. Wie viele Dinge gibt es euch noch zu offenbaren! Aber gebt euch für den Augenblick mit diesen wenigen Grundkenntnissen zufrieden.

Sèvres, 27. April 1965

Anmerkungen

1. Siehe auch Band 17/18 der Reihe Gesamtwerke »Erkenne Dich selbst – Jnani-Yoga«, Kapitel 3 von Band 17: »Der Geist und die Materie«.
2. Siehe auch Band 14/15 der Reihe Gesamtwerke »Liebe und Sexualität«, Kapitel 19 von Band 14: »Die Schwesterseele«.
3. Siehe auch Band 240 der Reihe Izvor »Söhne und Töchter Gottes«, Kapitel 7: »Der Mensch Jesus und das kosmische Prinzip des Christus«.

Teil II

Wovon handeln Filme, Romane, Lieder und Gedichte? Immer von der Liebe. Von Liebe und von Ehe. Über die Liebe und die Ehe braucht man also nicht zu diskutieren, Männer und Frauen kommen mit dieser Veranlagung auf die Erde: Sie verlieben sich und heiraten. Natürlich gehen Liebe und Ehe nicht immer Hand in Hand. Manchmal ist da die Liebe ohne Ehe, und dann wieder eine Ehe ohne Liebe. Dennoch, im Allgemeinen denken die Männer und Frauen, sie müssten heiraten, um zusammen zu leben, wenn sie sich lieben, und damit nicht ein anderer kommt und ihnen ihren Liebsten wegnimmt. Also, im Allgemeinen lieben sich die Männer und Frauen und heiraten dann. So läuft das in der Welt.

Und wenn ich euch jetzt die Frage stelle: »Eure Hauptsorge ist die Liebe und die Ehe, darin sind wir uns einig. Aber wie habt ihr beides verstanden? Warum müsst ihr heiraten…? Oder vielmehr, anstatt gleich von Ehe zu sprechen: Warum wollt ihr unbedingt mit einem anderen Menschen einen Kontakt herstellen, euch mit ihm vereinen und wenigstens für ein paar Sekunden eins mit ihm sein?«… Niemand wird mir antworten, weil man sich diese Frage gar nicht stellt. Da das ebenso ist, braucht man sich auch nicht den Kopf darüber zu zerbrechen. Aber die Eingeweihten, die es gewohnt sind, über alle Manifestationen des Lebens nachzudenken, um sie zu ergründen, haben herausgefunden, dass sich in dieser so natürlichen und weit verbreiteten Tendenz, einen anderen Menschen zu suchen, um sich mit ihm zu vereinen, eines der größten Geheimnisse des Universums verbirgt und dass, wenn der Mensch die Bedeutung dieser Tendenz verstünde und sie für seine spirituelle Arbeit zu nützen wüsste, er zu einer Gottheit werden würde.

Bevor es die Ehe auf der Erde gab, existierte sie zunächst oben. Oben verwirklicht sich zwischen den kosmischen Prinzipien Männlich und Weiblich ohne Unterlass eine Vereinigung, ein Austausch, der sich hier auf der physischen Ebene in Form der Ehe widerspiegelt. Eben das offenbart uns die Einweihungswissenschaft. Es heißt in der Genesis: »Im Anfang schuf Gott Himmel und Erde.« Der Himmel und die Erde, ebenso wie die Beziehungen, die zwischen beiden bestehen, sind zwei Symbole, die man interpretieren muss. Es sind die Symbole der beiden Prinzipien, dem ausstrahlenden und dem empfänglichen, dem männlichen und dem weiblichen. Diese beiden Prinzipien vereinigen sich und aus dieser Vereinigung werden Kinder geboren. Alles, was ihr seht, und sogar alles, was ihr nicht seht, ist eine Schöpfung der beiden Prinzipien. Alles, was auf der Erde entsteht, ist ein Kind dieser Vereinigung von Erde und Himmel. Wenn die Erde die Verbindung abschneidet, wenn sie nicht mehr mit dem Himmel verbunden ist, wird ihr der Himmel weder seine Energien noch seine Dynamik geben und sie wird zur Wüste. Himmel und Erde, männliches und weibliches Prinzip existieren bereits als Wirklichkeiten in den erhabenen Reichen oben, und sie spiegeln sich anschließend wider in allen Regionen und in allen Bereichen, bis hin zur physischen Ebene.

Überall sieht man nur die Vereinigung der beiden Prinzipien Männlich und Weiblich, und diese Vereinigung bringt eine Kraft, eine Energie hervor. Wenn ihr ein elektrisches Gerät anstecken wollt, benutzt ihr einen Stecker und eine Steckdose, aber ist euch bewusst, dass beide polarisiert sind, beide je zwei Pole besitzen…? Ja, jedes Ding, jedes Wesen besitzt in sich selbst die beiden Pole. Erde, Himmel, Mann und Frau haben jeder zwei Pole in sich. Wenn sie sich also vereinigen, ergibt das vier, und schon zirkulieren Kräfte, Kinder werden geboren. Aber ohne diesen Kontakt, ohne diese Vereinigung, ohne diese Verschmelzung, ohne diesen Austausch findet nichts statt.

Wenn man diese Frage nun auf den Bereich des Innenlebens überträgt, versteht man, dass der Mensch so lange allein bleiben wird, wie er nicht den Kontakt mit etwas, das ihn übertrifft, mit dem Himmel, mit der göttlichen Welt, herstellt. Und wenn er allein bleibt, wird er unfruchtbar, unproduktiv sein und er wird eines Tages verschwinden, ohne Spuren hinterlassen zu haben. Ihr erwidert: »Aber wir haben doch eine Frau (oder einen Mann), wir haben Kinder…!« Ja, auf der physischen Ebene, aber das reicht nicht aus. Die wahre Ehe besteht darin zu wissen, wie man mit den beiden Prinzipien in allen Bereichen arbeitet. Weil man auf der physischen, materiellen Ebene die Voraussetzungen erfüllt hat, sieht man auch Ergebnisse: eine ganze Bevölkerung, eine ganze Kinderschar. Das ist klar, aber in anderen Bereichen ist man einsam und unfruchtbar, weil man dieses Gesetz der Ehe nicht in allen Bereichen, auf der Astral-Ebene, der Mental-Ebene usw., verstanden hat.

Die Eingeweihten, welche die Verwirklichung auf allen Ebenen suchten, fanden heraus, dass der Mensch kein Ergebnis erzielen wird, solange er nicht mit seiner unabdingbaren Ergänzung verbunden ist. Sie verbargen diese Wahrheit in Symbolen und Formeln, die wir entziffern müssen.

Damit ein Stromkreis funktioniert, muss man ihn anschließen. Seht euch einen Organismus an: Sobald es im Blutkreislauf, im Nervensystem, im Atmungssystem irgendwo eine Unterbrechung gibt, ist alles vorbei, nichts funktioniert mehr, es folgt der Tod. Das Gleiche gilt für den Straßenverkehr, das Wasser-, Gas- oder Stromnetz und alle Telekommunikationsverbindungen, es sind alles nur Kanalsysteme, Leitungsnetze und Steckanschlüsse… Das ganze Universum besteht nur aus Verbindungen, Kontakten und Anschlüssen.

Die Menschen, die die Bedeutung dieser Frage der Verbindungen im spirituellen Bereich nicht kennen, durchtrennen ständig den Kontakt mit dem Himmel und dann fragen sie sich erstaunt: »Aber warum bin ich so unglücklich? Warum habe ich keine Inspiration, keinen Schwung? Warum fühle ich mich wie tot…?« Eben deshalb, weil sie die Verbindungen unterbrochen haben. Man muss sie wieder herstellen. Um die Verbindungen auf der physischen Ebene wieder herzustellen, gibt es alle möglichen Ingenieure und Techniker: Elektriker, Klempner, Schweißer, Chirurgen. Das wissen selbst die Kinder. Aber wenn es sich um den psychischen, spirituellen Bereich handelt, weiß man weder was man tun noch an wen man sich wenden soll.

Es heißt auf der Smaragdtafel: »Alles, was unten ist, ist wie das, was oben ist und das was oben ist, ist wie das, was unten ist.« Oben, das ist der göttliche Bereich. Unten, das ist die physische Ebene. Alles, was man auf der materiellen Ebene findet, entspricht einer Wahrheit auf der spirituellen Ebene. Auf der spirituellen Ebene wie auf der physischen Ebene muss man wissen, wie man die Kontakte wieder herstellen kann, und die Eingeweihten haben diese Wahrheit im Symbol der Schlange, die sich in den Schwanz beißt, verborgen. Das ist das Symbol der wahren Ehe. Ihr werdet sagen: »Was? Eine Schlange, die ihren Schwanz verschlingt, ist das Symbol der Ehe?« Ja, denn die wahre Ehe im Menschen ist die Verschmelzung von Kopf und Schwanz. Die andere Ehe ist nur deren Widerspiegelung. Mann und Frau vereinigen sich, weil sie auf diese Weise versuchen, die Einheit wieder zu finden, die sie in ferner Vergangenheit bildeten, als der Mensch Hermaphrodit war. Danach gab es die Geschlechtertrennung, und deshalb suchen sich jetzt Mann und Frau gegenseitig, um die Fülle wieder zu finden.

Und auch in seinem Bewusstsein ist der Mensch von sich selbst getrennt. Er muss also diesen Teil, den er nicht kennt, wieder finden und sich mit ihm vereinigen. Dies ist der Gedanke, der auch durch die Formel »Erkenne dich selbst« zum Ausdruck kommt und in den Giebel des Tempels von Delphi hineingeschrieben wurde. Doch sehr wenige haben den Sinn dieser Inschrift erfasst. Ich las eines Tages den Kommentar, den ein Professor an der Sorbonne dazu abgab und ich war wirklich sehr erstaunt. Sogar die gelehrtesten Menschen verstehen nichts und erklären diesen Satz wie Kinder, ohne dass irgendetwas Wahres oder Tiefgründiges darin enthalten ist.

Sich erkennen heißt nicht, seinen Charakter mit seinen Fähigkeiten, Fehlern oder menschlichen Begrenzungen zu erkennen. Wenn es nur darum ginge, wären selbst die Kinder fähig, sich zu erkennen. In diesem »Erkenne dich selbst«, was ist da dieses »selbst«? Die Arme? Die Beine? Das Gehirn? Nein. Die Gefühle? Die Gedanken? Auch nicht. »Dich selbst«… Man selbst, das ist ein Teil Gottes, ein Funke, ein unsterblicher Geist, etwas Unendliches, sehr weit Entferntes, sehr

Hohes… Und dort sollte sich der Mensch finden, um sich zu erkennen, in dieser Wesenheit, die unsterblich ist, die allwissend ist, die allmächtig ist: Gott… und sich bewusst werden, dass er von Ihm abhängig ist, dass er ein Teil von Ihm ist, dass er weder in seiner Existenz noch in seinem Handeln getrennt von Ihm existiert. Dann entdeckt er, dass alles, was er dachte, alles, was er fühlte, eine Illusion war, etwas Unwirkliches, dass die Wirklichkeit dieses Höhere Ich, dieses Innere Selbst war, das Gott Selbst ist, und dass, wenn er sich ernsthaft bemüht, sich mit Ihm zu verbinden, zu fühlen, dass er ein Teil von Ihm ist, dass er eins mit Ihm ist, sein Bewusstsein mit dem Ewigen verschmilzt, er sich mit der Kraft, dem Licht und der Liebe des Ewigen auflädt. Er fühlt sich nicht mehr als getrenntes, kleines, leidendes Wesen, er fühlt sich wie Gott!

Ich habe es euch schon erklärt: Solange der Mensch sich mit seinem physischen Körper identifiziert, bleibt er verwundbar, schwach, sterblich, so wie der physische Körper und er wird von allem berührt, was mit dem Körper geschieht. Hört er jedoch auf, sich mit seinem physischen Körper zu identifizieren, um sich mit dem Zentrum des Universums, mit der Quelle des Lebens, mit dem Schöpfer zu identifizieren, entfernt er sich immer mehr von Schwäche, Alter, Krankheit und Tod und er nähert sich Ihm, der unsterblich, allwissend, allgegenwärtig ist.[1] Aus diesem Grund bestanden die Eingeweihten auf diesem »dich selbst«. Denn solange sich der Mensch damit zufriedengibt, das zu erkennen, was er nicht ist, wird er niemals erreichen, wonach er strebt: die Freiheit, den Frieden, das Glück. Sich erkennen heißt, mit der Unermesslichkeit Gottes zu verschmelzen.

Versteht mich also richtig, wenn die Eingeweihten des griechischen Altertums sagten: »Erkenne dich selbst«, so empfahlen sie nicht, sich in all seinen Schwächen und all seinen Begrenzungen zu erkennen, denn mit »sich selbst« sind nicht Schwächen, Mängel und Laster gemeint. Das sollte man endlich begreifen!

Natürlich kann diese Verschmelzung mit Gott nicht so schnell vor sich gehen. Manchen gelingt es im Laufe eines ganzen Lebens nicht, dieses höhere Bewusstsein zu erlangen, dank dessen sie fühlen, dass sie mit dem Ewigen eins sind. Von Zeit zu Zeit erhaschen sie eine Eingebung, eine Erleuchtung, doch schon am nächsten Tag fühlen sie sich wieder getrennt, schwach und unglücklich. Wer diese Verschmelzung mit seinem Höheren Ich verwirklicht hat, lebt in Frieden und im Licht, er fühlt sich unsterblich. Er ist auf einer so hohen, so weiten Bewusstseinsstufe angekommen, dass er alle Geschöpfe so betrachtet, als seien sie Teil seiner selbst, und er hat keine Feinde mehr, er kann niemandem mehr etwas zuleide tun, er liebt alle Wesen, weil er fühlt, dass er selbst in all diesen Geschöpfen lebt. Er gehorcht also einer höheren Moral. Darin liegt ein weiterer Sinn der Formel »Erkenne dich selbst.«

Um diese Bewusstseinsstufe zu erreichen, muss man selbstverständlich einen schwierigen Weg der Askese beschreiten. In Indien nennt man diesen Weg Jnani-Yoga. Um das Bewusstsein der Identität mit Gott zu erlangen, bedienen sich die hinduistischen Yogis der Formel »Ich bin Er«. Wenn der Yogi lange über diesen Satz meditiert, wird ihm eines Tages bewusst, dass sein Ich nicht existiert, dass das Ich nichts anderes ist, als »Er«, der Herr... Er, der einzig, allmächtig, die einzige Wirklichkeit ist.

Und jetzt werden wir die Bedeutung des Wortes »erkennen« vertiefen. Ihr lest in der Bibel: »Adam erkannte Eva« und Kain wurde geboren... Kannte er sie vorher nicht? Erkenntnis setzt also einen Kontakt voraus. Das ist die Annäherung der beiden Pole, die miteinander verschmelzen, das heißt, einander kosten wollen. Was machen die Kinder, wenn sie noch ganz klein sind? Sie nehmen alles, was ihnen in die Hände fällt, in den Mund. Auf diese Weise lernen sie die Dinge kennen. Für das Kind ist das Organ der Erkenntnis nicht das Gehirn, sondern der Mund: Es möchte alles schmecken. Und um einen Duft, einen Ton, ein Bild oder einen Gedanken zu erkennen, was macht ihr da? Ihr nehmt sie auf über eure Nase oder eure Ohren oder eure Augen oder euer Gehirn. Also bedeutet Erkenntnis gewinnen nichts anderes, als eines unserer Organe dem zu öffnen, was man erkennen möchte. Und sogar was die Geburt der Kinder betrifft, gilt das gleiche Gesetz. Erkenntnis verwirklicht sich, indem etwas Eingang findet, etwas in uns eindringt, um mit uns zu verschmelzen.

In dieser Verschmelzung mit einem Gegenstand oder einem Wesen schwingen wir in Harmonie, auf der gleichen Wellenlänge mit ihm. Nehmt an, ihr hättet zwei Stimmgabeln, deren Zinken gleich lang sind… Wenn ihr eine anschlagt, antwortet die andere, weil sie die gleiche Wellenlänge besitzt. Um sich zu erkennen, um dieses göttliche Wesen zu erkennen, das in uns ist, muss man also auf der gleichen Wellenlänge schwingen. Nur unter dieser Voraussetzung gibt es ein Erkennen.

Nehmen wir jetzt das Symbol der Schlange, die ihren Schwanz verschlingt. Sie verschlingt ihren Schwanz, das heißt, sie hat die beiden Pole Männlich und Weiblich verbunden, weil sie sich erkennen möchte. Aber nehmt nun an, die Schlange wäre sehr lang, fünfhundert, tausend, zweitausend Meter lang… Eines Tages trifft sie beim Spazierengehen einen Schwanz, fragt sich, was das ist und beißt hinein… Und dabei entdeckt sie, dass das ihr eigener Schwanz ist! So wie kleine Katzen, die mit ihrem Schwanz spielen und wenn sie hineinbeißen, schreien sie, sie merken, dass das ihr eigener Schwanz ist. Der Mensch ist ein Wesen, dessen Wirklichkeit die physische Erscheinungsform bei Weitem übertrifft: Was hier auf der Erde herumspaziert, ist sein Schwanz… und sein Kopf, wo ist denn sein Kopf…? Solange die beiden Pole – Kopf und Schwanz – bei ihm getrennt sind, gibt er sich damit zufrieden, herumzukriechen.

Der Schwanz muss sich mit dem Kopf vereinen, um diesen zu erkennen. Der Schwanz, das niedere Ich, muss sich mit dem Kopf, dem Höheren Ich, vereinen, das oben im Himmel ist. Dann ist der Kontakt hergestellt und ein harmonischer, ununterbrochener Energiekreislauf nimmt seinen Anfang. Im Menschen befindet sich diese Schlange in der Wirbelsäule, es ist die Kundalinischlange, die sich, einmal erweckt, entlang der Wirbelsäule aufrichtet. Wenn die beiden Pole endlich vereinigt sind, das heißt wenn die Kundalini unten sich mit dem universellen Geist, Shiva, vereint hat, erkennt sich der Mensch und er ist in der Fülle.[2]

»Erkenne dich selbst«. »Dich selbst« ist nicht der Schwanz, der sich hier auf der physischen Ebene zu sehr bewegt, sondern der Kopf, der Geist, der oben ist. Die wahre Ehe ist das wahre Erkennen. Doch der Mensch hat diese Ehe noch nicht in sich selbst verwirklicht. Er verwirklicht sie nur außerhalb seiner selbst: Überall baut er Anschlüsse, Verbindungen ein; er installiert Stromkreise, in den Fabriken, in den Verwaltungen, in der Politik, in der Wirtschaft, überall, außer in seinem Innersten. Dort weiß er nicht, was er womit verbinden soll und deshalb fühlt er sich unvollständig.

Das Größte, was der Mensch zustande bringen kann, ist, das niedere Ich mit dem Höheren Ich, den Schwanz mit dem Kopf zu vereinen. Natürlich besitzt der Schwanz ein paar Fähigkeiten, er besitzt zumindest die Kraft sich zu bewegen. Aber der Kopf besitzt sehr viel mehr: Augen, Ohren, Mund, Nase, Gehirn. Wenn wir uns also mit unserem Höheren Ich vereinigen können, das so weit entwickelte Fähigkeiten besitzt, erkennen auch wir alles, was es erkennt, sehen wir alles, was es sieht, hören wir alles, was es hört und wir werden vollkommen. Aber solange wir noch getrennt sind, solange wir nur ein Schwanz sind, der sich bewegt, bleibt uns all dieser Reichtum versagt.

Man muss den Schwanz mit dem Kopf verbinden… Man muss die beiden Enden miteinander verbinden. Jahrhunderte lang haben die Eingeweihten diese Forderung in der Welt verbreitet, aber der tiefere Sinn ging den Menschen verloren, weil sie nur ans Materielle denken. In Frankreich gibt es eine Redewendung, wenn einem am Monatsende das Geld ausgeht. Man sagt: »Es gelingt mir nicht, die beiden Enden zu verbinden.« In Wirklichkeit sind diese beiden Enden der Schwanz und der Kopf der Schlange. Die beiden Enden verbinden heißt, nacheinander alle Chakras, vom Muladhara-Chakra unten bis hinauf zum Sahasrara-Chakra oben zu entwickeln, um die Einheit herzustellen. Solange es einem nicht gelingt, die beiden Enden zu verbinden, lebt man im Elend und in Entbehrungen. Oh ja, das gilt für die spirituelle Ebene genauso wie für die physische Ebene.

Die Ehe vereint alle Schöpfungskräfte. Habt ihr jemals einen Mann oder eine Frau gesehen, die allein Kinder in die Welt setzten? Nein, dazu sind immer zwei nötig. Deshalb können alle, die sich nicht mit dem Himmel verheiraten, niemals Schöpfer werden, sie bleiben Junggesellen. Man sollte also heiraten, meine lieben Brüder und Schwestern! Ich bin mit dem Himmel verheiratet oder sagen wir mit der Universellen Weißen Bruderschaft und ich habe viele Kinder. Ich habe mir in den Kopf gesetzt, die ganze Welt mit meinen Kindern zu bevölkern! Es heißt in der Genesis: »Seid fruchtbar und mehret euch!« Aber die Menschen haben dieses Gebot nur auf der physischen Ebene verstanden. Jedes Gebot beinhaltet mindestens drei Interpretationen, aber die Menschen geben sich damit zufrieden, die Dinge auf der physischen Ebene zu verstehen, und genau da liegt der Irrtum. Man soll fruchtbar sein und sich mehren, aber warum nicht in der Welt der Gedanken und der Gefühle, um Tag und Nacht die Erde mit kleinen geflügelten Geschöpfen zu bevölkern, die dann die ganze Welt im Sinne der Verwirklichung des Reiches Gottes beeinflussen…?

Man soll ans Heiraten denken, aber oben. Das ist das neue Verständnis, die neue Philosophie, der neue Himmel und die neue Erde. Also, wenn ihr die Möglichkeit dazu habt, sammelt eure Energien in euch selbst, um euch wieder zu finden, anstatt sie immer in alle Richtungen zu zerstreuen.

Wenn wir morgens zum Sonnenaufgang gehen, so deshalb, weil die Sonne ein Mittelpunkt ist, das Zentrum unseres Sonnensystems, und weil wir uns beim Anschauen auf unser eigenes Zentrum ausrichten. Unser Ich, unser wahres Ich, wohnt nicht hier. Es ist sehr weit weg, außerhalb unseres Körpers, es wohnt in der Sonne. Aber es hat Verbindungen zu unserem kleinen illusorischen Ich hier auf der Erde, und immer wenn es uns gelingt, bewusst die Kommunikation zwischen ihnen herzustellen, wird unser kleines Ich von der Sonne angezogen, und dort lebt es in der Freude und im Licht. Ich habe euch übrigens eine Übung vorgeschlagen, die ihr beim Sonnenaufgang machen solltet: Stellt euch vor, dass ihr in der Sonne seid und dass ihr von dort oben lächelnd auf den Felsen herabschaut und sagt: »Oh, du armer Unglücklicher, du sitzt dort auf dem Felsen; wenn du wüsstest, um wie viel schöner es hier ist!« Auf diese Weise entsteht eine Verbindung zwischen eurem niederen und eurem Höheren Ich, ihr stellt die Verbindung mit euch selbst wieder her, ihr findet euch wieder.[3] Wenn ihr diese Übung jahrelang macht, gelingt es euch, die guten Eigenschaften eures Höheren Ichs aufzunehmen. Da euer Höheres Ich unsterblich ist, kennt es die ganze Weltgeschichte und es kann sie euch übermitteln. Weil es frei ist, wird es euch Kraft verleihen. Weil es in einen Ozean der Glückseligkeit eingetaucht ist, wird es euch unbeschreibliches Glück schenken.

Wenn Männer und Frauen miteinander verschmelzen, spüren sie eine unermessliche Freude, aber sie wissen nicht, was diese Freude bedeutet. Doch genau diese Freude zeugt von der Wahrhaftigkeit dieser Methode: die beiden Enden zu vereinen. Sobald es dem Menschen gelungen ist, die beiden Enden zu vereinen, hat er sich erfolgreich wieder gefunden und er ist in der Fülle. Es ist das gleiche Gefühl von Freude, von Weitwerden, das ihn ganz erfüllt, aber von viel feinstofflicherer Natur. Es handelt sich dabei um die Ekstasen, von denen alle Heiligen, Yogis und Eingeweihten sprechen, denen es gelungen ist, sich wieder zu finden.

Männer und Frauen lieben sich, angeblich, aber diese Liebe verhalf ihnen zu keiner Entdeckung. Weil sie nur auf der Ebene der Empfindungen bleiben, führt dies auch zu keinerlei Erkenntnissen. Die Empfindung allein genügt eben nicht, man muss einen Schritt weitergehen und das Denken und das Licht mit einbeziehen. Ich veranschauliche das mit einem Bild. Die Steinzeitmenschen nahmen zwei Holzstücke, um Feuer zu machen und rieben sie gegeneinander. Diese Reibung erzeugte zuerst Wärme und schließlich eine Flamme. Aber was machen die Menschen, wenn sie sich lieben? Sie bleiben bei der Wärme stehen, das heißt, bei der Empfindung, sie gehen nicht bis zum Licht: Ihre Liebe führt sie nicht bis zum Verständnis, bis zur Erleuchtung. Es fehlt ihnen eine Stufe, die es zu erreichen gilt, und solange sie diese nicht erreichen, werden sich ihre Empfindungen in Asche, in Bitterkeit verwandeln. Mag sein, dass sie sich lieben, niemand hindert sie daran, aber sie sollten weitergehen, bis das Licht aufleuchtet. Im Augenblick machen sie keine Entdeckungen, weil sie sich mit der Suche nach Vergnügen zufriedengeben.[4]

Wenn ihr mit dem Zug fahrt, seht ihr am Bahnsteig ein Schild, das die Richtung anzeigt: »Versailles« zum Beispiel, und wenn ihr in diesen Zug einsteigt, werdet ihr nach Versailles fahren. Wenn ihr in eurem Kopf das Schild »Vergnügen« aufstellt, wird euer Zug in einem kleinen Nest halten, das »Vergnügen« heißt, und weil es ein sehr sumpfiges Nest ist, werdet ihr da herumwaten und einsinken, unfähig, euch aus der misslichen Lage zu befreien. Die Eingeweihten, die die Gefahren des Vergnügens kennen, legen immer einen anderen Bestimmungsort für sich fest: die Arbeit, eine gigantische Arbeit, und die ganze Welt empfängt etwas von all diesen hervorsprudelnden, göttlichen und lichtvollen Kräften, die sie in den Raum hinaus projizieren. Die Eingeweihten begnügen sich nicht mit der Wärme, sie gehen bis zum Licht. Auch dort gibt es Empfindungen, aber höhere Empfindungen, ein bewunderndes Staunen, ein unbeschreibliches Entzücken.

Nun, hiermit habe ich euch also in ein paar Worten das Geheimnis der Ehe dargelegt. Ihr sollt euch verheiraten, aber nicht nur mit Geschöpfen außerhalb von euch selbst, denn im Äußeren verliert ihr eure Energien. Mit euch selbst sollt ihr euch verheiraten, damit sich all eure Energien vervielfachen. Wenn man es versteht, die beiden Enden miteinander zu verbinden, wächst die Erkenntnis, wächst das Glück, wächst die Kraft, und auf diese Weise wird die Dreiheit gestärkt, die Verstand, Herz und Wille im Menschen bilden.

Also, meine lieben Brüder und Schwestern, die Ehe ist das größte Mysterium, das es gibt. Hier auf der Erde ist sie nur ein Abglanz. Um die Herrlichkeit und Tiefe der wahren Ehe zu verstehen, muss man viel höher hinaufsteigen. Seht, welche Aufmerksamkeit die Menschen normalerweise der Hochzeitszeremonie schenken: All die Vorbereitungen, die Festessen, die Kleidung! Aber sie suchen nicht nach dem

Ursprung all dessen, sie sehen nicht, dass in den feinstofflichen Regionen eine tausend Mal bedeutsamere Hochzeit stattfindet. Alle wissen, dass ohne die Ehe die Menschheit verschwinden würde und deshalb heiraten sie. Ihr seht, die Menschen sind sehr um die Zukunft der Menschheit besorgt. Das ist wirklich sehr nett von ihnen! Ich natürlich, der ich nicht verheiratet bin, ich arbeite nicht für die Menschheit. Nun, ich betrachte die Dinge eben anders. Die Männer und Frauen, die heiraten, können für die Menschheit genauso gut den Tod herbeiführen, weil sie nicht wissen, was die wahre Ehe ist.

In Wirklichkeit geht es nicht darum, ob man auf der physischen Ebene verheiratet oder unverheiratet ist. Die wahre Ehe, ich habe es euch bereits gesagt, liegt in der Verbindung mit dem Himmel. Es wäre also wünschenswert, dass die verheirateten Männer und Frauen trotz ihrer Beschäftigungen und ihrer Alltagssorgen weiterhin spirituell arbeiten, und dass die Unverheirateten durch ihre Gedanken und Gefühle die Erde mit engelhaften Kindern bevölkern zur Verwirklichung des Reiches Gottes.

In diesem Bereich gibt es noch vieles zu sagen! Aber habt Geduld, bald wird sich alles aufklären.

Le Bonfin, 19. Juli 1968

Anmerkungen

1. Siehe auch Band 215 der Reihe Izvor »Die wahre Lehre Christi«, Kapitel 2: »Ich und der Vater sind eins«.
2. Siehe auch Band 219 der Reihe Izvor »Geheimnis Mensch – Seine feinstofflichen Körper und Zentren – Aura, Solarplexus, Harazentrum, Chakras«, Kapitel 5: »Die Kundalinikraft«.
3. Siehe auch Band 10 der Reihe Gesamtwerke »Sonnen-Yoga – Surya-Yoga«, Kapitel 3: »Unser höheres Ich wohnt in der Sonne«.
4. Siehe auch Band 12 der Reihe Gesamtwerke »Die Gesetze der kosmischen Moral«, Kapitel 9: »Macht nicht auf halbem Wege Halt«.

IX

WARUM DER MENSCH BEIM SÜNDENFALL DIE TIERE MIT SICH GEZOGEN HAT

Frage: »Meister, würden Sie uns bitte sagen, warum der Mensch beim Sündenfall die Tiere mit sich gezogen hat?«

Sie stellen mir da eine Frage, die für mich sehr klar ist, aber wie viele werden mich verstehen? Die meisten werden meine Erklärungen für unwahrscheinlich und aus der Luft gegriffen halten, aber trotz allem werde ich versuchen, Ihnen zu antworten.

Im Paradies lebten Menschen und Tiere, ja, sogar die Raubtiere, in Harmonie zusammen. Es bestand zwischen ihnen dasselbe Band der Freundschaft, der Liebe, der Brüderlichkeit wie jenes, das unsere Zellen, eine mit der anderen, verbindet, aber auch mit unserem Ich, mit unserem Bewusstsein. Und genau dieses Band erklärt alles.

Alle Zellen unserer Organe sind untereinander, aber auch mit uns, mit unserer Individualität verbunden. Ihr solltet diesen Mechanismus gut verstehen. Wenn wir zum Beispiel einen Denkfehler machen, spiegelt er sich nicht nur in unserem Verstand, in unserem Denken wider, das unwägbar und immateriell ist, sondern auch in den Zellen unseres physischen Körpers, von denen einige Tiere repräsentieren, andere Pflanzen, wieder andere Mineralien. Denn die Tiere befinden sich in uns, ebenso die Pflanzen und die Mineralien. Es heißt, der Mensch sei ein Mikrokosmos. Das ist richtig, weil alles stark verkleinert in ihm enthalten ist. Ich habe bereits über dieses Thema gesprochen, aber um Ihre Frage klar zu beantworten, muss ich ein wenig wiederholen.

Wir besitzen in uns die verschiedenen Naturreiche. Das Mineralreich wird von unserem Knochensystem repräsentiert, das Pflanzenreich von unserem Muskelsystem, das Tierreich von unserem Blutkreislauf und das Menschenreich von unserem Nervensystem. In der Natur stellt das Mineralreich das Fundament, die Grundlage dar, und in uns selbst bildet das Knochensystem die Basis, das feste Gerüst, das den ganzen Körper stützt. Die Vegetation (Bäume, Blumen und alle Pflanzen) ist viel geschmeidiger als das Mineralreich, sie ist bereits lebendig, aber kann sich nicht fortbewegen; kaum dass die Pflanzen sich ein wenig bewegen. Im Menschen sind es die Muskeln, die der Vegetation entsprechen. Auch sie haben eine gewisse Geschmeidigkeit: Man kann sie dehnen oder zusammenziehen, aber sie sind an die Knochen fixiert, so wie die Pflanzen an die Erde. Wer bewegt sich fort und läuft? Das Tier. Die Tiere laufen in alle Richtungen und fressen sich gegenseitig auf. Den Tieren entspricht also der Blutkreislauf mit dem Blut, in dem es von allen Arten von Tierchen, Mikroben, Bakterien und Viren wimmelt, von Guten, welche die Bösen auffressen und von Bösen, welche die Guten fressen, von Wachposten, von einer ganzen Armee von Soldaten, Ärzten usw. Und schließlich das Menschenreich, das charakterisiert ist durch das Denken, die Intelligenz und das dem Nervensystem entspricht.

Aber der Mensch ist nicht die Spitze der Evolution. Nach der Welt der Menschen, gibt es die Welt der Übermenschen. Jenseits der rein menschlichen Intelligenz, die oft nur kombinieren, berechnen, überlisten kann, gibt es eine andere Intelligenz, die der Eingeweihten, der großen Meister, eine unpersönliche, uneigennützige Intelligenz: die Intuition, dank der sie die Dinge verstehen können, ohne auch nur nachzudenken oder Untersuchungen anzustellen, denn das ist eine Art spontaner Intelligenz. Wenn der Mensch fähig ist, bis zur Engelswelt oder sogar noch höher hinaufzusteigen, empfängt er immer feinstofflichere Fähigkeiten. Denn jeder Welt entsprechen höhere Fähigkeiten, bis hinauf zum Thron Gottes.

Ich habe euch schon erklärt, dass es zwischen den verschiedenen Naturreichen eine Verbindung gibt. Alles, was bei den Menschen vor sich geht, wirkt sich aus auf die Tiere, bei den Tieren wirkt es sich aus auf die Pflanzen und bei den Pflanzen wirkt es sich aus auf die Mineralien und umgekehrt. Wenn die Vegetation zerstört wird, hat das Auswirkungen auf das Leben der Menschen. Zunächst weil der Mensch die Pflanzen braucht und anschließend weil das Fehlen der Pflanzen den Tieren die Nahrungsgrundlage entzieht und weil dann zum Beispiel die Bauern ihr Vieh verlieren usw. Man könnte eine Menge Beispiele dieser Art aufzeigen, die beweisen, dass alle Naturreiche miteinander verbunden sind.

Das Gleiche gilt für den Organismus oder das Leben in einer Gemeinschaft: Alles ist miteinander verbunden. Dank dieser Verbindung kann die großartige Arbeit des Lebens vonstattengehen. Sobald die Verbindung unterbrochen ist, kommt alles zum Stillstand. Nehmen wir als Beispiel manche Gelähmte: Sie können weder sprechen noch sich bewegen, weil die Verbindung zwischen dem Gehirn und den Organen unterbrochen ist. Die Organe selbst sind aber gar nicht krank, und sobald man die Verbindung wiederherstellt, sieht man, dass sie perfekt funktionieren: Der Mensch spricht, führt Gesten aus, geht usw. Ich habe euch bereits folgende Geschichte von einer gelähmten Mutter erzählt: Eines Tages brach in ihrem Haus ein Feuer aus. Ihr kleiner Sohn schlief im Nachbarzimmer und als sie begriff, dass er verbrennen würde, lief sie los in ihrem Wunsch, ihn zu retten und trug ihn aus dem Haus hinaus! Ihr innerer Wunsch ihr Kind zu retten, war so stark, dass die Verbindung wiederhergestellt wurde und ihre Lähmung verschwand.

Die ganze Natur besteht nur aus Verbindungen. Organe, Muskeln, Gehirn, Ganglien, Nerven, Haare, Stromkreise, Sende- und Empfangsgeräte, Baumstämme, Äste, Blätter, all das ist nichts anderes als Drähte, Fasern, Verbindungen, die untereinander verknüpft sind. Die ganze Natur ist nichts anderes als ein Netzwerk von Verbindungen, Kanälen, Gefäßen, die miteinander verbunden, aufeinander ausgerichtet, verzweigt sind und in denen der gesamte Kreislauf stattfindet, vergleichbar mit dem Blutkreislauf durch die Arterien, Venen und Kapillaren.

Und Freundschaft, Liebe und Hass sind auch Verbindungen, die gewebt wurden, aber sie sind unsichtbare und viel feinstofflichere Verbindungen als Nerven oder Muskelfasern. Das Leben der Menschen besteht aus nichts anderem als aus ineinander verschlungenen Verbindungen, Fäden aller Farben, ein Tuch, das entrollt wird und das wer weiß wann oder wo oder womit gewebt wurde. Und seine

Zukunft ist auch ein Gewebe, das er selbst mit ganz feinstofflichen Fäden webt. Würde man sich mit dem Beruf des Webers eingehender befassen, würde man vieles verstehen.

Aber kommen wir zu der Frage zurück, die Sie mir gestellt haben. Das Paradies war ein Ort, wo alle Geschöpfe in Harmonie lebten. Die Raubtiere waren keine wilden Tiere, die sich gegenseitig oder die anderen Tiere auffressen. Und sogar Tiger, Löwe und Wolf waren harmlos. Doch der Mensch, so heißt es in der Bibel, beging die Ur-Sünde. Was ist das für eine Sünde? Man hat sie als Apfel dargestellt, in den Eva, die Frau, hineinbiss, aber das ist selbstverständlich ein Symbol.

Im Paradies lebten noch andere Geschöpfe als der Mensch und sie waren sehr verschieden von ihm. Diese Geschöpfe, die in der Bibel durch die Schlange dargestellt werden (die die Kabbala Samael nennt), wollten den Menschen von seinem Gehorsam Gott gegenüber befreien und ihn unabhängig machen.[1] Sie wollten ihn unterrichten, ihm zeigen, dass er in der Unabhängigkeit ein anderes Glück erfahren konnte, als das Glück, das er gerade kostete und lebte. Denn zu jener Zeit war der Mensch noch nicht unabhängig und die Schlange, die eine Intelligenz repräsentiert, die trennt und das Individuum in den Mittelpunkt stellt, wollte diese Fähigkeit im Menschen erwecken. In diesem Moment begann also die Individualisierung, die Trennung.

Die Schlange hat weder Arme noch Pfoten, sie bewegt sich kriechend auf der Erde fort. Doch Eva ist der Erde viel näher als Adam, deshalb wandte sich die Schlange zuerst an sie. Die Frau stellt das Herz dar, das heißt das Gefühl, den Wunsch, und Gefühl und Wunsch sind der Materie viel näher als der Verstand (der Mann). Der Beweis ist, dass die Frau viel besser die Geheimnisse der Materie kennt: Wenn der Mann ihr einen Samen gibt, arbeitet die Frau so gut mit der Materie, dass sie ein Kind formt. Der Mann jedoch ist dazu nicht fähig.

Die Frau ist der Materie sehr viel näher. Man sieht dies im täglichen Leben. Beobachtet sie, wenn sie Mahlzeiten zubereitet: Wie sie schälen, schneiden, braten, würzen, das Essen anrichten kann, und wie appetitanregend das aussieht! Ihr werdet einwenden, dass manche

Männer Köche sind. Ja, aber das sind Ausnahmen, das sind verkleidete Frauen. Ich spreche im Allgemeinen, und im Allgemeinen führt der Mann seit Anbeginn der Welt Kriege oder treibt Handel, schreibt Bücher, macht sich in den Nationalversammlungen wichtig, diskutiert, kümmert sich um Abstraktionen und Metaphysik, die Frau hingegen bleibt in ihren Aktivitäten näher an der Materie, an der Erde. Also, wie ich euch schon sagte, es gelang der Schlange, die nahe an der Unterwelt lebte, sich der Frau verständlich zu machen.

In unserem Vortragssaal seht ihr zwei Symbole: Ein Dreieck, dessen Spitze nach oben zeigt und ein weiteres, dessen Spitze nach unten zeigt. Ich habe euch bereits erklärt, dass das erste Dreieck die Frau, die Materie darstellt, und dass das andere Dreieck den Mann, den Geist darstellt. Ja, denn das weibliche Prinzip, die Materie ist immer zum Himmel, zum Geist gewandt. Sie wartet darauf, dass der Geist sie befruchtet, sie belebt. Sie möchte, dass er sich um sie kümmert wie um einen Teig, den der Bäcker bearbeiten muss, um Brot daraus zu machen, gleich einem Boden, den man bearbeiten muss. Das männliche Prinzip, der Geist hingegen ist nach unten gerichtet: Er steigt in die Materie hinab, um ihr alles zu bringen, was er besitzt. Eine Veranschaulichung dieses Symbols ist zum Beispiel die Position des Mannes und der Frau während der Zeugung eines Kindes. (Ich spreche hier natürlich von der normalen Position.) Die Frau blickt nach oben und der Mann blickt nach unten. Beide werden symbolisch von den beiden Dreiecken dargestellt.

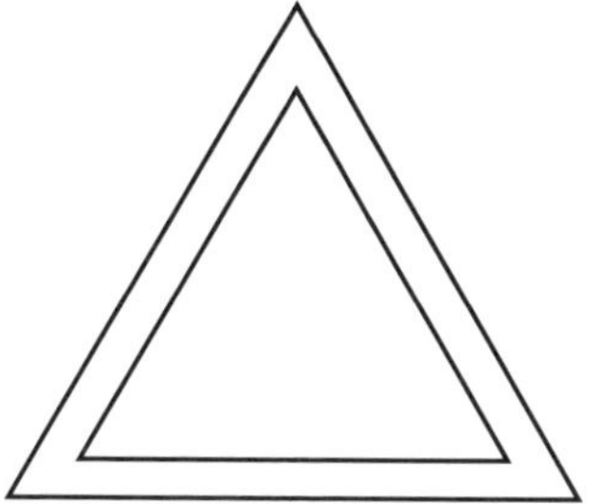

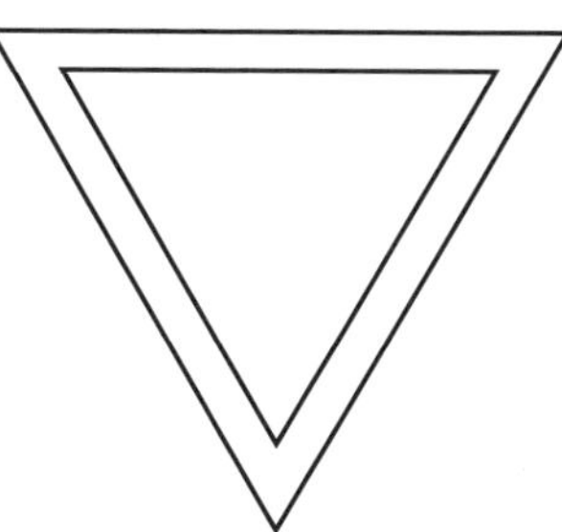

Ihr seht, in allen Bereichen des Lebens unterweist die Intelligenz der Natur den Menschen und offenbart ihm ihre Gedanken, ihre Geheimnisse. Aber anstatt sie zu entschlüsseln und zu verstehen, machen die Menschen alles unbewusst.

Das Dreieck der Frau, dessen Spitze nach oben gerichtet ist, besitzt unten nichts, um sie gegen die unterirdischen Geister zu verteidigen, die also in sie hineinschleichen und Schaden anrichten können. Besitzt die Frau jedoch auch das männliche Dreieck, das heißt, ist sie verheiratet oder gar Schülerin eines Meisters, eines Eingeweihten, wird sie zu einem Hexagramm (ein sechszackiger Stern) und ist geschützt. Die nach unten gerichtete Spitze macht den niederen Geistern Angst. Wenn zum Beispiel ein Weißmagier einen Ort von schlechten Fluida reinigen möchte, die sich dort verdichtet haben oder von teuflischen Wesen, die Hexenmeister dort schon beinahe materialisiert haben, kann er sie mit der Spitze eines Schwertes zerstören. Angesichts dieser Drohung flüchten diese Wesen, denn sie haben Angst vor dieser Spitze. Das ist die Rolle der Spitze des Hexagramms.

Wenn die Frau innerlich das männliche Prinzip besitzt, verjagt es die unterirdischen Geister und hindert sie daran, dass sie sich einschleichen. Deshalb wollen die Frauen immer heiraten: um geschützt zu sein. Sie wissen nicht, warum sie dieses instinktive Bedürfnis nach Schutz haben. Nun, ganz einfach deshalb, weil sie selbst ein Dreieck darstellen, das nicht geschützt ist. Mit einem Ehemann hingegen – selbst wenn er ein Schnösel oder ein Trinker ist – fühlen sie sich »geschützt«. Ihr werdet erwidern, dass die Gesellschaft dafür verantwortlich ist, dass Frauen den Wunsch haben zu heiraten. Ganz und gar nicht, dieses Verhalten ist instinktiv und rührt aus ferner Vergangenheit. Die Frau hat das Bedürfnis, jemanden zu finden, der sie beschützt, weil sie sich Angriffen, Kritik und bösen Absichten der anderen ausgeliefert fühlt. Wenn sie hingegen verheiratet ist, fühlt sie sich unverwundbar, weil der Ehemann bei der geringsten Kritik eine Maschinenpistole herausziehen wird, um alle umzubringen! Nein, es ist natürlich so, dass eine Frau, obwohl verheiratet, spirituell nicht geschützt ist. Symbolisch gesehen sollten sich sowohl die verheirateten als auch die unverheirateten Frauen mit dem männlichen Prinzip verbinden, das sie innerlich besitzen. Es wird sie besser schützen als ihr Ehemann, der oft nur ein Ersatz-Beschützer ist. Sie sollten in ihrem Inneren das männliche Prinzip anziehen, um selbst zum Symbol des Hexagramms zu werden.

Das Hexagramm gilt als Symbol der jüdischen Religion, aber ich glaube nicht, dass die Juden die Tiefe, die Wissenschaft und die Macht kennen, die es beinhaltet. Man hat es ihnen nicht erklärt. Natürlich kennen die Kabbalisten diese Erklärung, aber sie sind sehr zurückhaltend im Erklären von Symbolen. Ich erlebte das, als ich mich mit ihnen traf. Sie halten ihre Wissenschaft geheim, weil man ihnen Jahrhunderte lang beigebracht hat, dass man die Mysterien nicht an Laien weitergeben darf und sie geben sich damit zufrieden, nur unter sich darüber zu sprechen. Sie sollten sich jetzt entscheiden, alle diese Reichtümer der Menschheit zu offenbaren. Die ganze Welt strampelt sich vergeblich ab und nur eine kleine Minderheit verwahrt die Schlüssel. Nein, das muss sich jetzt ändern!

Das Hexagramm ist das Symbol für Vollkommenheit, für das vollkommene Wesen: den androgynen Menschen (vom Griechischen andros: Mann und gyne: Frau). Das darf man nicht verwechseln mit dem hermaphroditen Menschen, dem Zwitter, der physisch beide Geschlechter besitzt. Der Androgyn ist ein Eingeweihter, der die beiden Prinzipien spirituell besitzt: Das männliche Prinzip, das für Kraft, Macht, Mut, Edelmut, Größe, Tapferkeit, Gerechtigkeit steht und das weibliche Prinzip, das für Zärtlichkeit, Feinheit, Reinheit, Sanftmut, Charme, Poesie, Musik, Harmonie steht. Das ist das Idealbild von Mann und Frau.

Wenn eine Frau nur das weibliche Prinzip entwickelt hat, ist sie zwar eine wahre Frau, aber es fehlt ihr das männliche Prinzip. Deshalb bleibt sie abhängig, schwach, verwundbar und sie ist unglücklich, weil ihr das andere Prinzip fehlt. Selbst wenn sie alle Eigenschaften einer Frau besitzt, hat sie trotzdem das Bedürfnis, sich mit dem männlichen Prinzip zu vereinigen, das ihr die Fülle geben wird. Die Leere sehnt sich nach der Fülle. Und wenn die Frau, statt zwangsläufig das männliche Prinzip immer im Äußeren zu suchen (was die Probleme keinesfalls löst), es im Inneren besäße, würde sie ein vollständiges Wesen werden.

Aber das Problem stellt sich auch für die Männer, die ihrerseits lernen müssen, das weibliche Prinzip in sich selbst zu suchen. Die Männer besitzen Energien, die Quellen, Vulkanen gleichen, die überfließen und heftig ausbrechen, und sie haben das Bedürfnis, diese Energien einzusetzen. Aber damit diese Energien nicht vergeudet werden, versuchen sie sie irgendwo einzubringen, so wie man Samenkörner einbringt, damit sie Früchte tragen, und deshalb brauchen sie eine Frau. Also sind auch sie abhängig. Solange es ihnen nicht gelingt, die innere Frau zu finden, um unabhängig zu werden, müssen sie unablässig kapitulieren, indem sie oft sehr erniedrigende Verträge unterzeichnen. Die Eingeweihten hingegen, denen es gelungen ist, unabhängig zu werden, indem sie im Inneren die ideale Frau gefunden haben, kann niemand weder verführen noch kaufen noch unterwerfen, und sie werden zu Gottheiten.

Der Mann braucht eine Frau. Es heißt in der Genesis, dass Gott befand, der Mann solle nicht allein bleiben und dass Er deshalb beschloss, für ihn eine Gefährtin zu erschaffen: die Frau. Man hat jedoch nicht verstanden, dass diese Worte Gottes nicht allein die physische Ebene betrafen. Bei vielen Völkern, und vor allem bei den Juden, sind Ehe und Familie etwas Heiliges. Ja, aber sie haben dieses Gebot nur auf der physischen Ebene verstanden. Nirgendwo werdet ihr eine Familie finden wie die jüdische, und die Juden sind stark, sie sind unzerstörbar dank der Auffassung, die man ihnen bezüglich der Familie eingeschärft hat. Sie unterstützten sich gegenseitig und alle betrachten sich als eine einzige Familie. Sogar wenn sie sich untereinander streiten und schlagen, unterstützen sie sich anschließend, um der Sache willen. Sogar wenn sie sich kritisieren, bleiben sie vereint. Auf der ganzen Welt unterstützen sich die Juden gegenseitig, die Christen hingegen – sprechen wir lieber nicht darüber! Ja, es ist gut sich zu unterstützen, aber trotz allem verstehen die Juden diese Vorschriften bezüglich der Familie und der Ehe ein wenig zu sehr auf der physischen Ebene.

Die Kabbalisten wissen diese Gebote auf den drei Ebenen zu interpretieren, auf der physischen, der spirituellen und der göttlichen Ebene, aber sie sprechen nicht darüber und lassen die Dinge, wie sie sind. Zum Beispiel das Gebot »Seid fruchtbar und mehret euch«[2]; sie wissen, wie es zu verstehen ist, haben dies jedoch nur selten offenbart, weil die Juden immer in der Minderheit waren angesichts sehr zahlreicher Gegner. Es mussten also Männer und Frauen geboren werden, um das Volk zu beschützen. Als Gott zu den ersten Menschen sagte: »Seid fruchtbar und mehret euch« (1.Mo 1,28), meinte Er damit nicht nur die physische Ebene. Dieses Gebot bezog sich auf alle drei Welten. Nur, um alle in der Bibel enthaltenen Gebote in den drei Welten zu entziffern, muss man ein Eingeweihter sein. Leider bewahren, wie ich euch schon sagte, die Kabbalisten diese Geheimnisse für sich, und wenn sie wüssten, was ich euch alles offenbare, wären sie sehr erstaunt und würden sich fragen, wie ich es nur wagen kann, solche Dinge zu offenbaren.

Als ich im Juni in Israel war, wollte ich vor der Heimreise einen sehr alten Kabbalisten besuchen. Das war übrigens der Einzige, der mich beeindruckte. Er hatte ein sehr würdiges, tiefgründiges Gesicht mit einem großen weißen Bart, ein biblisches Gesicht, das Gesicht eines Propheten. Er gefiel mir sehr und wir verstanden uns beide gut. Da er ein sehr intuitiver Mensch war und sehr umfangreiche Kenntnisse besaß, unterhielten wir uns sehr lange. Ganz zum Schluss, als hätte er gesehen und gefühlt, wer ich war, segnete er mich und sprach dabei einen außergewöhnlichen Satz, einen Satz, den ich euch nicht genau übersetzen kann, aber er lautete ungefähr so: »Möge die ganze Welt Ihnen folgen! Möge die ganze Welt den Weg mit Ihnen gehen können…!« Und sein Gesicht leuchtete auf. Diese Worte, die er aussprach, erfreuten mich sehr. Er sprach sie aus, als hätte er etwas gesehen, als hätte er eine großartige Zukunft gespürt und gesehen. Das war nicht nur ein Wunsch, sondern eine Prophezeiung. Und jetzt denke ich oft an ihn und würde mir wünschen, dass er noch sehr lange lebt.

Aber kehren wir zur Genesis zurück. Die Schlange wusste, dass die Frau schlecht geschützt und verwundbar war, weil sie nicht das männliche Prinzip in sich besaß, also versuchte sie, zuerst Eva zu überzeugen, und sie hatte Erfolg. Es gelang ihr, sie dazu zu überreden, sich gegen den Schöpfer zu stellen. Die Ur-Sünde war also der Ungehorsam. Diese Aufsässigkeit ist eine Art von Hochmut. Aber von Adam und Evas Seite war es nicht Hochmut, denn sie verfügten noch nicht über ein Bewusstsein. Wenn der Mensch sich seiner Kräfte, seiner Intelligenz, seiner Überlegenheit bewusst ist und aufgrund dessen glaubt, sich gegen den Schöpfer stellen zu können, dann ja, dann ist er hochmütig. Und Luzifer, der Erzengel des Lichtes, wurde gerade wegen seines Hochmutes gestürzt, denn er wollte sich tatsächlich von Gott trennen.

Die Engel sind Geschöpfe, die nicht denken, nicht überlegen, nie nachdenken, bevor sie handeln: Sie gehorchen augenblicklich den Anordnungen des Herrn. Viele stellen sich vor, die Engel seien Wesen, die denken, die vernünftig sind, intelligent. Ja, natürlich sind sie intelligent, aber die Natur ihrer Intelligenz besteht nicht darin nachzudenken und zu überlegen, sondern die Anordnungen, die sie empfangen, augenblicklich auszuführen.

Am Anfang als der erste Mann und die erste Frau im Paradies lebten, glichen sie Engeln. Sie gehorchten dem Herrn, sie waren verschmolzen mit dem Ganzen, sie waren Teil des Himmels, sie schwammen im Licht, sie kannten weder Leid noch Krankheit noch Tod. Als die Schlange von unten kam, um sie zu verführen, griff sie nicht den Mann an, weil sie wusste, dass er geschützt war, also legte sie ihre Argumente der Frau dar: »Also, hat Gott euch gesagt, dass ihr sterben werdet, wenn ihr von diesem Baum kostet...? Das ist nicht wahr, ihr sterbt nicht. Wenn ihr von der Frucht dieses Baumes esst, werdet ihr genauso mächtig wie Er und genau das will Er nicht. Er möchte alles für sich behalten. Ihr habt also nichts, ihr kennt nicht viel, euch sind Grenzen gesetzt. Wenn ihr jedoch diese Frucht esst…«, usw. usw. Und es gelang ihr, Eva zu überzeugen. Nun war aber genau diese Frucht, dieser Apfel die Unabhängigkeit, der Verstand, der den Menschen glauben macht, er genüge sich selbst und er könne leben, ohne Gott zu brauchen.

Eva kostete von der Frucht und gab Adam davon. Das ist auch ein Beispiel für die Art und Weise wie bei den Menschen das Gefühl den Verstand beeinflusst. Sobald ihr ein Gefühl habt, einen Wunsch, eine Vorliebe, folgt der Gedanke bereits dem Gefühl oder dem Wunsch. Wenn ihr jemanden davon überzeugen wollt, dies oder jenes zu tun, so berührt sein Herz. Bringt keine intellektuellen Argumente vor, denn ihr werdet keinen Erfolg haben, sondern berührt sein Herz, seine Sensibilität, dann folgt der Verstand aufgrund des Herzens. Diesen Vorgang beobachtet man überall, sowohl im Guten als auch im Bösen. Ah! Habt ihr geglaubt, es sei nur im Paradies einer Schlange gelungen, Eva zu überzeugen und anschließend Adam mithilfe von Eva…?[3]

Adam und Eva aßen also von der Frucht des Baumes der Erkenntnis des Guten und des Bösen. Denn es heißt, dass es im Paradies zwei Bäume gab: den Baum des Lebens (den Sephirotbaum) und den Baum der Erkenntnis des Guten und des Bösen. Diese beiden Bäume gibt es, sie sind in uns. Und als der Mensch vom Baum der Erkenntnis des Guten und des Bösen aß, lernte er, unabhängig zu werden, sich nicht mehr dem anderen Baum zu unterwerfen, der Gehorsam, Liebe, Vollkommenheit und Fülle bedeutete.

Nachdem der Mann und die Frau von der Frucht des Baumes gegessen hatten, nahmen sie wahr, dass sie nackt waren. Warum erst in diesem Moment? Vorher waren sie auch nackt, aber sie sahen es nicht. Die ersten Menschen hatten keinen Körper wie den unseren, der aus Fleisch und Knochen besteht. Sie bestanden aus ätherischer, durchscheinender, lichter Materie, sie waren nackt, aber ihre Nacktheit war Licht und deshalb schämten sie sich ihrer nicht. Aber sobald sie diese Frucht aßen, die die Eigenschaft hatte, die Materie zu verdichten, sahen sie sich aus Fleisch und Blut und nackt, deshalb schämten sie sich und bedeckten sich mit Blättern. Nun aber ging der Herr, so heißt es in der Genesis, bei Tagesanbruch im Garten spazieren… Vielleicht brauchte Er frische Luft… Ihr seht, wie man sich die Dinge erzählt! Und Gott rief: »Wo bist du?« – »Ich bin hier, Herr«, antwortete Adam. – »Was machst du dort? Komm zu mir…« – »Ich traue mich nicht, weil ich nackt bin.« – »Und wie hast du gemerkt, dass du nackt bist?« – »Ach! Ich habe leider von der verbotenen Frucht gegessen!« Und um sich zu rechtfertigen (ihr wisst, dass Adam nicht sehr ritterlich war!), wollte er den Fehler auf Eva abwälzen und sagte: »Das Weib, das du mir zugesellt hast, gab mir von dem Baum, und ich aß« (1. Mo 3,9-12).

Das also war die Ur-Sünde: Der Ungehorsam den Anordnungen des Herrn gegenüber, der Wunsch nach Unabhängigkeit. Ich sagte euch schon, vonseiten der ersten Menschen geschah das noch nicht wirklich bewusst, es war also noch kein Hochmut, denn Hochmut setzt Bewusstsein voraus, dass man sich der Unabhängigkeit bewusst ist. Aus Hochmut lehnte sich der erste der Engel, der Lichtträger, Luzifer, gegen den Herrn auf: Er wollte sich von Ihm trennen, genauso stark und genauso mächtig sein wie Er. Und da er mit vielen anderen Geschöpfen verbunden war, riss er eine große Anzahl von ihnen mit in seinen Absturz. Eine Überlieferung erzählt, dass da ein Erzengel war, der sich entrüstet erhob und rief: »Mi Ka El?« Das heißt auf Hebräisch: »Wer ist wie Gott…?« Ja, und seitdem trägt dieser Erzengel, der an der Spitze des himmlischen Heeres steht, den Namen Michael, um zu zeigen, dass kein Wesen Gott gleich ist.

Manche dieser gefallenen Engel verwandelten sich in Dämonen. Gott verbannte sie unter die Erde an einen Ort, den man Hölle nennt, von wo aus sie begannen, die Menschen zu verführen. Und einmal verführt, konnten sie nicht im Paradies bleiben, weil sie nicht mehr im Einklang mit dem göttlichen Licht schwangen, sie trübten die Atmosphäre und es gab keinen Platz mehr für sie da oben.

»Und die Tiere?«, werdet ihr fragen. Nun, die Tiere, die mit ihnen im Paradies waren, folgten ihnen in ihrem Fall, aber dann teilten auch sie sich auf: Die einen wollten den Menschen aus Liebe zu ihm nicht verlassen, während die anderen so aufgebracht gegen ihn waren, dass sie zu seinen Feinden wurden. Bis heute können sie ihm nicht verzeihen. Überall, wo sie ihn treffen, wollen sie ihm Böses antun, um ihn an seinen Fehler zu erinnern. Die ersteren hingegen, die, nützlich oder auch nicht, für den Menschen ungefährlich blieben, akzeptierten die Situation. Dies offenbart uns die esoterische Überlieferung.

Am Anfang existierte also noch keine Teilung zwischen den Tieren, alle verstanden sich und lebten in vollkommener Harmonie mit dem Menschen. Und in der Zukunft wird diese Harmonie wieder hergestellt werden, alles wird von Neuem zu seiner Ordnung zurückkehren: Die Menschen werden sich verstehen, sich die Hand reichen, als Geschwister miteinander leben, und sie werden auch Frieden mit den Tieren schließen. Das ist der Sinn der Prophezeiung von Jesaja. »Da werden die Wölfe bei den Lämmern wohnen und die Panther bei den Böcken lagern. Ein kleiner Knabe wird Kälber und junge Löwen und Mastvieh miteinander treiben…« (Jes 11,6) Diese Prophezeiung ist wunderbar! Wenn das Reich Gottes wiederhergestellt sein wird, wird man weder diese Feindschaft unter den Menschen noch zwischen den Tieren und den Menschen erleben.

Jetzt möchte ich euch begreiflich machen, dass diese ganze Geschichte von Freundschaft oder Feindschaft zwischen Tier und Mensch sich auch in uns wiederholt. Wenn wir einen Fehler begehen, verlassen uns manche Tiere, das heißt manche Wesenheiten, manche Kräfte, die mit uns, in uns, in unserem Blut, in unseren Muskeln, in unserem Nervensystem anwesend waren und die uns dienten, uns halfen und sie werden zu unseren Feinden, sie wollen uns nicht folgen. Andere hingegen bleiben bei uns. Jedes Verbrechen, jede Übertretung eines Gesetzes treibt Zellen in die Unordnung und in den Sündenfall, weil sie mit uns verbunden sind. Oh ja, meine lieben Brüder und Schwestern, diese Angelegenheit ist sehr weitreichend! Vergesst niemals, dass ihr eine Verantwortung gegenüber euren Brüdern, den Tieren habt: Denjenigen gegenüber, die außerhalb von euch leben und denjenigen gegenüber, die in euch leben. Ihr habt die Verantwortung, sie in Richtung dieses ursprünglichen Einvernehmens, dieser Harmonie, dieser Brüderlichkeit zu führen.

Der Friede soll überall regieren, aber dafür muss ihn der Mensch zuerst in sich regieren lassen.[4] Leider sind die meisten Menschen, weil unbewusst, ständig dabei, Kriege zu entfachen: Ihr Magen gehorcht ihnen nicht und auch nicht ihre Lunge, ihre Leber, ihre Eingeweide, ihre Beine, nichts mehr. Und es schleichen sich sogar Feinde ein, damit sie leiden. Auf diese Art wollen sie ihnen sagen: »Du bist nicht auf dem richtigen Weg, du musst deine Einstellung ändern.« Wollt ihr einen Beweis dafür? Seht euch nur an, was mit den Menschen geschieht, die rauchen. Sie misshandeln die Zellen ihrer Lunge. Ihr werdet sagen: »Aber nein, nein, die sagen doch nichts!« Natürlich sagen sie nichts, die Armen! Sie haben keine Kehle um zu schreien, aber wenn euch ein Raucher den Rauch seiner Zigarette in die Augen bläst, was geschieht dann? Sofort brennen und tränen eure Augen und ihr beschwert euch. Nun, wenn die Augen so sensibel auf den Rauch reagieren, um wie viel sensibler tun es die Zellen der Lunge! Der Mensch isst, trinkt und atmet alles Mögliche ein. Seine Zellen schreien und leiden und er macht weiter, er achtet nicht darauf, aber eines schönen Tages rächen sich diese Zellen, die Feindseligkeiten brechen aus und er wird krank. Wann werden die Menschen das begreifen?

Durch sein ungeordnetes Leben macht sich der Mensch viele Feinde, die nur auf eine Gelegenheit warten, ihm zu schaden. Wenn er jedoch endlich vernünftig wird, so lebt, wie es sein sollte, die Gesetze respektiert, dann freunden sich die inneren Tiere immer mehr mit ihm an, und anstatt dass sie ihn angreifen, liebkosen sie ihn und helfen ihm. Man sieht manchmal Tiere, die Menschen retten oder sogar Raubtiere, die verirrte Kinder aufnehmen und nähren. Nun, innerlich können sogar die Raubtiere dienstbar werden, sobald sie fühlen, dass der Mensch vernünftig, lichtvoll und ein Diener Gottes wird. Und wenn man keine Feinde mehr hat, leidet man nicht mehr. Lunge, Magen, Leber und Gehirn verrichten ihre Arbeit in größter Harmonie.

Eure Freunde und eure Feinde sind also in euch. Ihr selbst habt euch also Feinde geschaffen, aber ihr könnt sie auch wieder zu euren Freunden machen. Durch ein intelligentes, vernünftiges, sinnvolles, reines und harmonisches Leben könnt ihr erreichen, alles in euch in Einklang zu bringen, alles zu zähmen, alles in Richtung Ordnung und Harmonie zu lenken. Auf diese Weise werdet ihr eine Menge Freunde im Inneren haben, die euch unterstützen, euch helfen und an euren Arbeiten mitwirken werden.[5]

Dies ist wahre Wissenschaft. Ihr werdet sagen, dass das keine exakte, präzise, mathematische Wissenschaft sei, so wie die Chemie, die Physik, die Mechanik. Aber ja, aber ja, für die Eingeweihten ist sie sogar noch präziser als alle anderen. Es ist bisher noch nicht gelungen, Apparate zu erfinden, mit Hilfe derer das Innenleben des Menschen erforscht werden kann, also meint man, diese Wissenschaft sei nicht präzise. Aber wenn man diese Apparate einmal erfindet, wird man entdecken, dass es nichts Präziseres gibt als die Wissenschaft des Innenlebens, die Wissenschaft der Gedanken und der Gefühle.

Le Bonfin, 31. Juli 1969

X

WIE DIE BEIDEN PRINZIPIEN IM MUND ENTHALTEN SIND

Lesung des Tagesgedankens von Meister Peter Deunov:

»Bis der Mensch die Vollkommenheit erreicht, wird er unvermeidlich sündigen. Fehler an sich wiegen nicht so schwer, wesentlich schwerwiegender ist es, sie nicht zu korrigieren. Bei der Korrektur lernt man, gewinnt man Erkenntnisse und Erfahrung. Einer der Gründe, warum die Menschen Fehler begehen, ist die mangelnde Wärme in ihren Gefühlen. Genau dieser Mangel spaltet sie in Gut und Böse. Um gut zu sein, muss der Mensch eine bestimmte Menge an Wärme in sich tragen. Wem verdanken wir diese Wärme? Den Gefühlen. Wer die nötige Wärme nicht hat, ist nicht gut. So wie die Stärke eines reichen Menschen von der Menge an Gold in seiner Börse abhängt, so wird die Güte eines Menschen durch die Menge der Wärme bestimmt, die seine Gefühle erzeugen. Wer die Wärme seines Herzens nützen kann, um seine Gefühle zu veredeln, gilt als Mensch mit Herz. Mit anderen Worten, je mehr Kalorien eure Herzenswärme abgibt, die ihr nutzen könnt, desto größer ist der Segen, der euch zuteil wird. Also, ihr müsst die Gesetze der Wärme anwenden, wenn ihr bei guter Gesundheit bleiben und gute Gefühle haben wollt. Kennt ihr diese Gesetze nicht und wendet ihr sie nicht an, verstümmelt ihr euch selbst. Welche Predigt der Mensch auch hört, welche Moral man ihm auch predigt, wenn ihm diese Erkenntnis fehlt, hat er nur einen Klangkörper gleich dem Becken eines Schlagzeugs. Christus sagte: ›Ich bin das Licht der Welt‹ (Joh 8,12). Nur wer seine Wärme in Licht zu verwandeln vermag, kann wie Christus sagen: ›Ich bin das Licht der Welt‹.«

Wie verwandelt man Wärme in Licht? Das ist sehr einfach, das ist sogar äußerst einfach. Ihr habt in Büchern gelesen, dass die Naturvölker zum Feuer machen zwei Holzstücke nahmen und sie aneinander rieben, bis ein gewisses Maß an Wärme erreicht war; sie machten immer weiter, bis es ihnen gelang, eine Flamme zu entzünden, das heißt das Licht. Könnt ihr es nicht auch so machen? Ihr werdet sagen: »Aber wir haben Streichhölzer, wir haben Strom, wir haben Lampen, diese alten Geschichten sind vorbei!« – »Was, das ist vorbei? Nein, das ist niemals vorbei! Ihr müsst Wärme und Licht selbst erzeugen.« – »Ja, aber wir haben Streichhölzer.« – »Lasst eure Streichhölzer und den Strom in Frieden, man möchte von euch, dass ihr die Wärme und das Licht in euch selbst erzeugt!«

Ihr werdet fragen: »Aber wie können wir Wärme und Licht erzeugen?« Wenn einem kalt ist, was macht man dann, um sich zu wärmen? Man bewegt sich, man springt, man tanzt, macht Bewegungen. Jeder hat das schon beobachtet, aber trotz dieser Beobachtung hat man völlig übersehen, dass alles mit einer Bewegung beginnt. Man braucht zuallererst eine Bewegung. Man setzt zumindest die Muskeln in Bewegung oder, wenn man isst, den Magen. Und diese Bewegung erzeugt also Wärme und dann Licht im Gehirn: Man beginnt nachzudenken. Der Ausgangspunkt ist Bewegung, also der Wille. Man sollte sich angewöhnen, Übungen und Bewegungen zu machen, damit sich schließlich die Wärme des Herzens entwickelt. Wenn die Wärme des Herzens verstärkt wird, verwandelt sich ein Teil davon in Licht und Verständnis entsteht. Ihr werdet sagen: »Aber ich möchte nichts tun, ich liebe nichts, ich mag nicht meditieren, ich liebe Gott nicht, ich liebe niemanden.« – »Das spielt keine Rolle, kniet euch hin oder nehmt eine Stellung ein, als ob ihr meditieren würdet, als ob ihr beten würdet.« – »Aber ich habe keine Lust dazu, ich schlafe ein!« – »Das macht nichts, macht weiter und eines schönen Tages werdet ihr sagen: ›Oh, ich spüre, dass sich etwas in mir regt.‹ Das ist euer Herz. Ihr beginnt zu fühlen, zu lieben und eines Tages werdet ihr schließlich verstehen.« Diese Dinge lehrt man euch hier. Man muss einfach etwas tun, das ist alles. Anschließend werden die Empfindungen, die Gefühle kommen, das Herz wird erwachen, die Wärme nimmt zu und ein Teil dieser Wärme wird sich automatisch in Licht verwandeln.

Als ich sechzehn oder siebzehn Jahre alt war, kannte ich diese Dinge nicht, ich hatte keine Zeit zu studieren und zu verstehen, ich hatte nur eine Wärme in mir, die mich verbrannte, ein Feuer, das in mir entbrannt war, das ist alles. So spielten sich von meinem sechzehnten bis zu meinem zwanzigsten Lebensjahr eine Reihe von Ereignissen ab, die in meinem Kopf nicht wirklich klar waren. Eines Tages – ich war gerade zwanzig Jahre alt – sagte der Meister in Ternovo zu mir: »Ein Teil deines Feuers ist zu Licht geworden.« Damals begriff ich nichts. Ich brauchte noch Jahre, bis ich verstand, was er sagen wollte. Ich selbst wusste nicht, wie diese Wärme sich in Licht verwandelt hatte; es geschah nicht durch meinen eigenen Willen, es geschah mechanisch, automatisch, unbewusst. Heute erkläre ich es euch, und ihr seht, hier in diesem Tagesgedanken, auf dieser Seite, wird es klar. Wenn man also unbewusst einen Teil seiner Liebe, seiner Wärme, seines Feuers in Licht verwandeln kann, um wie viel mehr kann es einem gelingen, wenn man es bewusst macht, in dem Wissen, dass auf die gleiche Weise, wie man das Feuer auf der physischen Ebene entzündet, man es auch auf der spirituellen Ebene entfachen kann.

Und welchen Rat kann ich euch jetzt geben? Den einfachsten Rat: Bleibt niemals untätig.[1] Wenn ihr keinen Antrieb, keinen Elan mehr für was auch immer spürt, entschließt euch trotzdem, irgendetwas zu tun. Lest ein Buch, fangt an zu beten oder geht irgendwohin, um jemandem zu helfen, dann seid ihr nicht mehr untätig. Auch wenn man aufsteht, um beim Sonnenaufgang auf dem Felsen dabei zu sein, bedeutet das schon, dass man etwas tut. Ihr seht, man sollte mit dem Anfang beginnen und der Anfang, das ist die Bewegung, die Aktivität. Deshalb stellt die esoterische Philosophie die Bewegung an den Beginn von allem, aber es ist die Bewegung, die von oben kommt.

Unter Bewegung kann man Verschiedenes verstehen. Wenn ihr sagt: »Im Anfang war die Intelligenz«, ist auch das richtig. »Im Anfang war das Wort« oder »Im Anfang war die Liebe«, ist auch richtig. Es hängt davon ab, unter welchem Aspekt ihr die Dinge betrachtet, weil das Denken eine Bewegung ist, weil die Liebe eine Bewegung und weil der Wille, die Handlung eine Bewegung ist. Wenn man sich in

Bewegung setzt, sich entschließt, etwas zu tun, ist das eine Bewegung. Und Bewegung ist der Schlüssel, der alles erklärt. Philosophen wie zum Beispiel Schopenhauer oder auch Goethe in seinem »Faust« oder der Apostel Johannes am Beginn seines Evangeliums haben sich damit beschäftigt, zu erforschen, was am Anfang von allem steht. Manche haben sich mit dem Willen beschäftigt (Schopenhauer: »Die Welt als Wille und Vorstellung«), andere mit der Liebe, indem sie sagten, dass die Liebe der Ursprung aller Dinge ist und dass sie die Welt erschaffen hat. Ob sie nun jedoch den Willen, die Liebe oder aber die Intelligenz, den Logos, das Licht oder den Gedanken, an den Anfang setzen, im Grunde haben sie alle recht, jeder drückt einen Aspekt der Wirklichkeit aus. Einer dieser Aspekte, der, welcher uns am ehesten zugänglich ist, ist die Bewegung. Nur darf man Bewegung nicht rein auf der physischen Ebene verstehen. Nehmen wir die Dreiheit Vater, Mutter und Kind: Wenn der Vater die Intelligenz ist und die Mutter die Liebe, was ist dann das Kind? Das ist die Bewegung. Und es ist stimmt, dass das Kind nichts anderes macht als sich zu bewegen, es hat weder Intelligenz noch Liebe, aber es bewegt sich, es gestikuliert die ganze Zeit. Es stellt also die Bewegung dar. Aber man kann das Dreieck auch umdrehen und die Bewegung oben an die Quelle setzen und die beiden anderen Prinzipien, Intelligenz und Liebe, nach unten als Folgeerscheinung. Also sind alle diese Formeln wie »Im Anfang war die Bewegung«, »Im Anfang war die Liebe«, »Im Anfang war die Intelligenz« und »Im Anfang war das Wort«, alle richtig.

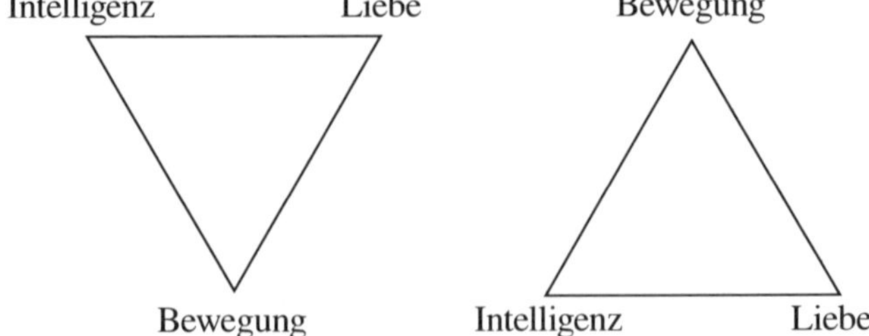

»Im Anfang war das Wort« (Joh 1,1),[2] sagt Johannes. Und das ist wahr. Es ist das Wort, das alles in Bewegung setzt. Warum müsst ihr sprechen? Weil es Wesen gibt, die euch zuhören und die bereit sind, sich in Bewegung zu setzen, um eure Anordnungen oder eure Pläne auszuführen. Das Wort, das Gott am Anfang sprach, richtete sich an bestimmte Geschöpfe, durch die Er einen Plan ausführen und verwirklichen lassen wollte. Aber bevor er Anordnungen gab, hatte Er einen Plan im Kopf und gleichzeitig hatte Er den Wunsch und die Liebe zu erschaffen. So existierten vor dem WORT zwei andere Prinzipien in Gott: Seine Intelligenz und Seine Liebe, und das WORT ist das Ergebnis, das Kind dieser Intelligenz und dieser Liebe.

Um jetzt aufzuzeigen, dass es vor dem Kind (dem Wort) Vater und Mutter gibt, sehen wir uns einmal an, wie der Mensch das Wort erzeugt. Geschieht dies durch seine Arme, seine Beine, seine Ohren, seine Nase oder seinen Bauch? Nein, durch seinen Mund. Aber woraus besteht denn dieser Mund? Aus der Zunge und den beiden Lippen. Und erst wenn die Zunge und die beiden Lippen sich in Bewegung setzen, bringen sie das Wort hervor. Die Zunge ist das männliche Prinzip und die beiden Lippen sind das weibliche Prinzip. Auf diese Weise erzeugen das männliche und das weibliche Prinzip das Kind, das heißt das Wort. Ihr seht die großartige Wissenschaft, die diese Seite des großen Buches der lebendigen Natur beinhaltet!

Hätten die Philosophen über den Mechanismus des Wortes, über die Elemente, die ins Spiel kommen, damit der Mensch Töne hervorbringen kann, nachgedacht, hätten sie mit Hilfe von Analogie entdecken können, dass Gott zunächst in Sich die beiden Prinzipien enthielt, durch die Er Seinen Sohn, das WORT erschuf, und dass dieser Sohn alle Geschöpfe in Bewegung setzte. Denn das Wort ist nicht ohne Sinn, das Wort ist nicht ohne Vernunft, es ist an jemanden im Hinblick auf etwas gerichtet. Auf diese Weise wird alles in sich schlüssig, und dies ist die wahre Wissenschaft: Eine Wissenschaft, wo alles logisch miteinander verknüpft ist.

Wenn Johannes sagt: »Im Anfang war das WORT«, kannte er die Tiefgründigkeit dieser Worte, aber denjenigen, die nach ihm kamen, ist deren Sinn verloren gegangen. Das WORT stellt die Bewegung, das Kind dar. Und seht einmal, wenn das Kind sich bewegt, bringt es jeden in Bewegung: Vater, Mutter, Tante, Onkel. Es macht nichts anderes als Bewegungen, aber alle stehen bereit, um es zu betrachten, es zu streicheln, es hochzuheben. Es bringt die ganze Familie und sogar die Nachbarn und Freunde in Bewegung. Wie kommt das? Es ist nicht intelligent, es ist nicht gelehrt, es ist nicht mächtig, aber es hat die ganze Welt in Bewegung gesetzt, und sogar die Zeitungen sprechen von ihm und zeigen sein Foto. Ihr seht, ihr seid schlechte Beobachter.

Jetzt komme ich zum Kern dessen, was ich euch verständlich machen möchte. Genau so wie Gott die Welt durch das WORT erschaffen hat, so schaffen die Menschen auf der physischen Ebene, unten, das Leben. Im Mund sind die beiden Prinzipien zusammen, immer zusammen. Um sprechen zu können, müssen die beiden Lippen und die Zunge zusammen sein, um Töne hervorzubringen. Versucht zu sprechen, ohne die Zunge und die beiden Lippen in Bewegung zu setzen, es wird euch nicht gelingen. In Gott sind die beiden Prinzipien zusammen, vereint. Sie sind nie voneinander getrennt, deshalb erschafft Gott ohne Unterlass. Bei den Menschen hingegen sind die beiden Prinzipien getrennt: Die Männer besitzen nur das männliche Prinzip und die Frauen nur das weibliche Prinzip. Da aber beide vereint sein müssen, um Leben zu erschaffen, ergibt sich eine Fülle an Schwierigkeiten und Komplikationen! Alle Geschöpfe, die nicht die beiden Prinzipien, Männlich und Weiblich, besitzen, sind nicht wirklich Abbilder Gottes, sie besitzen nicht die Fülle. Natürlich geht es mir nicht darum, die beiden Prinzipien auf der physischen Ebene zu vereinen, sondern auf der spirituellen Ebene: das Prinzip der Liebe und das Prinzip der Weisheit miteinander vereint. Nur die Wesen, die diese Einheit der beiden Prinzipien, das Prinzip der Liebe und das Prinzip der Weisheit, in sich verwirklicht haben, leben in der

Wahrheit und verfügen über Kraft. Und welche Wesen sind das? Das sind die wahren Meister, die wahren Eingeweihten, die die Heilige Dreifaltigkeit der Liebe, der Weisheit und der Wahrheit[3] verstanden haben. Diese Wesen manifestieren sich wirklich als Repräsentanten Gottes, als Mittler Gottes und leben in der Fülle. Dies sind die Vorbilder, denen man folgen sollte.

Es heißt: »Im Anfang war das WORT und das WORT war bei Gott und Gott war das WORT … Alle Dinge sind durch dasselbe gemacht, und ohne dasselbe ist nichts gemacht, was gemacht ist. In ihm war das Leben und das Leben war das Licht der Menschen. Und das Licht scheint in der Finsternis und die Finsternis hat es nicht ergriffen«, das heißt, dass die Finsternis nicht verstanden hat, was das WORT ist. Und ihr seht, dieser Text ist klar: Ohne die Macht des WORTES, kann nichts verwirklicht werden. Gott war also nicht Selbst die Macht, da Er das WORT brauchte, um zu erschaffen. Er hatte die Intelligenz und Er hatte die Liebe, aber Er brauchte das WORT, und es ist das WORT, das die ganze Materie in Bewegung setzte.

Der Ton ist übrigens, wie ihr wisst, mit der Materie verwandt. Ton, Wort, Musik haben die Eigenschaft, auf die Materie einzuwirken, um sie zu gestalten, zu modellieren, ihr Formen zu geben, und deshalb ist eben das Wort schöpferisch. Aber bei wem? Bei den Menschen, deren Worte bedeutungsvoll, voller Liebe sind: die Magier. Die Magier sind Eingeweihte, Schöpfer, die in erster Linie ein umfassendes Wissen besitzen und dazu viel Liebe und Wärme, um diesem Wissen Leben einzuhauchen. Wenn sie sprechen, sind ihre Worte erfüllt von dem Licht und der Wärme, die von ihnen ausströmt, deshalb sind sie mächtig genug, um sich in der Materie zu verwirklichen.

Das Wort kann nur verwirklichen und kann nur auf die Materie gestaltend einwirken, wenn es von Liebe und Intelligenz erfüllt ist. Nichtssagende Worte, Worte ohne Sinn, leere Worte können nichts bewirken. Ihr seht, das zwingt uns zu verstehen und zu prüfen, damit unsere Worte auf der ganzen Welt, in der ganzen Schöpfung, in der sichtbaren und unsichtbaren Welt Wirkung zeigen; damit sie die

Menschen, die Engel, die Erzengel, die Geister und die Elemente in Bewegung setzen. Dieses Wort muss also Intelligenz und Licht enthalten, aber auch Wärme, viel Liebe, Liebe in Fülle. Dann werden die Worte mächtig. Habe ich euch das nun verständlich erklärt?

Wenn ihr also mit euren Freunden, eurem Mann, eurer Frau, euren Kindern sprecht und nichts dabei herauskommt, so beweist das deshalb ganz einfach, dass eure Worte noch nicht ausreichend lichtvoll und warmherzig sind. Also muss man die beiden Holzstücke weiter aneinander reiben. »Und warum«, so werdet ihr fragen, »braucht man immer zwei Holzstücke? Reicht denn ein einziges nicht?« Nein, ihr habt nicht verstanden. Man braucht zwei Holzstücke: eines ist männlich und eines ist weiblich, und gemeinsam erzeugen sie Wärme. Die Wärme ist ihr Kind. Wenn die Wärme zunimmt, wird sie zu Licht, aber sie bleibt immer das Kind. Man kann also Bewegung, Wärme und Licht abwechselnd einmal als Kind, einmal als Vater und einmal als Mutter betrachten. Das hängt davon ab, von welchem Gesichtspunkt aus man die Dinge betrachtet. Deshalb sagte ich euch, dass die Sonne der Erde gegenüber männlich ist, gegenüber der anderen, der unsichtbaren Sonne jedoch, der schwarzen Sonne, die auf sie einwirkt, ist sie weiblich.

Ich frage mich, wie ihr mich verstehen werdet und was ihr verstehen werdet; wie auch immer, merkt euch dieses eine: Durch Bewegung könnt ihr in euch Wärme erzeugen, und indem ihr Wärme steigert, erhaltet ihr schließlich das Licht. Die Wärme ist noch nicht das Licht. Viele Dinge sind warm, aber sie erhellen nicht. Die Wärme muss eine gewisse Intensität überschreiten, um zur Flamme zu werden. Licht und Wärme sind im Grunde Manifestationen der gleichen Kraft. Wie die Physik uns lehrt, gibt es in Wirklichkeit nur eine einzige Kraft, die der Ursprung aller Erscheinungsformen ist. Man kann also sagen: »Im Anfang war die Kraft und sie hat alles andere hervorgebracht ...« Das wäre wahr. Es ist nicht von Bedeutung, ob ihr sagt: »Im Anfang war das WORT« ... »Im Anfang war die Bewegung« ... »Im Anfang war die Intelligenz, der Logos« ... Es ist in jedem Fall richtig.

Und da ich gerade das Wort Logos (das WORT) aussprach, füge ich noch hinzu, dass der Einweihungswissenschaft zufolge der Logos nichts anderes ist als der Sonnengeist, Christus, und Christus ist der Kabbala zufolge Chokmah, die zweite Sephira, die Sephira, die aus dem Vater, Kether, hervorgegangen ist. Chokmah, die erste Herrlichkeit, sie ist das WORT, weil sich alle Elemente, die 22 Buchstaben, mit denen alles geschaffen wurde, in Chokmah befinden. Das WORT besteht aus Lauten, die durch Buchstaben dargestellt werden, und diese Buchstaben sind in der hebräischen Sprache 22 an der Zahl. Chokmah ist also das Alphabet, das heißt die Gesamtheit der akustischen Elemente, aus denen man Worte, Sätze, Gedichte und ganze Bücher formt. So ist die Schöpfung nichts anderes als ein Gedicht, das mithilfe von 22 Buchstaben gemacht wurde, und eben diese 22 Buchstaben, sie sind das WORT. Dieses WORT hat das ganze Gedicht geformt. Christus, der das WORT ist, der Logos, besteht aus 22 Elementen, 22 Buchstaben, und aus der Kombination dieser 22 Elemente entstand das Gedicht der Schöpfung…[4]

Wenden wir uns jetzt der bulgarischen Sprache zu, um dieser Frage noch weiter in die Tiefe nachzugehen. Ehre heißt im Bulgarischen slava. »Slava na Tebe, Gospodi!«: »Ehre sei Dir, oh Herr!« Die Ehre ist Christus. Die erste Herrlichkeit, die aus Gott hervorgegangen ist, ist Christus. Und das Verb, das Wort, heißt auf Bulgarisch slovo. Slava und slovo haben also die gleiche Wurzel. Die erste Sephira, die aus dem Vater hervorgegangen ist, ist Christus, ist Sein Sohn, ist das WORT, die 22 Elemente, mit denen alles erschaffen wurde. Nichts konnte ohne das WORT erschaffen werden, das heißt ohne diese 22 Buchstaben.

Nun, ihr begreift jetzt, dass ihr alle, wir alle in uns selbst, in unserem Mund alle Symbole der ewigen Weisheit tragen. Alle haben einen Mund, aber durch diesen Mund beklagt man sich ständig, anstatt dafür zu danken, Tag und Nacht zu danken, dass man einen Mund hat – und obendrein auch eine Zunge! – und dass man sich dabei bemüht, mit dieser Zunge – von der ein Sprichwort sagt, dass sie zwar keinen Knochen besitzt, aber Knochen brechen kann – keine Dummheiten anzustellen. Ja, wenn man weder intelligent noch weise noch vernünftig noch gut ist, bricht man die Knochen der anderen durch seine Zunge. Es reicht aus, die Zunge zu bewegen und man entzweit Familien, lässt Menschen hängen, massakriert sie, und all das immer mit dem Mund, mit der Zunge!

Es ist jetzt an der Zeit, sich bewusst zu werden, dass Gott uns da etwas Kostbares gegeben hat: den Mund und die Zunge. Man sollte sich dessen bewusst werden und sagen: »Mein Herr und Gott, verzeih mir, dass ich bis heute die Schätze nicht verstanden habe, die Du in meinen Mund gelegt hast, dass ich nicht verstanden habe, dass ich Dich nachahmen, so wie Du werden und jeden Tag ein Abbild von Dir sein kann, wenn ich Worte ausspreche. Ich war mir dessen nicht bewusst und durch meine Worte habe ich Dummheiten gemacht: Ich habe unsinnige Dinge gesagt, Menschen verletzt, Geschöpfe durcheinandergebracht und ich habe gerade durch dieses Werkzeug, das Du mir gegeben hast, alles in den Schmutz gezogen. Anstatt Gutes zu tun, die Menschen zu trösten, ihnen beizustehen, sie zu leiten und zu führen, anstatt sie zu beleben und sie zu neuem Leben zu erwecken, sie zu erhöhen und Dir, dem Herrn und Schöpfer, näher zu bringen, habe ich sie zerstört und erniedrigt. Verzeih mir, oh Herr, lehre mich, wie ich meinen Mund und meine Zunge verwenden kann, um Gutes zu tun, die anderen zu erhellen und zu erwärmen und nicht nur um zu essen, zu trinken und Dummheiten zu sagen, ohne jemals etwas zu begreifen.«

Man muss also verstehen, dass der Mund ein so außerordentliches, so mächtiges Organ ist, dass man zittern und darüber wachen sollte, dass keine vergiftenden Worte hervorkommen, sondern immer aufbauende, bildende und belebende. Und selbst wenn ihr dem Anschein nach schimpft und etwas scharf verurteilt, dürft ihr nur zum Ziel haben, die anderen aufzuklären und ihnen zu helfen. Dann schafft ihr euch eine unbeschreiblich schöne Zukunft. Es heißt in den Evangelien: »Aus deinen Worten wirst du gerechtfertigt werden, und aus deinen Worten wirst du verdammt werden« (Mt 12,37), das heißt, deine Zukunft wird gut oder schlecht, lichtvoll oder finster, himmlisch oder höllisch sein, je nach den Worten, die du im Laufe deines Daseins hervorbringst.[5]

Die Worte sind also von so großer Bedeutung für den Aufbau unserer Zukunft, dass man sein ganzes Leben lang über dieses Thema nachdenken und meditieren sollte. Man muss die Wichtigkeit der Worte in Betracht ziehen, und wenn man den Mund aufmacht, darüber wachen, dass es immer für das Gute geschieht. Ich sage euch nicht, dass ihr immer zuckersüße Worte aussprechen sollt, ich sage euch nicht, dass ihr immer übertrieben freundlich sein sollt, nein, ich sage euch: »Los geht's, schreit, heult, singt, immer vorausgesetzt, dass alles für das Gute ist!« Wenn ihr so intelligent seid, dass ihr jederzeit die Form eurer Äußerungen wählen könnt und wenn es euer Ziel ist, Gutes zu tun, dann los, schimpft, schreit, droht, ihr habt das Recht dazu, ihr werdet dafür nicht verdammt werden. Aber wenn es euer Ziel ist zu zerstören, Zweifel zu säen, wenn ihr jemanden davon abbringen wollt, an Gott zu glauben, an das Gute zu glauben, an den Sinn des Lebens zu glauben, dann Vorsicht! Selbst wenn ihr es zuckersüß, nett und freundlich gesagt habt, werdet ihr eines Tages dafür verurteilt werden. Wie gesagt, ihr habt nicht das Recht dazu.

Und dennoch, seht, wie viele Menschen auf diese Weise handeln! Wenn es nicht durch ihre gesprochenen Worte ist, dann durch ihre geschriebenen. Was ist aber nun das geschriebene Wort? Das ist das Wort, das geometrisch und sichtbar hervorgebracht wurde, nicht durch Laute, sondern durch Symbole. Es ist also das Gleiche, und diese Menschen werden für ihre Bücher verurteilt. Man muss sich jetzt seiner Verantwortung bewusst werden. Sie ist weitreichend, sie ist unermesslich... Und das ist gut so! Damit kann man eine Ewigkeit lang leben und sich endlos daran erfreuen.

Wenn ich nun noch weitergehe, frage ich mich, ob ich euch nicht schockiere. Aber ich möchte euch zeigen, dass alles zusammenhängt, dass es im Universum ein Gesetz der absoluten Entsprechungen gibt. Die Sonne spricht... Sie spricht und ihr WORT ist das Leben, sie spricht und ihr WORT ist das Licht, das hier auf die Erde fällt, auf Pflanzen, Tiere und Menschen. Denn die unsichtbare Sonne, die auf die sichtbare Sonne einwirkt, erzeugt das Licht und dieses Licht verwandelt sich in Wärme. Nehmen wir jetzt an, dass die Zunge dem Vater entspricht, die beiden Lippen der Mutter und das Wort dem Kind. Also ist das, was der Vater der Mutter gibt, das WORT, das belebt und beseelt. Es gilt dasselbe Gesetz: So wie die unsichtbare Sonne auf die sichtbare Sonne einwirkt und diese die Erde befruchtet, so befruchtet der Mann die Frau,[6] so befruchtet das Wort die Seelen und die Herzen. In dem Moment wird derjenige, der spricht, zum Vater und derjenige, der zuhört, zur Mutter, und ein Kind wird geboren.

»Was«, werdet ihr fragen, »können die Männer zu Müttern werden?« Ja, natürlich, denn derjenige, der zuhört, gleicht einer Frau. Es genügt eine Änderung der Polarität. Wenn eine Frau zu ihrem Mann spricht, nimmt sie die männliche Polarität an, der Mann, der ihr zuhört, nimmt die weibliche Polarität an, und es werden Kinder geboren. Die Kinder, das sind Emotionen, Gefühle, Gedanken, Entscheidungen und Handlungen. Ihr seht, dasselbe Prinzip findet in allen Lebensumständen, in allen Regionen, in allen Bereichen Anwendung. Es ist immer dasselbe Gesetz, unweigerlich dasselbe Gesetz. Man muss nur von einer Ebene auf die andere jonglieren können.

Also, jetzt in diesem Augenblick, in dem ich zu euch spreche, manifestiere ich mich positiv, und ihr alle, die ihr mir zuhört, nehmt die weibliche Polarität an. Die Brüder hier mögen mir verzeihen und nicht beleidigt sein: Die Männer lieben es nicht so sehr, wenn man ihnen sagt, sie seien Frauen, sie wollen immer Männer sein! Wenn sie aber immer Männer sein wollen, wird ihnen etwas fehlen, werden sie niemals die Fülle kennen lernen. Es ist notwendig, dass die Männer lernen, die Polarität zu wechseln, Frauen zu werden und dass die Frauen lernen, zu Männern zu werden. Also, seid geschmeidig, etwas beweglicher! Warum diese Starrheit? Man muss lernen, die Polarität zu wechseln.

Versucht also von nun an eure Art und Weise, die Dinge zu sehen, etwas zu erweitern. Wenn ihr in bestimmten Denkweisen erstarrt, werdet ihr niemals die Fülle des Lebens verstehen, weil alles miteinander verbunden ist. »Was unten ist, ist wie das, was oben ist, und was oben ist, ist wie das, was unten ist.« Viele Spiritualisten wiederholen diesen Satz, ohne ihn wirklich zu verstehen, weil sie nicht wissen, was den Wörtern »unten« und »oben« entspricht. Um sie zu verstehen, muss man sie durch andere Wörter ersetzen, die Bilder, Geschöpfe, Existenzen oder Welten darstellen... Was kann man also anstelle des Wortes »unten« setzen? »Unten«, das kann das Geschlecht sein, das kann die Erde sein, die Hölle, die Frau oder die Materie. Und »oben«, das kann das Gehirn sein, der Himmel, der Mann, der Geist... Aber ihr seht, Hermes Trismegistos hat das Geheimnis für sich behalten, er hat nicht präzisiert, und es ist an uns, es herauszufinden.

Aber das Außergewöhnlichste, das ist, dass er hinzugefügt hat, »um die Wunder eines einzigen Dinges zu vollbringen«. Ja, »was unten ist, ist wie das, was oben ist, und was oben ist, ist wie das, was unten ist, um die Wunder eines einzigen Dinges zu vollbringen«. Also »unten« und »oben« machen gemeinsam etwas, sie bringen »ein einziges Ding« hervor, das Kind. Und was ist dieses einzige Ding? Hermes Trismegistos hat auch das nicht erklärt. Ihr seht, die Zunge und die beiden Lippen sind zwei Dinge, die sich vereinen, um das Wunder eines einzigen Dinges zu vollbringen, welches das WORT sein kann. Aber eines ist ganz sicher, es müssen zwei sein, um dieses einzige Ding hervorzubringen: das männliche und das weibliche Prinzip, das, was oben und das, was unten ist. Wenn ein Mann und eine Frau ein Kind haben wollen, ist es notwendig, dass einer oben ist und der andere unten. Derjenige, der unten ist, ist wie der, der oben ist. Der Unterschied liegt in der Position. Und warum? Um die Wunder eines einzigen Dinges zu erzeugen: das Kind. Die Wunder eines einzigen Dinges! Ihr werdet sagen: »Sie haben uns alles offenbart.« Nein, überhaupt nicht, nur ganz wenig, ich habe nur einen Aspekt des Problems angesprochen...

Also, meine lieben Brüder und Schwestern, versucht, euer Leben nicht mehr zu verbringen, ohne etwas zu sehen, ohne etwas zu verstehen, im Schlaf und in der Unbewusstheit. Lebt von nun an ein sinnvolles Leben! Lasst alles beiseite, was euch in den niederen Regionen zurückhält, all diese Empfindungen, diese Beschäftigungen, die euch nichts bringen! Konzentriert euch auf das Wesentliche und macht euch an die Arbeit! Es mangelt nicht an Übungen in unserer Lehre, macht sie, um endlich die spirituelle Wärme in euch zu erzeugen, und dann wird diese Wärme sich in Licht verwandeln. Das Verständnis kommt immer zum Schluss. Viele sagen: »Ich möchte zuerst, dass man mir alles erklärt, und erst dann lasse ich mich darauf ein.« Machen es so die Eltern mit ihren Kindern? Man sagt zum Kind: »Du musst dieses und jenes machen.« Und wenn das Kind sagt: »Papa, ich möchte zuerst verstehen warum und dann werde ich es machen«, wird es Jahre warten müssen, um die Erklärungen zu verstehen und es wird niemals irgendetwas machen. Man muss handeln, ohne zu warten, bis man verstanden hat.

Wartet auch ihr nicht, bis ihr alles verstanden habt, um mit der spirituellen Arbeit zu beginnen. Ihr werdet später verstehen. Ich jedenfalls habe es so gemacht. Zuerst verstand ich nicht viel, aber ich habe mich an die Arbeit gemacht und dann kam nach und nach das Licht dazu. Also, beginnt auch ihr mit der Arbeit und nach und nach wird das Licht kommen!

Le Bonfin, 14. Juli 1966

Anmerkungen

1. Siehe auch Band 225 der Reihe Izvor »Harmonie und Gesundheit«, Kapitel 8: »Wie man Müdigkeit vermeidet«.
2. Siehe auch Band 9 der Reihe Gesamtwerke »Im Anfang war das WORT – Kommentare zu den Evangelien«, Kapitel 1: »Im Anfang war das WORT«.
3. Siehe auch Band 1 der Reihe Gesamtwerke »Das geistige Erwachen«.
4. Siehe auch Band 32 der Reihe Gesamtwerke »Die Früchte des Lebensbaums – Die kabbalistische Tradition«, Kapitel 11: »Das lebendige WORT: 1. Das Alphabet und die zweiundzwanzig Elemente des WORTES«.
5. Siehe auch Band 7 der Reihe Gesamtwerke »Die Reinheit, Grundlage geistiger Kraft – Die Mysterien von Jesod«, Teil 1, Kapitel 9: »Die Reinheit der Worte«.
6. Siehe auch Band 28 der Reihe Gesamtwerke »Die Pädagogik in der Einweihungslehre«, Kapitel 11: »Mann und Frau in der neuen Kultur«.

XI

DER HEILIGE GEIST

Frage: »Meister, könnten Sie uns bitte sagen, welche Bedeutung der Heilige Geist in der Heiligen Dreieinigkeit hat?«

Diese Frage ist interessant, weil sie ein wichtiges Thema berührt, das nie wirklich deutlich erklärt wurde.

Die Heilige Dreifaltigkeit, wie sie in der christlichen Überlieferung dargestellt wird, umfasst den Vater, den Sohn und den Heiligen Geist. Was den Vater betrifft, ist es klar, Er steht für das Leben, die Quelle aller Schöpfung. Aber was den Sohn und den Heiligen Geist angeht, ist es schon problematischer. Der Heilige Geist wird einmal mit der Liebe, einmal mit dem Licht gleichgestellt, und auch Christus ist einmal Liebe und einmal Licht. Doch Jesus sagte nie: »Ich bin die Liebe.« Er sagte: »Ich bin das Licht der Welt« (Joh 8,12). Doch der Heilige Geist kann auch als Licht aufgefasst werden, weil er die Gabe verleiht, in Zungen zu sprechen, die Mysterien auszulegen usw., und er kann eben für die Liebe stehen, weil auf dem Sephirotbaum die Heilige Dreifaltigkeit von Kether, Chokmah und Binah dargestellt wird und weil der Heilige Geist eben mit Binah, der Göttlichen Mutter verbunden ist. Manche Esoteriker sagen, die Menschheit habe zuerst das Zeitalter des Vaters durchlebt (das war die Epoche von Moses und den Propheten) und dann sei mit dem Christentum das Zeitalter des Sohnes gekommen und nun nahe das Zeitalter des Heiligen Geistes.

Der Heilige Geist ist also die dritte Person einer »Familie«, die gleichermaßen den Vater und den Sohn einschließt. Natürlich ist dies nicht gleichzusetzen mit der menschlichen Vorstellung von Familie. Für die Menschen besteht eine Familie mindestens aus einem Vater, einer Mutter, einem Sohn und einer Tochter. Die Familie ist eine Zelle, die auf der Zahl 4 beruht. In der Kabbala besteht der Name Gottes aus 4 Buchstaben und diese 4 Buchstaben entsprechen einer Vierteilung, die man in einer ganzen Reihe von Erscheinungen im Dasein des Menschen und in der Natur wieder findet. Für Pythagoras war die Vierheit, die er Tetraktys nannte, eine heilige Figur, derer er sich bediente, um die Mysterien des Universums zu erklären. Denn Pythagoras, ebenso wie die Kabbalisten, stellte die 4 mit der 10 gleich, denn 1 + 2 + 3 + 4 = 10. Also 4 = 10, und 10 ist die Summe des gesamten Universums, all dessen, was existiert. Sie ist die vollkommene Zahl, weil sie zusammengesetzt ist aus der 1, dem männlichen Prinzip, und der 0, der ungeformten Materie, dem weiblichen Prinzip.

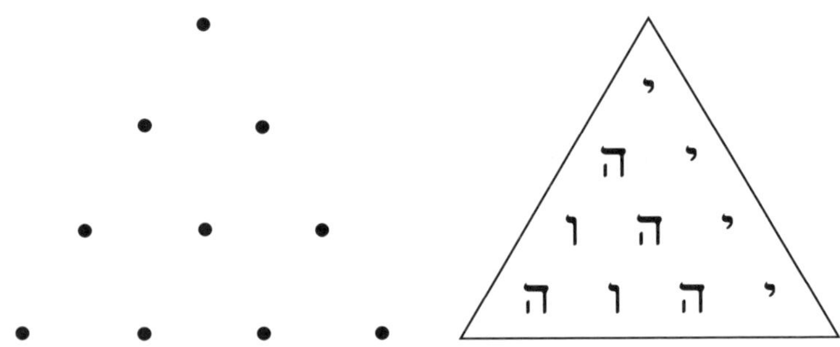

Diese vollkommene Zahl, 10, die die beiden Prinzipien enthält, ist den Kabbalisten zufolge die Zahl des ersten Buchstabens im Namen Gottes, Iod, der das aktive Prinzip in reinster Ausprägung darstellt, die 1. Also ist 10 = 1. Ihr seht, 4 = 10, 10 = 1 und die Vierheit kehrt zur Einheit zurück. Also sind 4, 10, und 1 ein und dasselbe. Aber gemäß der Kabbala und nicht gemäß der herkömmlichen Arithmetik. Für die Kabbalisten ist die herkömmliche Arithmetik übrigens eine tote Wissenschaft, und ebenso die Geometrie. In der euklidischen Geometrie zum Beispiel setzt man einen Punkt als Zentrum fest und einen Radius mit einer bestimmten Größe und zeichnet einen Kreis, und dieser Kreis ist genau definiert. In der herkömmlichen Mathematik wird also alles ein für allemal genau gemessen und festgelegt.

Der lebendigen Mathematik zufolge ist hingegen ein Kreis etwas ganz anderes, er ist eine lebendige Ausdehnung, eine Kraft, die aus einem zentralen Keim hervorgeht, die sich ausbreitet, die sich entfaltet und die man unmöglich im Raum begrenzen kann. So, wie wenn man einen Stein ins Wasser wirft: Von dem Punkt aus, an dem er eintaucht, entstehen lebendige Kreise und breiten sich aus.

Die herkömmliche Mathematik hat keine Beziehung zum Leben. Obwohl ihr unabänderlicher Charakter bedeutende kosmische Wahrheiten zum Ausdruck bringt, bleibt sie statisch, unbeweglich, tot. In der lebendigen Mathematik hingegen, von der ich euch erzähle, enthält die Zahl 4 alle vorhergehenden Zahlen und fasst sie zusammen. Die 1 ist der Keim; die 2 ist die Quintessenz der Mutter; die 3 ist das Ergebnis ihrer beider Vereinigung, die Verwirklichung, das neugeborene Kind; und die 4 ist die Zusammenfassung, die Synthese dieser Dreiheit. Die 4 ermöglicht es, dass sich dieser Formungsprozess wiederholt. Ebenso wie es nicht ausreicht, dass Vater, Mutter und Sohn da sind, damit eine Familie vollständig ist, muss auch noch eine Tochter da sein. Der Sohn steht für den Vater und bringt ihn zum Ausdruck, und die Tochter steht für die Mutter und bringt sie zum Ausdruck. Wenn es nur den Sohn gibt, kann er nicht für die Mutter stehen, denn er kann nicht, wie sie, ein Kind auf die Welt bringen. Es ist die Tochter, die die Rolle der Mutter einnimmt, denn sie ist ihrerseits dafür gerüstet, Kinder zu formen. Unten haben wir also die Familie (Vater, Mutter, Sohn, Tochter), die durch die Zahl 4 dargestellt wird. Oben haben wird die Heilige Dreieinigkeit, die also durch die Zahl 3 dargestellt wird. Hier stellt sich nun die Frage, wie sich der Übergang von der 3 oben zur 4 unten vollzieht. Solange man keine Antwort darauf findet, ist es unmöglich, den Heiligen Geist einzuordnen. Nun ist es jedoch so, dass die christliche Religion die Mutter, die Gemahlin Gottes, gar nicht erwähnt. Die Dreieinigkeit der Christen ist also noch keine vollständige Familie, und von da her rührt die Unklarheit. Fast alle religiösen Überlieferungen erwähnen jedoch die Existenz der Göttlichen Mutter, der Gemahlin Gottes. Im Sohar zum Beispiel ist es Shekina und bei den Ägyptern Isis.

Hermes Trismegistos sagte: »Was unten ist, ist wie das, was oben ist, und was oben ist, ist wie das, was unten ist.« Dieses Gesetz der Analogie ist ein Schlüssel, der es uns ermöglicht, Auskünfte über die unsichtbare Welt zu bekommen, ausgehend von allen Phänomenen der sichtbaren Welt. Die Kabbala lehrt, dass die Zahlen an der Schöpfung des Universums beteiligt waren und dass die Zahl der Geist jeden Dinges ist. Man muss also herausfinden, wie die 3 und die 4 hier auf der Erde widergespiegelt werden. Solange man diesen Schlüssel nicht besitzt, solange man die Phänomene, die auf der Erde ablaufen, nicht zu interpretieren versteht, wird man die wahrhaft wahren Wahrheiten nicht entdecken. Deshalb rate ich euch, euch intensiv mit der Familie zu befassen. Die Familie ist eine Spiegelung kosmischer Wirklichkeiten und wenn ihr sie bei eurer Suche nach dem Schlüssel nicht als Ausgangspunkt nehmt, werden euch viele Dinge entgehen.

Aber es reicht nicht aus, Schlüssel zu besitzen, man muss auch wissen, wie man sie benützt. Wenn die Alchimisten zum Beispiel sagten »der Weiber Arbeit und der Kinder Spiel«, wenn sie vom Stein der Weisen sprachen, wollten sie die Schüler dahin führen, die Phänomene zu beobachten, die auf der Erde vor sich gehen, um die Gesetze und Prinzipien, die hinter diesen Phänomenen wirken, herauszufinden. Und wenn sie sagten »der Weiber Arbeit und der Kinder Spiel«, drehten sie übrigens die Reihenfolge um, die eigentlich lauten müsste: »der Kinder Spiel und der Weiber Arbeit«. Aber was bedeuten diese Worte »der Kinder Spiel«? Man stellt sich vor, dass es sich dabei um Murmeln oder Kreisel handelt und bei »der Weiber Arbeit« um Stricken und Nähen. Als würde es sich beim alchimistischen Werk um Murmelspiel und Stricken handeln! Nein, es handelt sich um ein ganz bestimmtes Spiel und eine ganz bestimmte Arbeit. Wenn ihr verstehen wollt, wie man den Stein der Weisen herstellt, dann nehmt als Ausgangspunkt die Zeugung, ja, wie Mann und Frau ein Kind zeugen. Da habt ihr »der Kinder Spiel«. Und »der Weiber Arbeit«, das ist die Schwangerschaft. Wenn ihr nicht die Zeugung und die Schwangerschaft als Ausgangspunkte nehmt, könnt ihr niemals den Stein der Weisen finden, denn es handelt sich um die gleichen Gesetze, die gleichen Prozesse. Das ist sehr tiefgreifend, und ich frage mich sogar, ob ich richtig handle, wenn ich euch diese Dinge enthülle.

Die Heilige Dreieinigkeit wird nur richtig verstanden, wenn man versteht, was Familie bedeutet, denn die Heilige Dreieinigkeit ist zugleich die Vierheit. Gott ist 3, Gott ist 4 und Er ist 1. Er ist 1 und 3, und Er ist 4. Er ist oben 3 und Er ist unten 4. Er ist oben 3, weil 3 die Zahl der Prinzipien ist. Es gibt 3 Prinzipien, aber wenn sie sich in der Materie verwirklichen sollen, wird die 3 zur 4, weil 4 die Zahl der Materie ist, die 4 Elemente: Erde, Wasser, Luft und Feuer. Die 3 ist so lange 3, solange sie noch nicht in der Materie verwirklicht ist, aber wenn sie sich verwirklicht, wird sie zur 4. Und es ist immer die 3, die zur 4 wird. Und 3 plus 4 ergibt 7. 3 ist das Dach, 4 sind die 4 Mauern und schon haben wir ein Haus! Und auch ihr seid 7: Euer Kopf ist die 3, die 2 Beine und die 2 Arme sind 4, und die 3 befindet sich über der 4.[1]

Wenn man ein Haus darstellen möchte, zeichnet man ein Dreieck (das Dach), das auf 4 Seiten aufliegt. Nun, auch ihr seid das Haus, in dem Gott wohnen kann. Ihr seht, es ist einfach: der Kinder Spiel und der Weiber Arbeit. Die 3 vereinigt sich mit der 4, um ein Lebewesen zu formen. Wenn hingegen die 3 allein ist, schwebt sie in der Luft. Ihr alle habt zum Beispiel auf den Gemälden von Raffael schwebende 3en gesehen. Ja, die kleinen Engel. Sie haben keinen Körper, sie haben nur einen Kopf, und das ist die 3, das heißt der schwebende Geist. Wenn die 3 noch nicht in der Materie verwirklicht ist als 4, schwebt sie oben, ist sie eine Idee. Wenn ihr eine Idee habt, ist dies die 3. Verwirklicht sie hier in der Materie und sie wird zur 4. Die beiden vereint ergeben die 7, und die 7, das seid ihr. Das ist der Kinder Spiel, nicht wahr?

Aber wenn ich lange auf diese Weise zu euch spreche, ermüde ich euch zu sehr. Bis heute habe ich noch nicht über die Zahlen gesprochen, ich habe mir dieses Thema für später aufgehoben. Die Bücher, die es über die Zahlen gibt, sind übrigens oft unklar und widersprüchlich, obwohl es dennoch einige Punkte gibt, in denen die Autoren übereinstimmen. Dennoch werdet ihr in den Büchern nie diese Einfachheit finden, die man hier auf der Erde antrifft, wo man die Zahlen herumgehen, essen und arbeiten sieht. Die Zahlen? Oh ja, sie sind hier, ich sehe sie hier, in diesem Saal und überall auf der Erde! Solange man die Zahlen nicht auf diese Art und Weise betrachtet, weiß man nichts über sie, weil sie zu abstrakt bleiben und ihr Bezug nicht mehr nachvollziehbar ist. Und da dem Schlüssel von Hermes Trismegistos zufolge, alles, was oben ist, wie das ist, was unten ist, sind auch die Zahlen dort oben bekleidet, sie gehen herum, sie singen, sie arbeiten…

Die Kabbalisten haben in den Namen Gottes יהוה eine bemerkenswerte Wissenschaft hineingelegt. Der erste Buchstabe, das Iod י, entspricht der 10, aber auch der 1, es ist der Vater. Der Vater teilt sich, polarisiert sich, um die Mutter hervorzubringen. Er teilt sich, er strömt eine Substanz aus und formt die Mutter, das heißt die Kosmische Frau, die Natur, nicht die Natur, die wir sehen, nein, sondern die unsichtbare Natur, die göttliche Natur, Isis, jene, die man in der Philosophie natura naturans nennt, die eine Ausströmung, eine Quintessenz, ein Abbild Gottes ist; also die 2; das ist die Mutter, der zweite Buchstabe, das He ה, das der Zahl 5 entspricht, der Hälfte von 10. Wenn man nun 10 und 5 addiert, ergibt das 15. Und wenn man die 1 und die 5 von 15 nimmt, so ergibt das 6. Der Kabbala zufolge ist die 6 die Zahl von Vau ו, die Zahl des Sohnes, hervorgegangen aus der Vereinigung von Vater und Mutter. Da haben wir die Dreieinigkeit, meine lieben Brüder und Schwestern: Vater, Mutter und Sohn. Was den vierten Buchstaben betrifft, das He ה, so ist er die Wiederholung der Mutter, der 5. Und das ist die Tochter, die Tochter Natur – natura naturata –, die Natur, die wir sehen.

Die Zahl 4 ist eine Wiederholung der Dreieinigkeit in der Materie, aber mit einem zusätzlichen Element, das sie bekleidet und ihr ermöglicht fortzubestehen. Die 4 ist das Kleidungsstück der 3. Und wo kann man den Heiligen Geist einordnen? Wenn ich euch das erkläre, werde ich einen regelrechten Umsturz in euren Köpfen provozieren, denn es wird nicht mit der Aufteilung in Vater, Sohn und Heiligen Geist der christlichen Religion übereinstimmen, wo es keinen Platz für die Mutter gibt. Aber warum hat man die Mutter ausgeschlossen? Auf der Erde kann es keinen Sohn geben ohne Mutter und dem Gesetz der Entsprechungen von Hermes Trismegistos zufolge muss das auch für oben gelten. Es gibt die 3 und es gibt die 4, die 3 oben und die 4 unten. Solange die 3 noch nicht umkleidet, materialisiert ist, bleibt sie die 3, aber wenn sie sich auf der Erde manifestiert, wird sie zur 4. Hierin liegt das Geheimnis. Warum hat sich die Kirche nur mit der 3 beschäftigt?

Die Dreieinigkeit existiert tatsächlich, das ist richtig, aber nur in der abstrakten Welt, und deshalb ist sie hier auf der Erde nicht real. Niemand sucht sie und niemand findet sie. Die Dreieinigkeit schwebt oben im Kopf der Menschen, während sie für die Eingeweihten eine Realität ist. Sie sehen sie jeden Tag und jeden Tag kommunizieren sie mit ihr, und sie wird in ihnen zur 4. Wo ist sie also? Solange sie unter die Abstraktionen verbannt wird, solange man sie nicht im täglichen Leben findet, darin, was man isst und darin, was man trinkt, zieht man aus dieser Heiligen Dreieinigkeit keinen Nutzen, man hat keinen Gewinn davon, dass sie existiert. Erst wenn sie zu einer greifbaren Wirklichkeit wird, vollbringt sie Wunderbares.

Den Beweis werdet ihr gleich sehen: Der Vater ist das Leben, die schöpferische Kraft, die sprudelnde Quelle, aus der alles hervorging. Den Sohn kann man als Licht oder als Liebe begreifen und den Heiligen Geist ebenfalls, man kann ihn als Liebe oder als Licht begreifen. Nur der Vater ist unwandelbar, unveränderlich. Der Sohn kann einmal die Liebe, einmal die Weisheit sein und ebenso der Heilige Geist, einmal die Weisheit und einmal die Liebe, darin liegt nie ein Widerspruch, und in diesem Zusammenhang ist es nicht einmal von Bedeutung, ob man sie durcheinander bringt. Nur der Vater ist unwandelbar wie die Zahl 1. Die 1 verändert sich nie, sie ist unteilbar. Selbst als sie die 2 erzeugte, teilte sie sich nicht, denn die 1 bleibt immer die 1, selbst wenn sie schöpferisch tätig ist. Die 2 ist nicht die 1, die sich teilte, sie ist eine Projektion der 1, eine Spiegelung, eine Ausströmung der 1. Mögen die anderen sich auch verändern, das hat keinerlei Bedeutung, aber die 1, der Vater, verändert sich nicht, sie ist immer das Leben.

Wo findet man also jetzt die Dreieinigkeit, da sie der Religion zufolge ja so unerreichbar ist? In Wirklichkeit findet man die Dreieinigkeit überall, überall, sogar in unseren Händen: jeder Finger ist eine Dreieinigkeit. Alles ist eine Dreieinigkeit: der Kopf, die Lunge und der Bauch; das Denken, das Gefühl und das Tun… In der Familie: Vater, Mutter, Kind; und in der Chemie: Säure, Lauge und Salz, und so fort. Aber wo kann man nun endlich die Heilige Dreieinigkeit, die göttliche Dreieinigkeit finden, um sich in sie zu vertiefen, sie zu fühlen, einzuatmen, aufzunehmen und zu leben? Nun, man muss sie in dem Wesen suchen, das der Gottheit am nächsten kommt: in der Sonne.[2] Und wenn wir der Sonne entgegen gehen, ist die Heilige Dreieinigkeit bereits da, anwesend: dieses sprudelnde Leben, das ist der Vater; die Wärme, die uns erwärmt, das ist der Sohn, Christus; das Licht, das uns erhellt, das ist der Heilige Geist. Da ist sie, die Heilige Dreieinigkeit!

Aber diese Heilige Dreieinigkeit muss zu Fleisch und Blut werden und sich inkarnieren. Deshalb müssen wir ihr die Tür öffnen und zu ihr sagen: »Heilige Dreieinigkeit, tritt in mich ein, tritt in mich ein, durchdringe mich, arbeite in mir.« So werden wir dann zur 4. Ihr werdet erwidern: »Aber nein, die Sonne und ich, das ergibt doch nur 2.« Keineswegs, die Sonne und ihr, das ergibt nicht 2, sondern 4! Ja, das ist eine besondere Mathematik, und wenn ihr nicht zur Sonne geht, bleibt sie immer eine Dreiheit, aber daraus wird nie eine Vierheit, denn ihr selbst sollt die Vierheit bilden. Die Kirche verwahrt die Heilige Dreieinigkeit in ihren Schränken und verbietet es, sich der Sonne zuzuwenden, weil das anscheinend eine Beleidigung der Gottheit ist, aber sie verkauft euch kleine Anhänger und sagt, dass euch das retten wird! Manche Pfarrer haben mir Medaillons und Rosenkränze gezeigt und ich, ein wenig nachdenklich, habe geantwortet: »Herr Pfarrer, sind diese Rosenkränze und Medaillons fähig, Weizen und Früchte wachsen zu lassen oder Tiere, Menschen und alles, was es auf der Erde gibt, am Leben zu erhalten?« – »Nein.« – »Nun, die Sonne ist dazu fähig, ich werde mich also der Sonne zuwenden.«

Warum lässt man beharrlich die einzigartige Quelle außer Acht, die Quelle, die die Welten mit Nahrung versorgt, sie in Bewegung setzt und in Gang hält...? Ja, die Sonne wird immer verbannt und gering geschätzt, obwohl man doch sie am allermeisten braucht. Wenn sie hinter den Wolken verborgen ist, wird man träge und lahm, aber sobald sie wieder erscheint, lächelt man, blüht man auf, alles geht besser. Man ist also von ihrer Wichtigkeit im täglichen Leben überzeugt, aber im intellektuellen, philosophischen Bereich belässt man sie auf dem letzten Platz. Diese falsche Denkweise ist sehr gefährlich, denn sie führt zu einem Fehlurteil, und der geringste Irrtum in der Urteilsfindung zieht eine ganze Reihe von Fehlurteilen nach sich, die den Menschen von der Weisheit wegführt. Solange wir nicht schon beim Ansatzpunkt eine Korrektur vornehmen, das heißt in unserer Einstellung dem Zentrum gegenüber, werden alle unsere Beziehungen zur Peripherie fehlgeleitet.

Ich kann euch beweisen, dass alle Irrtümer, alle widrigen Umstände daher rühren, dass der Mensch seine Beziehungen zum Zentrum, zu Gott Selbst, nicht in Ordnung gebracht hat. Und sogar diejenigen, die Gott suchen, wissen nicht, wo und wie sie Ihn suchen sollen, sie suchen Ihn auf eine abstrakte, auf chaotische Art und Weise. Man muss Ihn in den drei Welten suchen, die drei Welten müssen sich im Einklang miteinander befinden. Auf der physischen Ebene ist das Zentrum die Sonne. Auf der spirituellen Ebene ist es Christus oder die Universalseele. Auf der göttlichen Ebene ist es Gott. Man muss das Zentrum in allen Regionen suchen und sich mit ihm verbinden. In einer Familie ist der Vater das Zentrum. Aber der Vater ist zum Beispiel nicht das Zentrum der Sippe, das ist ein anderer, und dieser ist nicht das Zentrum der Nation, das ist wieder ein anderer und so fort. Also hat jeder Bereich sein eigenes Zentrum und man sollte diese Zentren suchen und sie miteinander verbinden. Verbindet euer Herz, das Zentrum des Lebens, mit dem anderen Zentrum, das euer Meister ist. Durch euren Meister hindurch verbindet ihr euch mit der Sonne, durch die Sonne hindurch mit Christus und durch Christus hindurch verbindet ihr euch mit Gott. So sollte man vorgehen.

Manche sagen: »Aber ich bin doch auf der Suche nach Gott…« – »Und warum haben Sie Ihn noch nicht gefunden? Sie hätten Ihn doch finden müssen!« – »Ja, aber ich suche Ihn und bin stolz darauf, Ihn zu suchen.« – »Nun, suchen Sie ihn weiterhin, aber bedenken Sie dessen ungeachtet, dass viele Ihn bereits gefunden haben.« Was für ein Durcheinander in den Köpfen der Menschen! Alles läuft ganz unübersehbar vor ihren Augen ab, aber dennoch wollen sie es nicht sehen, und deshalb werden sie auch niemals irgendetwas verstehen. Damit alles klar ist, sollte man nach bestimmten Regeln, diszipliniert, mit fundiertem Wissen vorgehen. Man sucht Gott immer theoretisch, in der Abstraktion, wo es doch so einfach zu verstehen ist, dass man zuerst die richtigen Beziehungen zum Zentrum haben muss, um Gott zu finden.

Jede Region besitzt ein Zentrum und die Zentren aller Regionen sind miteinander verbunden; also muss man von einem zum anderen aufsteigen, um bis zu Gott zu gelangen. Wenn ihr Gott direkt erreichen wollt, wird euch das nicht gelingen. Ihr müsst euch zuerst mit eurem Vater verbinden, dann mit eurem Meister, dann mit der Sonne usw. bis zur Gottheit. Christus sagte: »Niemand kommt zum Vater denn durch mich« (Joh 17,6). Ihr wollt auf ein Dach steigen? Dann braucht ihr eine Leiter. Ihr wollt den König aufsuchen? Dann müsst ihr zuerst zu seinen Ministern gehen. Und wenn ihr mit dem Herrn sprechen wollt, müsst ihr auch durch eine ganze Hierarchie hindurch. Es gibt eine Ordnung, meine lieben Brüder und Schwestern, und ihr müsst diese Ordnung kennen.

Versteht mich richtig. Auch ich suche das Licht und die Schönheit, aber wenn ich Entdeckungen mache, überprüfe ich sie und frage mich: »Gelten sie für alle Bereiche? Tun sie allen Gutes?« Und erst wenn ich sehe, dass es sich um Gold und Edelsteine handelt, teile ich sie mit den anderen. Es ist übrigens dieser Wunsch, alle meine Entdeckungen zu teilen, der mich dazu treibt, sie vor euch auszubreiten. Also sage ich euch, dass ich in der Sonne die Heilige Dreieinigkeit finde. Sie erhellt mich, sie gibt mir ihre Wärme, sie belebt mich, und dann wird sie in mir zur 4, das heißt, sie verwirklicht sich. Sie ist immer die 3, aber in mir wird sie zur 4. Solange man die Vierheit nicht verstanden hat, die für die Verwirklichung steht, verharrt man in der Theorie und in der Wirkungslosigkeit. Wozu nützt diese Heilige Dreieinigkeit, wenn man nicht jeden Tag mit ihr kommuniziert?

Jesus sagte: »Ihr sollt vollkommen sein, wie euer Vater im Himmel vollkommen ist« (Mt 5,48), was bedeutet: Werdet auch ihr zu Licht, Wärme und Leben. Wie? Nun, indem man sich der Sonne zuwendet, die selbst Licht, Wärme und Leben ist![3] Dann vollzieht sich ein Austausch, eine Verschmelzung und das, was kalt ist, wird warm, das, was tot ist, wird wiederbelebt und das, was dunkel ist, wird hell. Die Sonne ist ein Weg, um die Heilige Dreieinigkeit zu erreichen. Ich sage nicht, dass die Sonne die Heilige Dreieinigkeit ist, aber sie ist ein Bild, eine Versinnbildlichung von ihr; sie ist auf der Erde das, was uns der Heiligen Dreieinigkeit am nächsten bringt. Wie kann es sein, dass die Christen diese Entsprechung zwischen der Sonne und der Heiligen Dreieinigkeit, zwischen dem Leben, dem Licht und der Wärme und dem Vater, dem Sohn und dem Heiligen Geist nicht gesehen haben? Und warum hindern sie auch die anderen daran, sie zu sehen? Ich schätze sie, ich respektiere sie, aber ich sage, dass sie jetzt weitergehen und aus ihren Irrtümern und Begrenzungen herauskommen sollen, um die Augen auf das Reale, Großartige, Universelle zu richten.

Glückselig sind diejenigen, die verstanden haben, denn die Heilige Dreieinigkeit wird sich immer mehr in ihnen manifestieren und sie werden zur göttlichen Vierheit werden, das heißt zur vollständigen Verwirklichung der Gottheit auf der Erde. Das Quadrat, der Würfel sind Symbole für die Vierheit. Warum sitzen alle ägyptischen Statuen, die Könige und Gottheiten darstellen, auf würfelförmigen Sitzen? Weil der Würfel mit seinen 4 Oberflächen das Symbol für Widerstandsfähigkeit, Beständigkeit und konkreter Verwirklichung ist. Es heißt in den Evangelien: »Der Stein, den die Bauleute verworfen haben, der ist zum Eckstein geworden« (Mt 21,42). Dieser würfelförmige Stein war ein Symbol, das Jesus repräsentierte. Wenn man einen würfelförmigen Körper auffaltet, so wird er zum Kreuz, und das Kreuz repräsentiert Jesus, den Christus. Den Eingeweihten waren diese Entsprechungen schon immer bekannt.[4]

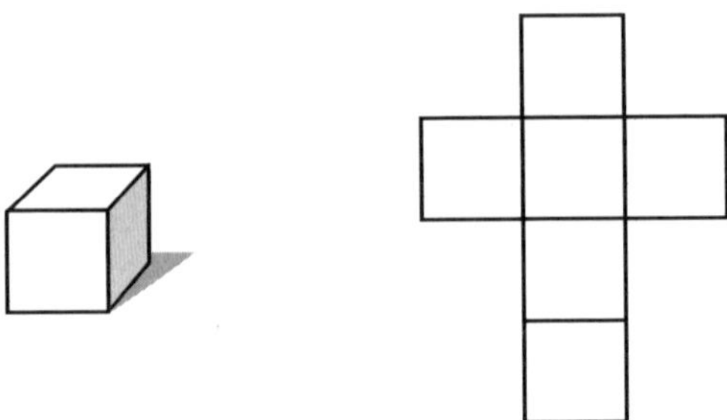

Und was ist der Mensch? Auch er ist ein würfelförmiger Stein. Momentan ist er kreuzförmig aufgefaltet, führt man dieses Kreuz jedoch auf drei Dimensionen zurück, wird es zu einem würfelförmigen Stein. Das Kreuz ist eine zweidimensionale Projektion des Würfels. Also sind das Kreuz und der Würfel das Gleiche, aber jeweils in einer anderen Dimension. Man nennt Gott den Geometer, den göttlichen Architekten, weil Er mit den Elementen und Zahlen arbeitete, um das Universum zu konstruieren, und auch der Mensch ist nach dem Bild des Universums konstruiert.

Also, ich höre jetzt auf, damit all diese Ideen in euch arbeiten können. Es ist nun an euch, die Rolle des Heiligen Geistes zu finden. Aber ihr möchtet, dass ich es euch sage, nicht wahr? Gut, einverstanden. Es gibt also Vater und Mutter, und der Sohn erscheint als Ergebnis ihrer Vereinigung. Aber damit diese Vereinigung von Vater und Mutter stattfinden kann, muss ein Element vorhanden sein, das sie zusammengebracht hat. Nun, dieses Element, das sie zusammengebracht hat, dieser Elan der Liebe, genau das ist der Heilige Geist. Gemäß den traditionellen religiösen Auffassungen gibt es die Mutter nicht, man erwähnt sie nicht. Aber tatsächlich ist die Mutter bereits in der Dreieinigkeit enthalten, es ist die Jungfrau, die ihr Kind in ihren Armen hält. Ihr seht also: der Vater, die Mutter, die das Kind hält und der Heilige Geist, das ist die Heilige Dreieinigkeit.[5]

Der Heilige Geist kann nicht das Kind von Vater und Mutter sein, aber er ist da, in der Liebe, die sie vereint. Der Sohn kann nicht die Liebe sein, sondern er ist die Frucht der Liebe von Vater und Mutter. Ihr seht, wenn man schlüssig überlegt, wird alles klar. Und die Tochter ist eine Wiederholung der Mutter, so wie der Sohn eine Wiederholung des Vaters ist. Denn im Leben wiederholt sich alles. Das Samenkorn einer Pflanze wiederholt sich ewig durch ihre Früchte, und alles muss sich wiederholen und sich reproduzieren, um zu vermeiden, dass es verschwindet. Ja, bis zu den winzigsten Wesen wiederholt sich alles, das ist normal, das ist natürlich, Gott hat dieses Gesetz aufgestellt. Der Sohn ist also die Wiederholung des Vaters, er ist seine Widerspiegelung, aber (und wir sollten uns immer auf die physische Ebene beziehen, um die spirituelle Ebene zu verstehen) unter der Bedingung, dass die Mutter ihre Rolle spielt, das heißt, dass das weibliche Prinzip eingreift, um ihn zur Welt zu bringen. Das weibliche Prinzip abzuschaffen bedeutet, sich gegen die Vernunft, gegen die Logik zu stellen.

In der Dreieinigkeit kann es nicht den Vater, den Sohn und keine Mutter geben, denn es gibt niemals einen Sohn ohne Mutter. Ich sage das nicht, weil ich gegen die Heilige Dreieinigkeit bin, im Gegenteil, aber ich bin für die Wiederherstellung der Ordnung, entsprechend ihrer ursprünglichen Wahrheit. Was man danach hinzugefügt hat, interessiert mich nicht, denn das entspricht nicht der Wirklichkeit, und die Erfindungen der Menschen will ich nicht akzeptieren. In der Dreieinigkeit, so wie man sie darstellt, gibt es etwas, was nicht stimmt und eines Tages muss man wieder zur Wahrheit zurückkehren, das heißt, die Mutter wieder einsetzen, um zu verstehen, dass die Heilige Dreieinigkeit aus Vater, Mutter und Sohn besteht. Und der Heilige Geist? Nun, der Heilige Geist ist als solcher überall zugegen, wo sich die Liebe manifestiert.

Das erschüttert eure Vorstellungen, nicht wahr? Ja, das ist normal. Aber behaltet eure alten Vorstellungen, wenn ihr wollt. Behaltet sie, wenn ihr denkt, dass sie euch die Wahrheit offenbaren werden. Ich jedenfalls habe andere Vorstellungen von der Dreieinigkeit.

Sie ermöglichen es mir, noch klarer zu sehen, und sie haben auf mich eine positive Wirkung. Sie haben eine positive Wirkung auf mich, sie entfernen mich nicht von der Heiligen Dreieinigkeit, ganz im Gegenteil. Die alten Vorstellungen hingegen sind nicht klar und sie belassen uns im Vagen und Unbestimmten. Viele werden erwidern: »Was für eine Revolution!« Ja, man sollte große Revolutionen erwarten, wenn man die Wahrheit finden möchte. Warum nicht? Man hat in den Wissenschaften, den Künsten, der Politik schon so viele Revolutionen gemacht! Wenn sie mit der Kosmischen Intelligenz übereinstimmen und kein Blut vergossen wird, sind Revolutionen immer gut.

Ja, meine lieben Brüder und Schwestern, wenn ihr fühlt, dass meine Worte euch daran hindern, den Weg zur Heiligen Dreieinigkeit zu gehen, bleibt bei den alten Vorstellungen. Fühlt ihr im Gegenteil jedoch, dass ihr euch dieser immer mehr annähert und dass sie für euch zu einer täglichen Wirklichkeit wird, dann nährt euch von ihr und segnet den Himmel, denn das ist der Schlüssel, der es euch ermöglicht, alle Türen aufzuschließen.

Und was ist ein Schlüssel? Habt ihr über die Form nachgedacht, den man den Schlüsseln in den Aufzeichnungen der Einweihungswissenschaft gibt? Ein Kreuz mit einem Dreieck auf der Spitze. In den Fresken der ägyptischen Monumente hatten Eingeweihte, Könige und Pharaonen oft dieses Symbol des Schlüssels in der Hand. Manchmal ersetzte ein Kreis das Dreieck. Das war das Zeichen, dass sie den Schlüssel besaßen, der absolut alle Türen öffnete. Dieser Schlüssel war nichts anderes als das Verständnis der Dreieinigkeit. Ja, denn wenn man die Dreieinigkeit richtig versteht, versteht man den ganzen Rest, denn die Dreieinigkeit spiegelt sich überall, indem sie zur Vierheit wird. Deshalb bestand dieser Schlüssel aus einem Dreieck (der 3) und einem Kreuz (der 4), um aufzuzeigen, dass der Mensch zur 4 werden muss, um die 3 als Schlüssel zu verwenden. Man hat noch nie gesehen, dass ein Schlüssel eine Tür öffnet, ohne dass er von jemandem gehandhabt wird. Und was auch noch nötig ist, das ist ein Schloss, zu dem der Schlüssel genau passt, sonst wird sich die Tür nicht öffnen. Dieser Schlüssel, das ist die Dreieinigkeit. Das Schloss, das ist die Natur selbst, das weibliche Prinzip, und der Mann ist derjenige, der die Dreieinigkeit benutzt, um die Tür zu öffnen, hinter der sich alle Schätze und alle Reichtümer befinden.

Und wollt ihr, dass ich jetzt in noch deutlicheren Worten spreche, um euch zu zeigen, dass meine Kabbala eine lebendige Kabbala ist, die auf der Erde herumspaziert? Nehmt an, dass ein Mann ein Kind haben möchte: Er besitzt den Schlüssel, den er benutzt, und die Frau besitzt das Schloss. Mit diesem Schlüssel und diesem Schloss öffnet sich die Tür und das Kind erscheint. Seht ihr? Nur hat man all dies noch nicht bemerkt, weil man die Vierheit nicht verwirklicht hat. Man spricht ständig von »Schlüsseln«, aber man bedient sich ihrer nicht. Solange man sich dieser Schlüssel nicht bedient, verwirklicht man nicht. Man gibt sich damit zufrieden zu glauben, zu denken, zu lesen, aber lebt nicht und kann also nicht zu einer lebendigen Verwirklichung der Vierheit werden, alles beschränkt sich auf die Theorie. Und es gibt sogar Schriftsteller, Philosophen, Maler, Musiker und bemerkenswerte Menschen, die Wissen folgendermaßen verstehen: erkennen, gelehrt sein, alles darlegen können, aber ohne etwas anzuwenden, zu leben oder zu verwirklichen. Nun, wozu dient dann die Vierheit? Man hat den Schlüssel, mag sein, aber man hat noch nie erlebt, dass ein Schlüssel ganz allein Türen öffnet (außer in den Zeichentrickfilmen, wo man einen Schlüssel sieht, der ganz allein in die Schlüssellöcher hinein fliegt), aber sonst kann ein Schlüssel nicht öffnen, ohne eine Hand, die ihn hineinsteckt.

Die wahre Kabbala ist das Arbeiten mit der Vierheit. Wenn ihr die Dreiheit versteht, habt ihr Möglichkeiten, Schlüssel, um viele Türen zu öffnen, doch die Schlüssel können nur von einem lebendigen Wesen benützt werden und dieses lebendige Wesen ist bereits die Vierheit, denn die Materie, das habe ich euch schon gesagt, besteht aus den Elementen, der Erde, dem Wasser, der Luft und dem Feuer. Ihr seht also, das ist klar, das ist einfach. Ich suche nichts anderes als die Klarheit und die Einfachheit. Ich wünsche nichts anderes, als zu vereinfachen, unaufhörlich zu vereinfachen, die Dinge auf ein oder zwei Zeilen zu verdichten, so wie die Natur, die einen ganzen riesengroßen Baum auf ein so kleines Samenkorn verdichtet, dass man es in der Handfläche halten kann. Auch ich möchte alle Kenntnisse in kleinen Samenkörnern zusammenfassen, die ich überall mit mir trage, und mit einem einzigen dieser Samenkörner kann ich tiefgreifende Veränderungen auf der ganzen Erde herbeiführen…

Ich dachte immer, ihr wäret fähig, mich zu verstehen, aber ich warte jetzt auf die Verwirklichung, das heißt darauf, dass sich die Dreiheit in die Vierheit verwandelt. Das ist das größte Mysterium der okkulten Wissenschaft. Alle haben daran gearbeitet, um herauszufinden, wie die 3 sich in die 4 verwandeln kann. Ich sage es euch heute: Dank dieser Liebe, dank dieses Wunsches sich anzunähern, sich zu vereinen – und das ist eben der Heilige Geist – inkarniert sich die 3 und wird zur 4: Die Sonne inkarniert sich in uns. Die Sonne ist 3, und in uns wird sie 4. Ja, aber man muss sich zur Sonne hinzurechnen und sagen: »Die Sonne und ich, das macht zwei Sonnen.« Sagt nicht: »Ich bin ich und die Sonne ist die Sonne.« Nein, verschmelzt mit der Sonne und werdet auch zu einer Sonne!

Sèvres, 23. April 1962

Anmerkungen

1. Siehe auch Band 241 der Reihe Izvor »Der Stein der Weisen – Von den Evangelien zur Alchimie«, Kapitel 9: »Die alchimistische Arbeit: die 3 über der 4«.
2. Siehe auch Band 10 der Reihe Gesamtwerke »Sonnen-Yoga – Surya-Yoga – Die Herrlichkeit von Tipheret«, Kapitel 15: »Die Sonne ist Gottes Ebenbild«.
3. Siehe auch Band 215 der Reihe Izvor »Die wahre Lehre Christi«, Kapitel 3: »Seid vollkommen wie euer Vater im Himmel vollkommen ist« und Band 241 der Reihe Izvor »Der Stein der Weisen – Von den Evangelien zur Alchimie«, Kapitel 6: »Ihr seid das Licht der Welt«.
4. Siehe auch Band 218 der Reihe Izvor »Die geometrischen Figuren und ihre Sprache«, Kapitel 6: »Das Kreuz«.
5. Siehe auch Band 236 der Reihe Izvor »Weisheit aus der Kabbala«, Kapitel 10: »Die kosmische Familie und das Mysterium der Heiligen Dreieinigkeit«.

XII

DIE SPRACHE DER SYMBOLE

I

Dank der Symbole kann der Schüler die Sprache der Natur lesen und entschlüsseln. Er arbeitet mit den Symbolen wie der Chemiker mit den Buchstaben, die die verschiedenen Körper und Elemente darstellen oder wie der Mathematiker mit den Zahlen. Jede Sprache ist symbolisch, und ohne Symbole kann man nicht arbeiten. In der Musik muss man unbedingt die Noten kennen, die für die Töne stehen. Der Maler malt Gemälde, indem er die sieben Farben als Symbole kombiniert, und sogar die Buchstaben des Alphabets sind Symbole.

Alles ist Symbol, alles ist symbolisch, ob es sich nun um Farben, Musiknoten, Ziffern oder Buchstaben handelt. Ohne den Bereich der Symbole kommt man nicht aus, denn das ist die universelle Sprache. In der ganzen Welt wenden die Gelehrten dieselben Ziffern und Buchstaben an, ohne die sie sich nicht verstehen könnten. Die Musiker verwenden dieselben Noten und die Maler dieselben Farben. Nur die Schrift ist noch nicht universell. Viele Länder haben ihre eigene Schrift, eines Tages jedoch wird die ganze Welt vielleicht dieselbe Schrift übernehmen, so wie man das lateinische Alphabet in vielen Ländern der Welt aus praktischen Gründen übernommen hat.

Die ganze Menschheit benutzt also Symbole und dank dieser Symbole kommt sie voran, macht Fortschritte und Entdeckungen, aber wenn man den Menschen eine andere Symbolik, die esoterische Symbolik vorschlägt, bekommen sie Angst und wollen sie weder akzeptieren noch verstehen. Aber in einiger Zeit wird die ganze Welt sie akzeptieren, weil diese Symbolik die universelle Sprache ist, die die Natur selbst erschaffen hat und nicht die Menschen. Die chemischen Symbole sind willkürlich, ebenso die Worte und die Musiknoten, denn sie kommen in der Natur nicht vor. Die esoterische Symbolik ist die einzige, die mit der Natur selbst, mit der geometrischen Struktur der Natur übereinstimmt. Sie ist es also, die wirklich universell ist, denn sie ist die absolute Widerspiegelung einer Wirklichkeit, die in der Natur existiert und nicht eine Erfindung ist.

Alle anderen symbolischen Darstellungen sind Erfindungen. Sie gelten weltweit, weil die Länder sich untereinander einigten, sie zu verwenden, aber sie stimmen nicht mit der Sprache der Natur überein. Noten existieren nicht in der Natur, die Menschen haben sie erfunden. Farben hingegen existieren und die Buchstaben des Alphabets besitzen auch mehr oder weniger eine Entsprechung mit der Natur, vor allem das hebräische Alphabet. Die Buchstaben des hebräischen Alphabets sind exakt nach einer Geometrie aufgebaut, die in der Natur existiert. Nur, um zu erfahren, wie jeder Buchstabe aufgebaut ist und welche Entsprechungen er besitzt, ist umfassendes Wissen nötig, das selten preisgegeben wird. Mein ganzes Leben lang habe ich an Symbolen gearbeitet, denn sie sind es, die mir Zufriedenheit und Fülle schenken. Dank ihnen kann ich bei vielen Dingen ein- und ausgehen, mit ihnen jonglieren, mich überall hineinversetzen und die Kosmische Intelligenz verstehen.

Wenn man den Menschen studiert, stellt man fest, dass all seine Gliedmaßen und seine Organe – Augen, Nase, Mund, Stirn, Ohren, Beine, Hände, Herz, Lungen, Milz, Nieren und vor allem die Geschlechtsorgane – gemäß einer absoluten, universellen Geometrie aufgebaut sind. Die Eingeweihten, die folgerichtig versuchten, eine universelle Sprache zu entdecken, wählten, nachdem sie alles durchsucht, beobachtet und verglichen hatten, symbolische Formen aus, die die Synthese von allem ergeben, die Zusammenfassung, die Quintessenz, das Gerippe der Dinge, und den ganzen Rest, die Hülle ließen sie beiseite. Wenn sie zum Beispiel einen Menschen darstellen wollen, lassen sie die Muskeln, die Haut, die Nerven usw. beiseite und zeichnen nur eine vertikale Linie (den Kopf und den Rumpf) und eine horizontale Linie (die beiden Arme). Manchmal fügen sie unten die Beine hinzu – wie die Kinder – und das ist der Mensch: das Kreuz oder das Pentagramm.

Ich lege sehr viel Wert auf die Sprache der Symbole, denn sie ist die ganzheitlichste Sprache, aber ich weiß, dass es nicht einfach ist für euch, euch darin zurechtzufinden. Das ist ein Bereich, wo man die Dinge so sehr variieren und auf unterschiedliche Weise darstellen kann, dass diejenigen, die nicht mit dieser Vorgehensweise vertraut sind, sie als sehr willkürlich empfinden. Die Entsprechungen, die ich zwischen den verschiedenen Ebenen entdecke, entsprechen wahrhaft der Wahrheit, aber ich kann euch noch nicht die Wege erklären, die ich gehe, um sie zu finden. Wenn ich euch eines Tages erklären werde, wie sich in der Natur alles zusammenfügt, werdet ihr sehen, dass viele dieser Beziehungen, die euch willkürlich erscheinen, absolut richtig sind und der Wahrheit entsprechen. Momentan müsst ihr das einfach so akzeptieren und mir vertrauen, weil ich euch an einem Tag nicht alles erklären kann, aber wenn ihr euch intensiv damit befasst, werdet ihr sehen, wie sich alles zusammenfügt.

Ich habe so viel meditiert und kontempliert, um die Struktur des Universums zu verstehen, dass die Figuren der ewigen Symbole, der Archetypen, in meinem Herzen, in meinem Geist und in meiner Seele einen festen Platz gefunden haben. Ich habe sie genauso wiedergefunden, wie sie in der Kausalwelt sind. Wenn ihr lange, sehr lange über ein Thema meditiert, werdet ihr sehen, dass sich in eurem Unterbewusstsein oder eurem Überbewusstsein eine geometrische Figur herauskristallisiert, ein Symbol, das absolut der Idee, dem Gedanken, der Wahrheit entspricht, die euch beschäftigt. In dieser Weise arbeitet die Natur, und da der Mensch eine Zusammenfassung, eine Verdichtung der Natur ist, kristallisieren sich auch im Menschen die Dinge in Form von geometrischen Figuren oder Bildern.

Auf diese Weise lassen sich übrigens Träume erklären. Ich habe diese Erklärung in den Büchern über Psychoanalyse noch nicht gefunden, denn, mit Ausnahme von Jung, der die esoterische Wissenschaft wirklich erforscht hat, sind die Psychoanalytiker weit davon entfernt, Eingeweihte zu sein. Es gibt im Menschen eine Natur, die mit dem ganzen Kosmos verbunden ist, die mit der Kosmischen Seele, mit der Universalseele, mit allen Generationen der entferntesten

Vergangenheit lebt und schwingt. Sie ist in Kontakt mit allem, was oben ist, das heißt mit dem Bereich der Archetypen, der Prinzipien, der Gesetze, die sich auf diese Weise in Form einer geometrischen Figur, eines symbolischen Gegenstands in ihr widerspiegeln können. Wenn ihr über bestimmte Wahrheiten meditiert, die sich sehr hoch oben auf der Kausal-Ebene befinden, entsteht in den Tiefen des Unterbewusstseins eine Bewegung und eine symbolische Form erscheint in eurem Bewusstsein. Die Antwort auf Fragen, die ihr euch stellt, kann auch in Form eines Symbols erscheinen, das ihr dann interpretieren müsst.

Auf diese Art und Weise erklären sich Träume oder sogar die Hellsicht. Wenn es der Mensch wäre, der die genaue Entsprechung finden müsste, würde ihm das niemals gelingen, denn es gibt Tausende und Abertausende von Symbolen, Bildern und Kombinationen. Wie soll man das Symbol, die Farbe, das Bild finden, das der Angst, den Zweifeln, dem Argwohn, der Sinnlichkeit, dem Zorn entspricht? Man kann es nicht, niemand kann es. Nur die Natur kann es, das geht mathematisch, das geht automatisch: Es taucht ein Bild auf, das dem Laster oder der Tugend, mit dem oder der ihr euch befasst, genau entspricht.

Deshalb wird man sich eines Tages nur mit Symbolen beschäftigen, denn ein Symbol ist die Sprache der Natur selbst. Aber momentan ist es eine nicht zu entschlüsselnde Sprache. Ihr werdet sagen: »Ja, ich habe Bücher gelesen über die Auslegung von Träumen, über Traumdeutung.« Doch ich habe kein Vertrauen in diese Bücher, denn oft treffen die Interpretationen nicht zu, sie sind reine Erfindungen. Weil die eine oder andere Person von einer Schlange oder einem Abgrund oder einem Stier, der sie verfolgte, geträumt hat und ihr anschließend dieses oder jenes passiert ist, verallgemeinerte man die Bedeutung dieser Bilder. Aber es kann sein, dass für andere diese Träume nicht die gleiche Bedeutung haben. Das ist wie bei Medikamenten. Wenn ein Medikament jemanden geheilt hat, gibt man es jedem, aber es wird eben nicht jeder geheilt. Ihr werdet sagen: »Also gibt es gar keine absolute Entsprechung?« Doch, es gibt eine absolute Entsprechung, aber es gibt auch eine individuelle Entsprechung. Man sollte also die absolute Entsprechung kennen, aber auch die individuelle Entsprechung berücksichtigen, die leichte Abwandlungen aufweist.

Der Mensch ist individuell, einmalig, jeder hat eine Quintessenz oder, wenn ihr so wollt, einen Duft, eine Note, die ihn von allen anderen unterscheidet, die im ganzen Universum niemand anderer besitzt. Man muss also diese individuelle Entsprechung finden und nicht verallgemeinern. Man muss wissen, dass der Mensch mit dem Kosmos verbunden ist; er ist Teil des Universums, so wie alle anderen Geschöpfe. Er unterliegt denselben Gesetzen und weist eine Ähnlichkeit mit den anderen Menschen auf, aber gleichzeitig ist er er selbst, mit seiner Struktur, seinem Gesicht, seiner Klangfarbe der Stimme, seinen Emanationen. Diese beiden Aspekte müssen von Ärzten, Psychologen und Pädagogen in Betracht gezogen werden.

Es gibt also in der Tiefe des Menschen eine Natur, die die Möglichkeit besitzt, alles unmittelbar durch eine symbolische Form zu bestimmen, die ihr absolut entspricht. Eines Tages wird man sich mit der Sprache der Symbole eingehend befassen müssen. Jeder träumt, aber es ist einem noch nicht klar geworden, dass Traumbilder eine Sprache sind. Die Sprache der Bilder ist jedoch noch nicht die absolute Sprache der Symbole. Die absolute Sprache der Symbole ist geometrischer Natur. Bilder sind noch immer ein wenig Fleisch, Haut und Muskeln. Träume sind bekleidete Formen. Man muss die Symbole in ihrer skelettartigen Form sehen, und dafür muss man viel weiter und viel höher hinaufsteigen, dorthin, wo sie alles Äußere abgelegt haben, wo sie auf Prinzipien und auf geometrische Formen reduziert sind.

Nur die geometrische Sprache ist die universelle Sprache, die die Quintessenz der Weisheit darstellt. Bei Bildern handelt es sich noch um die Astral-Ebene, die geometrischen Symbole gehören nämlich zur Kausal-Ebene. Kristalle sind das Symbol der Kausal-Ebene, weil sie der Ausdruck reiner Geometrie sind. Ihr werdet entgegnen: »Aber

Kristalle gehören dem Mineralreich an, dem materiellsten, dem niedersten Reich!« Ja, aber das, was unten ist, ist wie das, was oben ist, und die Kristalle spiegeln die Kausalwelt wider. Das also, was unten ist, die Kristalle, die Metalle, die Steine spiegeln die höchste Welt, die erhabenste Welt wider. Wie ich euch bereits sagte: Was unten ist, ist wie das, was oben ist, aber umgekehrt. Schenkt von nun an der symbolischen Seite mehr Aufmerksamkeit und euch bieten sich unglaubliche Möglichkeiten, alles zu entschlüsseln.

Was gibt es nicht alles zu vertiefen! Bis heute hat die Wissenschaft diesen Bereich der Symbole vernachlässigt, mit dem sich nur Esoteriker oder Eingeweihte beschäftigten. Nach und nach, beginnt sie ihn zu entdecken, und es wird ihr bewusst werden, dass dieser Bereich beispiellosen Reichtum birgt.

Nehmen wir das Beispiel von Mann und Frau. Die äußere Erscheinung macht es aus, dass ein Mensch als Mann oder Frau definiert wird. Aber innerlich trägt jeder Mann eine Frau in sich und jede Frau einen Mann. Jeder Mensch ist Mann oder Frau, je nachdem, ob das männliche oder das weibliche Prinzip vorherrscht, aber das gegenteilige Prinzip schlummert in ihm und eines Tages kann es sich manifestieren. Man sieht Fälle, wo eine Frau sich in einen Mann verwandelt und umgekehrt. Das beweist, dass der Mann das weibliche Prinzip enthält und die Frau das männliche Prinzip.[1]

Ich beschränke mich hier in meiner Ausführung auf die Vorstellung, dass der Mensch die beiden Prinzipien enthält. Der Mann ist aktiv, energisch, willensbetont. Er möchte dominieren, kämpfen, die anderen unterwerfen, er verkörpert ein Prinzip von Macht und ist emissiv, aussendend. Das weibliche Prinzip hingegen manifestiert sich durch Sanftmut, Zartheit, Charme, Feinfühligkeit, Reinheit und alles, was rezeptiv, empfänglich ist. Natürlich spreche ich im Allgemeinen; kommt mir jetzt nicht damit, dass ihr Männer mit einer krankhaften Sensibilität kennt und autoritäre Frauen, die rauchen, fluchen und sich wie Männer kleiden. Ausnahmen interessieren mich nicht, ich spreche davon, was Mann und Frau im Allgemeinen sind. Und warum werden nun Krieger und Eroberer einer Frau gegenüber sanft und fügsam? Nach außen sind sie schrecklich, aber angesichts einer Frau legen sie die Waffen nieder und fallen vor ihr auf die Knie. Warum? Weil sie spüren, dass ihnen die Eigenschaften dieser Frau fehlen und dass sie ihnen diese bringt. Und warum werden ebenso Frauen, denen es an Kraft, an Widerstandsfähigkeit, an Hartnäckigkeit mangelt, gerade von Kriegern angezogen? Da haben wir Mars und Venus, so wie man sie immer darstellt: ein Krieger in Begleitung einer Frau.

Genau darin liegt das Ideal der Vollkommenheit: Der Mann soll stark und mächtig sein, aber unter bestimmten Umständen Sanftmut, Güte und Mitgefühl wie eine Frau zum Ausdruck bringen können, und die Frau ihrerseits soll, statt immer schwächlich, verletzlich und abhängig, fähig sein, sich, wenn es nötig ist, als stark und widerstandsfähig erweisen. Sich polarisieren können, dahin möchte ich euch führen, damit ihr euch weiterentwickelt und innerlich reich werdet. Dann, wenn der Mensch die beiden Prinzipien widerspiegelt, wird er frei und mächtig sein. Aber versteht mich bitte richtig, ich sage nicht, dass Mann und Frau nicht mehr heiraten oder miteinander etwas zu tun haben dürfen, weil jeder beide Prinzipien in sich hat. Ich sage nur, dass sie all ihre inneren Möglichkeiten entwickeln sollten, damit sie in jeder Hinsicht vollkommen werden.

Die geometrische Zusammenfassung dieser Wahrheit findet sich im Salomonsiegel.

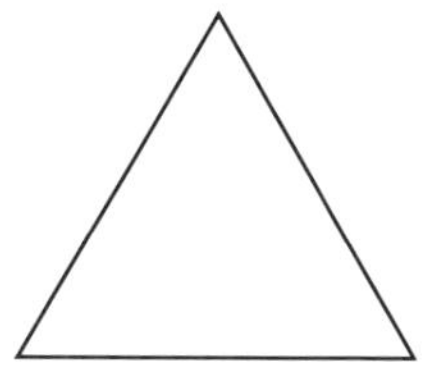

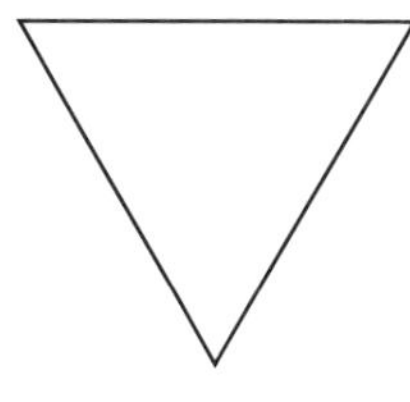

Das Salomonsiegel besteht aus zwei ineinander verflochtenen Dreiecken. Das eine, mit der nach unten gerichteten Spitze, stellt das männliche Prinzip dar und das andere, mit der nach oben gerichteten Spitze, stellt das weibliche Prinzip dar. Das Salomonsiegel ist das Symbol aller Menschen, denen es gelungen ist, in sich die beiden Prinzipien zu entwickeln, das männliche und das weibliche, das aussendende und das empfangende. Sie besitzen Kraft und Sanftmut, sie sind androgyn, sie sind vollkommen. Natürlich sind die Prozesse unterschiedlich, je nachdem, ob es sich um einen Mann oder eine Frau handelt. Dann, wenn der Mann, der das nach unten gerichtete Dreieck darstellt, ein Licht auf die Erde, auf die Materie wirft, spiegelt sich diese Bewegung in dem anderen Dreieck wider, wo dieses Licht in sieben Farben nach oben ausgestrahlt wird. Für die Frau hingegen, die das nach oben gerichtete Dreieck darstellt, kehrt die Liebe und das Licht, das sie zum Himmel schickt, zurück nach unten, zur Materie und spiegelt sich auf ihr wider. Obwohl diese Energien in Richtung Gott, dem Kosmischen Geist hinflossen, durchdringt die Frau die Materie und belebt sie. Anders als beim Mann, der sich der Materie zuwendet, um sie zu befruchten, durchdringt die Frau die Materie mit Licht, um diese zu schützen, um sich zu schützen, weil sie Schutz braucht.

Der Mann, das heißt das Dreieck, dessen Spitze nach unten zeigt, wird von der teuflischen Welt weniger in Versuchung geführt, denn er hat die Möglichkeit sich zu verteidigen: Die Spitze seines Dreiecks ist wie die Spitze eines Schwertes, das es ihm ermöglicht, die bösen Geister zu verjagen. Die Frau hingegen, deren Dreiecksspitze nach oben gerichtet ist, hat unten nichts, um sich zu verteidigen, und die unterirdische Welt schmuggelt sich also leichter in sie hinein. Moses, der das wusste, drückte dies nicht in einer geometrischen Form aus, sondern in einer Geschichte. Er erzählte, dass es im Paradies einen Mann und eine Frau gab und dass die Schlange diese Frau – Eva – überredete, von der Frucht eines Baumes zu kosten. Nun, ich erkläre euch dieselbe Geschichte, nur auf geometrische Weise. Der Mann und die Frau unterlagen, weil weder der eine noch der andere schon das Salomonsiegel in sich selbst verwirklicht hatte, aber die bösen, durch die Schlange symbolisierten Mächte, konnten sich zuerst bei Eva einschmeicheln.

Ich kenne diese geometrische Sprache und vielleicht werde ich euch eines Tages die ganze Bibel in geometrische Symbole übersetzen! Die Bibel besteht nur aus Symbolen, aber aus Symbolen, die, von Fleisch umhüllt, als Männer und Frauen dargestellt werden: Adam und Eva, Abraham, Isaak, Jakob und so weiter. Tatsächlich handelt es sich um geometrische Figuren, Zahlen, Pentakel. Auf den ersten Blick sieht man nicht, warum die Versuchung eher durch Eva stattfand als durch Adam, aber jetzt könnt ihr es verstehen: Unten war Eva nicht geschützt, unten ist das Dreieck der Frau nicht geschützt. Es ist also notwendig, dass die Frau innerlich das männliche Prinzip entwickelt, damit die unterirdische Welt nicht in sie eindringen kann.* Warum sind die Dinge so? Weil die Frau die Materie darstellt und die Materie den unterirdischen Regionen näher ist. Der Mann hingegen, der viel mehr im abstrakten und im mentalen Bereich lebt, ist viel weiter davon entfernt und es ist viel schwieriger, ihn zu erreichen. Das bedeutet nicht, dass die Männer stark sind und die Frauen schwach, nein, aber die Natur des Mannes und der Frau ist so beschaffen, dass die unterirdischen Wesenheiten leichter bei der Frau eindringen können, und dass durch die Frau der Mann seinerseits unterliegt und die Frucht isst. Der Mann ist genauso schwach wie die Frau, aber er muss immer durch eine Frau so weit gebracht werden, dass er anbeißt. Historiker und Psychologen wissen das nur zu gut. Ein bestimmter Mann hat dies oder jenes gemacht? Hinter ihm findet man immer eine Frau, die ihn beeinflusste…

Ich sage nicht, dass der Mann mehr moralische Stärke besitzt, nein, Mann und Frau sind praktisch gleich, nur die Funktionsweise unterscheidet sich. Dass die Männer seit Jahrhunderten die Frauen tyrannisiert haben, das ist eine andere Geschichte; in Wirklichkeit sind die Frauen stark und intelligent und sie finden heute bessere Bedingungen vor, um es zu beweisen. Ja, aber ich rate ihnen nicht, sich zu rächen, denn sonst kommt hinterher ein anderes Unglück auf sie zu.

* Siehe Kapitel IX: »Warum der Mensch beim Sündenfall die Tiere mit sich gezogen hat«.

Eines Tages, wenn man das große Buch der Natur studieren wird, wird man verstehen, dass es sich durch Symbole ausdrückt. Wie ich euch sagte, verdichtet sich oft, wenn ich über bestimmte Fragen nachdenke, die Antwort in Form eines Symbols, zum Beispiel der Kreis der Schlange, die sich in den Schwanz beißt, obwohl dem Anschein nach meine Meditation keinerlei Bezug zu diesem Bild hat. Auf diese Weise habe ich verstanden, dass die Symbole, die uns die Eingeweihten übermittelten, nicht von ihnen erfunden wurden, sondern dass sie eine Antwort waren, die ihnen die Natur gab, eine verdichtete, kristallisierte, entkleidete, einzig auf das Wesentliche reduzierte Antwort.

Es gibt eine Vielzahl von Symbolen, aber in Wirklichkeit kann man sie auf ganz wenige zurückführen, die alle anderen zusammenfassen. In meinem Kopf gibt es sehr wenige Symbole, aber jedes von ihnen enthält in sich Tausende von anderen. Ein geometrisches Symbol zum Beispiel enthält Tausende anderer Symbole in allen Bereichen: im technischen, wissenschaftlichen, sozialen, politischen, moralischen, psychologischen, künstlerischen oder mystischen Bereich. Die geometrischen Symbole sind sehr wenige, ungefähr zehn. »Das ist sehr wenig«, werdet ihr sagen. Ja, aber was für eine Tiefe findet sich hinter diesen Symbolen! Und wenn ihr mich mit diesen Symbolen jonglieren seht, mit dem Pentagramm, den Dreiecken, dem Kreis, dem Kreuz oder dem Quadrat, seid nicht erstaunt, ich gehe nicht willkürlich vor, ich respektiere ihre wirkliche Bedeutung.[2] Aber um so weit zu kommen, dass ich von jedem Symbol eine richtige Vorstellung habe, brauchte ich Jahre an Arbeit und Meditation.

Was mich betrifft, habe ich mich vor allem mit einem Symbol beschäftigt, das ich für über allen anderen stehend erachte und das auch alle anderen enthält: der Kreis mit dem Mittelpunkt. Viele werden der Meinung sein, es gäbe darin nichts zu entdecken, für mich jedoch ist dieses Symbol das ganze Universum mit Gott im Zentrum. Man bräuchte Tausende von Jahren, um alles zu erschließen, was es enthält… Dieses Symbol ist auch die Zelle mit der Membran, dem Protoplasma und dem Zellkern. Und da die Zelle der Anfang von allem ist, da alle Lebewesen aus Zellen bestehen, nun, so kann alles, das Universum, die Menschen und sogar das Sonnensystem mit diesem Symbol erklärt werden. Wie oft zeigte sich in mir nach bestimmten Arbeiten, bestimmten Meditationen dieses Symbol vom Kreis mit dem Mittelpunkt! Nicht ich habe es mir ausgedacht, sondern die Intelligenz der Natur in mir, die es bereitstellte und es mir zeigte.

Seid nicht erstaunt, wenn ich von nun an großen Nachdruck auf diese symbolische Sprache lege, die die einzige universelle Sprache ist, die reichste und wahrhaftigste Sprache. Wenn ihr sie nicht in Betracht zieht, werdet ihr niemals eine Vorstellung von Einheit, vom Ganzen haben. Ihr werdet nie weder das Universum noch den Menschen erkennen, ihr werdet nie den Sinn des Lebens finden, denn alles wird immer verstreut, getrennt, isoliert sein, so wie es bei vielen Menschen der Fall ist. In ihrem Kopf ist alles voneinander getrennt und sie sehen nicht die Verzweigungen, die Verbindungen, die zwischen einem Ding und einem anderen, zwischen einem Geschöpf und einem anderen existieren, sie sehen nicht die Kräfte, die kreisen, sie sehen nicht, dass das Universum eine einzigartige Struktur ist, wo sich alles ineinander fügt.

In all meinen Meditationen, in all meinen Kontemplationen habe ich jahrelang versucht, ganz hoch hinaufzusteigen, um die ganze Welt mit einem Blick zu umfassen, um eine Methode der Synthese zu entdecken, die es ermöglicht, sie in ihrer Einheit zu erkennen, und man hat mir einen Kegel gezeigt. Die geometrische Projektion des Kegels ist der Kreis mit seinem Mittelpunkt ⨀, deshalb betrachte ich diese Figur als Symbol des Universums. Der Mittelpunkt ist für mich der Gipfel, der alles aufrecht hält und zusammenbringt, und von diesem Gipfel aus kann ich in ein und derselben Konstruktion den Menschen und das Leben in all seinen Manifestationen sehen.

Alle jene, die die gleichen Symbole gesehen haben, widersprechen sich nie. Wenn man zum Beispiel die Apokalypse liest, stellt man fest, dass Johannes die gleiche Vision hatte wie Ezechiel. Wie kommt das? Sie machten die gleiche Erfahrung und andere nach ihnen können diese auch machen. Eine Minderheit von Weisen und Eingeweihten sahen immer die gleichen Dinge, es ist die große Menge von Dummen und Unwissenden, die unterschiedliche Dinge sehen, und so wie beim Turmbau zu Babel, verstehen sie sich nicht mehr. Wenn alle beginnen, das göttliche Leben zu leben, werden sie die gleichen Symbole entdecken, die die wahre Wissenschaft ausmachen und sie werden zu den gleichen Wahrheiten gelangen. Im Augenblick kämpft jeder gegen jeden mit unterschiedlichen Philosophien, verschiedenen Meinungen und das Reich Gottes wird niemals kommen aufgrund dieser Meinungsverschiedenheiten. Die Welt ist ein Turm zu Babel, weil die Menschen die universelle Sprache nicht akzeptiert haben. Es ist eine universelle Sprache, eine universelle Wissenschaft nötig, die Wissenschaft der Symbole.

Ist das nun klarer geworden? Habt ihr die Bedeutung der beiden Dreiecke verstanden? Aber wie viele Dinge gibt es noch zu erklären…! Indem ihr das liebt, was unten ist, zum Beispiel die Menschheit, projiziert ihr eure Liebe nach oben, zum Himmel, zu Gott, und indem ihr Gott liebt, indem ihr Ihn sucht, hellt sich unten alles auf, und dies führt in der Materie, in der Welt, in der Menschheit zu großartigen Ergebnissen. Dies offenbaren die beiden Dreiecke. Ich habe euch noch nicht alles gesagt, doch gebt euch für den Augenblick mit dem Wesentlichen zufrieden.

Sèvres, 30. Dezember 1967 (morgens)

Anmerkungen

1. Siehe auch Band 237 der Reihe Izvor »Das kosmische Gleichgewicht – Die Zahl 2«, Kapitel 15: »Die Vereinigung des Ichs mit dem physischen Körper«.
2. Siehe auch Band 218 der Reihe Izvor »Die geometrischen Figuren und ihre Sprache«.

II

Heute Morgen sagte ich euch, wie der Mensch dadurch, dass er sich konzentriert und meditiert, um die Antwort auf eine Frage, die ihn beschäftigt, zu finden, diese Antwort in seinem Bewusstsein als Bild oder geometrische Figur auftauchen sehen kann. Jetzt werde ich euch sagen, wie man auf dem umgekehrten Weg, ausgehend von einem Symbol, die Ideen und Wahrheiten, die es konkretisiert, wieder finden kann. Indem die Eingeweihten als Ausgangspunkt ein bestimmtes Symbol verwenden, gelingt es ihnen, sich bis zur Kontemplation dieses Symbols in der Welt der Archetypen zu erheben, der es angehört. In diesem Moment lässt dieses Symbol, das in ihrer Seele eine Vielzahl von Bewegungen und Schwingungen erzeugt, in ihrem Bewusstsein eine ganze Welt von Vorstellungen und Bildern erscheinen, die auf natürliche Weise um jedes Symbol herum entstehen. So tauchen die Eingeweihten in diese Welt der Symbole ein, schwimmen darin, trinken daraus und erfreuen sich an ihr.

Ein Symbol kann also der Ausgangspunkt sein, der es möglich macht, die Welt zu finden, deren Zusammenfassung es darstellt. Das erklärt, warum es in der esoterischen Wissenschaft so viele Figuren und Pentakel gibt. Für die Eingeweihten sind es Mittel, von Neuem zu diesen Regionen zurückzukehren, deren Zusammenfassung dieses Symbol darstellt, sich mit ihnen zu verbinden und sich an ihrer Existenz zu erfreuen. Ein Pentakel ist eine Darstellung, ein Bild, das es demjenigen, der es betrachtet, der darüber meditiert oder es als Talisman trägt, ermöglicht, in Kommunikation mit den Regionen und Wesenheiten zu treten, die ihm entsprechen. Man hat sich oft über Talismane und Pentakel lustig gemacht, indem man sagte, das wäre alles nur unverständliches Gekritzel. Nur Unwissende machen sich darüber lustig. Die Eingeweihten waren nicht so dumm, solche Gegenstände herzustellen, wenn es keinerlei realen Hintergrund gegeben hätte. Sie arbeiteten mit ihnen, um sich in sehr hohe Regionen zu versetzen und Kräfte auszulösen.

Wie oft habe ich schon über das Samenkorn gesprochen! Ihr habt ein winziges Samenkorn, pflanzt es ein, und eines Tages wird es zu einem prächtigen Baum. In der Vergangenheit sahen die Weisen, dass überall in der Natur, in der Seele und in den Gedanken die gleichen Entwicklungsprozesse ablaufen, und so verdichteten auch sie einen ganzen Baum in einem Samenkorn. Was ist dieses Samenkorn? Es ist ein Symbol, ein Talisman, ein Pentakel, das eine ganze Welt zusammenfasst. Der Eingeweihte pflanzt es in seinen Kopf, gießt es oft und der Baum erscheint. So arbeitet der Eingeweihte und ist heiterer Stimmung im Schatten dieses Baumes. Dann sammelt er die Samenkörner und alles beginnt von vorne… Die Welt der Symbole ist die Welt des Lebens. Das Leben arbeitet mit Symbolen und manifestiert sich durch sie; jeder Gegenstand ist ein Symbol, das Leben enthält. Um das Leben zu durchdringen, muss man mit den Symbolen arbeiten, und umgekehrt, um die Symbole zu entdecken und alles zu verstehen, was sie enthalten, muss man das wahre Leben leben. Ihr werdet fragen: »Und wozu dient ein Symbol?« Dann werde ich euch fragen: »Und wozu dient ein Samenkorn?« Es ist unmöglich, einen Baum oder einen ganzen Wald mit sich herumzutragen, aber es ist möglich, Samenkörner mit sich herumzutragen.

Symbole sind also Samenkörner, die ihr pflanzen könnt. So arbeitet ihr mit ungefähr zehn Symbolen und verfügt über alles Wissen. Es ist euch nicht möglich, überall alle Bücher und alle Bibliotheken der Menschheit mit herumzuschleppen, aber mit einigen Symbolen in eurem Kopf, ist es euch möglich, denn alle Bücher sind in ein paar Symbolen zusammengefasst. In der Astrologie zum Beispiel findet man eine geringe Anzahl von Symbolen: 12 Tierkreiszeichen, 12 Häuser, 10 Planeten und einige wenige Aspekte, das ist alles, aber um die Bedeutung dieser astrologischen Symbole und ihrer Kombinationen zu entschlüsseln und zu erklären, bräuchte es Tausende von Büchern.

Die Eingeweihten, die alles in der Natur beobachteten (Samenkörner, Pflanzen, Blumen, Gemüse, Bäume, Rinden und Stämme), fanden darin erstaunliche Zeichen. Sogar auf den Steinen fanden sie Symbole, die sie Gamahae nennen. Habt ihr schon einmal von den Gamahae gehört? Das ist sehr interessant. Ich habe bei mir zu Hause einen Stein in einer wunderschönen Farbe mit einem gleichseitigen Dreieck im Inneren. Niemand kann es da hineingraviert haben. Es war die Natur selbst, die so gearbeitet hat. Als Gamahae bezeichnet man also Bilder und Zeichen in einen Stein, einen Baumstamm oder einen Knochen eingeprägt. Viele Okkultisten beschäftigten sich damit, sogar Paracelsus. Welche außerordentliche Dinge entdecken diejenigen, die in den Minen arbeiten! Aber sie können sie nicht verstehen. Wie ist ein Symbol in einen Stein hineingelangt? Ein Mensch konnte es jedenfalls nicht anfertigen. Es gibt sogar Symbole, die auf dem Körper von Menschen oder in der Rinde von Bäumen erscheinen, überall, weil die Natur die Möglichkeiten hat, Symbole und Zeichen im Inneren von Gegenständen abzudrucken oder sie dort hinein zu projizieren.

Wenn ihr einen Apfel quer durchschneidet, werdet ihr auch dort ein vollkommen regelmäßiges Pentagramm finden. Was bedeutet das? Und wenn ihr ihn in der anderen Richtung durchschneidet, werdet ihr eine überraschende Ähnlichkeit mit dem Geschlechtsorgan der Frau feststellen. Auf diese Weise könnt ihr euch die Zeit damit vertreiben, alle möglichen Früchte, Gemüse und Pflanzen durchzuschneiden, um zu beobachten, um nachzudenken. Sogar ein Kohlkopf, schneidet einen Kohlkopf durch…! Alles in der Natur hat eine Sprache. Ich habe exotische Pflanzen gesehen, die außergewöhnliche Symbole aufwiesen. Übrigens habe ich einen Kaktus gefilmt, bei dem das männliche und das weibliche Prinzip sehr gut dargestellt ist. Auch unter den Muscheln findet man die beiden Prinzipien wieder. Vor langer Zeit entdeckte ich, dass die Miesmuscheln sogar bis in alle Einzelheiten die Form des weiblichen Prinzips besitzen, und eines Tages brachte man mir die sogenannten Messermuscheln, die das männliche Prinzip darstellen. Es ist unglaublich zu sehen, wie die Natur überall mit diesen beiden Symbolen des männlichen und des weiblichen Prinzips arbeitet. Überall sieht man nur diese beiden Prinzipien, die ganze Natur ist da, um uns diese Prinzipien in Erinnerung zu rufen.

Zu diesem Thema werde ich euch jetzt etwas sehr Wichtiges offenbaren. Es kommt vor, dass manche Brüder und Schwestern sich bei mir beklagen, sie würden während ihrer Meditationen von bestimmten Bildern, sexuellen Bildern natürlich, erfasst, die ihnen, so sagen sie, den Eindruck vermitteln, sie seien halb verrückt. Es ist nichts Erstaunliches an diese Art von Bildern zu geraten. Wie ich euch heute Morgen erklärte, kann jedes Thema, über das ihr meditiert, sich im Unterbewusstsein in Form eines Bildes, eines Symbols widerspiegeln, und weil ihr jetzt in die Symbole der männlichen oder weiblichen Prinzipien eingetaucht seid, müsst ihr nicht gleich verrückt werden. Ihr habt einfach nur die halbe Arbeit erledigt: Das Bild ist da und ihr müsst jetzt die andere Hälfte erledigen, indem ihr dem umgekehrten Prozess folgt. Das heißt, von diesem Bild ausgehend, das in euch konkrete Form angenommen hat, zu versuchen, die göttliche Welt zu erreichen: die Macht, die Weisheit desjenigen staunend bewundern, der diese Dinge erschaffen hat, Ihn bewundern und Ihm danken… Die Natur weiß viele Dinge und sie arbeitet getreulich. Es gibt nichts Schlechtes in der Natur, man darf ihr nichts vorwerfen. Aber ein Schüler, der weiß, wie sie arbeitet, lässt sich weder beunruhigen noch Angst einjagen.

Natürlich gibt es Symbole und Talismane, um dunkle Kräfte anzurufen. So haben zum Beispiel manche Menschen, die nicht genug Wissen oder nicht ausreichend Willenskraft besaßen, um bis zum Gipfel aufzusteigen, sich teuflischen Kräften hingegeben und haben Bilder und Symbole benutzt, um höllische Wesenheiten anzurufen und anzuziehen. Aber es ist unnütz darüber zu sprechen, denn in der Universellen Weißen Bruderschaft wird nicht gelehrt, wie man die Symbole verwendet, um sich mit den höllischen Regionen zu verbinden, sondern wie man allein mit den positiven und lichtvollen Kräften arbeitet, mit solchen Symbolen, die segensreiche Strömungen anziehen.

Ihr werdet sagen: »Ja, aber man hat uns gesagt, dass die Geschlechtsorgane teuflisch sind und dass man es vor allem vermeiden soll, daran zu denken.« Nun, das entspricht nicht der Wahrheit, das sind Erfindungen von Leuten, die nicht viel wussten. Die Geschlechtsorgane sind nicht teuflisch, sie sind göttlich! Es ist nur eine Frage der Betrachtungsweise. Wenn euer Denken an diese Bilder gerät, solltet ihr sie als Ausgangspunkt nehmen und euch von dort aus bis zur Gottheit erheben, die diese Organe erschaffen und geformt hat, anstatt euch dabei zu lange aufzuhalten, sodass ihr euer Gleichgewicht und das Licht verliert. So wird sich euch eine ganz neue Welt offenbaren, ihr werdet alle Kräfte der Göttlichen Mutter und des Himmlischen Vaters entdecken: Ihr werdet in Freude und in Glückseligkeit schwimmen und irgendwelche unheilvollen Auswirkungen wird es nie geben. Alles liegt in der Art und Weise wie ihr arbeitet und denkt.[1]

Wie wir soeben festgestellt haben, gibt es zwei gegensätzliche Prozesse: die Verdichtung und die Auflösung. Ihr könnt die Dinge verdichten bis sie auf ein paar Linien oder ein Samenkorn reduziert sind, aber ihr könnt sie auch ausbauen und erweitern bis sie das ganze Universum umfassen. Der Schüler sollte sich also in diesen beiden Bereichen üben: verdichten und anschließend auflösen; kristallisieren, in Symbole fassen und anschließend mit Leben füllen, es wachsen und kreisen lassen. Das sind, wenn ihr so wollt, die beiden Prozesse »solve und coagula«: auflösen und verdichten. Wenn ihr die Dinge in all ihrer Herrlichkeit, in ihrer ganzen Weite und in der ganzen Feinheit ihrer Materie sehen wollt, löst ihr sie auf bis ins Unendliche, bis ihr sie nicht mehr seht, bis ihr sie in der Ewigkeit verschwinden lasst, und das ist solve. Anschließend, wenn ihr sie von Neuem sehen wollt, wenn ihr sie wieder erscheinen lassen wollt, verdichtet ihr sie, und das ist coagula. Mit anderen Worten nennt man das auch Leben und Tod.

Zu diesem Thema füge ich noch hinzu, dass man oft ein und demselben Phänomen, wenn es sich auf zwei verschiedenen Ebenen ereignet, zwei gegensätzliche Bedeutungen beimisst. Wenn ihr zum

Beispiel am Morgen erwacht, werdet ihr hier auf der physischen Ebene geboren, aber ihr sterbt auf der Astral-Ebene, und umgekehrt, wenn ihr hier einschlaft, sterbt ihr auf der physischen Ebene, aber ihr werdet auf der Astral-Ebene geboren.[2] Ich habe euch auch gesagt, dass, wenn ein Kind auf die Erde kommt, es hier geboren wird, aber auf der anderen Seite stirbt; es wird hier mit Gesang und Musik empfangen, und auf der anderen Seite begleitet man es zum Begräbnis. Und umgekehrt, wenn der Mensch hier stirbt, begleitet man ihn mit Trauermärschen, Schluchzen und schwarzer Kleidung und auf der anderen Seite wird er mit Fanfaren empfangen, denn sie sagen: »Endlich kommt er zurück!« Natürlich, wenn man sich auf der Erde wie ein Strolch benommen hat, wird man drüben nicht mit Blumen empfangen; ebenso werden auch hier manche Kinder von ihren Eltern ohne große Freude empfangen; ein Vater, zum Beispiel, ist wütend, weil es ein Mädchen ist und er einen Sohn haben wollte und so fort. Aber das sind Einzelfälle, ich jedoch spreche im Allgemeinen. Man muss also wissen, dass das Leben auf einer Ebene zugleich der Tod auf einer anderen Ebene ist. In gleicher Weise ist das, was hier solve ist, woanders coagula. Was hier verschwindet, erscheint woanders.

Ich komme auf das zurück, was ich euch am Anfang sagte. Genauso wie die göttliche Welt der Gedanken in Symbolen konkrete Formen annimmt, genauso kann man – indem man diese Symbole auflöst, das heißt sie in seiner Seele zum Leben erweckt und belebt – alle Reichtümer, die sie enthalten, entdecken und daraus schöpfen. Als Pythagoras diejenigen prüfen wollte, die wünschten, seine Schüler zu werden, setzte er sie mit einem kleinen Krug Wasser und einem Stück Brot in einen Raum und gab ihnen ein Symbol zu entschlüsseln: ein Dreieck oder einen Kreis zum Beispiel. Er wusste, dass man sich sehr hoch hinaufbegeben und die Entsprechung eines Symbols in der Welt der Ideen sehen konnte, wenn man die Methoden kannte.

Pythagoras maß auch den Zahlen eine grundlegende Bedeutung bei; nicht denen, die wir benutzen, sondern den Zahlen oben, in der göttlichen Welt. Jede Zahl entspricht Kräften, die im Universum arbeiten.

Pythagoras sagte nie, die Zahlen seien Gottheiten, nein, man hat das falsch verstanden, Zahlen sind nicht Gottheiten, aber sie repräsentieren Gottheiten. Was meine Arbeit betrifft, habe ich mich mit der Zahl 1 beschäftigt, sie ist die Zahl, die mich interessiert. Die Zahl 1 repräsentiert das göttliche Prinzip. Es existiert einzig und allein die Zahl 1. Und die anderen? Sie sind Teil dieser Zahl 1 und wenn man sie vertieft, wenn man sie in allen Bereichen studiert, wird man den ganzen Rest erkennen.

Symbolisch gesehen enthält die Zahl 1 alles: Sie stellt Gott Selbst dar, der sich danach polarisierte, um die 2 zu werden. Danach vereinigten sich die 2 Prinzipien, um die 3 hervorzubringen, das Kind, dann noch ein Kind und das ergibt die 4, die vollständige Familie: Vater, Mutter, Sohn und Tochter. Die folgenden Zahlen 5, 6, 7 usw. gehören einem anderen System an. Man kann sich also mit der Zahl 4 beschäftigen, denn sie enthält alles, und Pythagoras, der diese Wissenschaft kannte, ordnete die ersten vier Zahlen so an, dass sie eine symbolische Figur bilden, die er Tetraktys nannte und die er als das heiligste Symbol betrachtete.* Addiert man die ersten 4 Zahlen, ergeben sie die 10. Tatsächlich ergibt 1+2+3+4 = 10. Das mag euch als seltsame Arithmetik erscheinen, aber die Eingeweihten haben Regeln, die keinen Bezug zur herkömmlichen Mathematik haben.

Ich werde euch heute nicht sagen, warum es notwendig war, 1 + 2 + 3 + 4 zu addieren, denn die Arithmetik und die Geometrie sind zu abstrakte Wissenschaften und ich finde, dass ihr im Moment noch an eurer Lebensweise, an euren Gedanken, euren Gefühlen, euren Gesten, eurem Verhalten arbeiten sollt, damit ihr lernt, das kollektive, brüderliche Leben zu leben. Manche spirituelle Lehren versorgen ihre Mitglieder nur mit Symbolen und Abstraktionen, und es gibt unter ihnen keinen brüderlichen Austausch mehr. Wenn ihr euch nur in abstrakte Wissenschaften vertieft, glaube ich nicht, dass ihr anschließend den Wunsch verspürt, brüderlich zu sein, ein kollektives Leben zu leben, viel Herzenswärme zu besitzen. Ihr werdet euch fernhalten, euch isolieren, austrocknen, denn genau dahin führen Abstraktionen: Man wird zu einem Skelett!

* Siehe Kap. 11: »Der Heilige Geist«.

Das Skelett ist Teil des Organismus, aber auch das Fleisch, und manchmal mag man lieber das Fleisch, das ist angenehmer zu streicheln. Die Knochen, wisst ihr… Natürlich gibt es Menschen, die Skelette in ihren Schrank stellen, um sie zu studieren, aber ich habe nie jemanden gesehen, der ein Skelett umarmte oder ihm Streicheleinheiten gab. Ein Skelett inspiriert euch nicht zu solchen Gefühlen. Ein Wesen aus Fleisch hingegen… es ist schon ein ganz besonderes Verlangen, das da über euch kommen kann, sich sofort auf es zu stürzen, um es zu umarmen! Warum spricht man im Französischen von »Fleisch und Knochen«, wenn man jemanden höchstpersönlich meint? Weil das zwei verschiedene Dinge sind. Die Knochen, das sind die Zahlen; die Zahlen zu kennen heißt also, die Skelette zu kennen. Und wenn ihr sie in all ihre Eigenschaften und all ihre feinen Unterschiede kleidet, werden sie mit einem Mal vor euren Augen zu Wesen, die tanzen, singen, sprechen, arbeiten und erschaffen. Aber ihr müsst eben die Fähigkeit haben, sie mit Fleisch zu bekleiden, und genau das gelingt den Eingeweihten beim Umgang mit den Dingen: sie zu bekleiden und sie zu entkleiden.

Beschäftigen wir uns also in erster Linie mit dem, was lebendig ist, und dann werden wir uns mit den Skeletten beschäftigen. Dass das Skelett unter dem Fleisch versteckt ist, beweist, dass alles was Zahl, Gerippe, Gerüst ist, das heißt, alles, was versteckt ist, für die Eingeweihten bestimmt ist. Für die anderen gibt es die äußere Erscheinung. Das ist natürlich symbolisch zu verstehen. Das Knochensystem ist auch viel widerstandsfähiger als das Fleisch, was beweist, dass es zwischen Fleisch und Zeit einen Zusammenhang gibt, mit allem, was veränderlich und vergänglich ist, während die Knochen mit der Ewigkeit verbunden sind. Natürlich überdauern die Knochen nicht ewig, aber sie sind das Symbol für das, was beständig ist, was der Zeit widersteht. Das Fleisch seinerseits kann ihr nicht widerstehen, es existiert in der Zeit.

Warum wird Saturn immer als Skelett mit einer Sichel dargestellt? Weil Saturn die Zeit ist, aber auch die Ewigkeit. Die Sichel von Saturn, das ist die Zeit, die alles zerstört, die alles niedermäht und sein Skelett ist das, was der Zeit widersteht, das ist die Ewigkeit. Wie kann Saturn gleichzeitig die Zeit und die Ewigkeit darstellen? Weil die Ewigkeit als Prinzip weder Anfang noch Ende hat, aber sie besteht aus winzigen Einheiten, aus einer Vielzahl von Augenblicken, und diese kleinen Einheiten der Ewigkeit, diese Aufeinanderfolge von Ereignissen, Vibrationen, Herzschlägen und Schwingungen, das ist die Zeit. Die Ewigkeit besteht aus der Vereinigung dieser winzigen Zeiteinheiten mit der Unendlichkeit. Selbst wenn die Ewigkeit weder Anfang noch Ende hat, besteht sie aus etwas. Sie besteht aus einer Substanz und diese Substanz, das ist die Zeit. Natürlich sprechen Physiker und Philosophen nicht auf diese Art und Weise von der Zeit. Das, was sie sagen, erscheint euch viel tiefgründiger und wissenschaftlicher, doch ich spreche so zu euch, damit ihr mich richtig versteht.

Der Begriff von Zeit ist untrennbar mit dem Begriff von Raum verbunden. Der Raum ist die Ausdehnung, und die Ausdehnung besteht aus Materie. Die Materie ist für den Raum das, was die Bruchteile der Zeit für die Ewigkeit sind. Der Raum ist also gefüllt mit Materie, einer Materie, die wir nicht kennen, sogar mit einer so feinstofflichen Materie, dass wir sie gar nicht sehen. Der Raum ist eine Substanz, und dort, wo es keine Substanz gibt, gibt es keinen Raum mehr. Ebenso wie die Ewigkeit hat der Raum keine Grenzen, er ist das Unendliche, das weder Anfang noch Ende hat, der Kreis, dessen Zentrum überall und dessen Kreislinie nirgends ist. Der Raum, die Ausdehnung, das Unendliche bestehen also aus Materie und jedes Materiekörnchen stellt ein Bruchteil, eine Dimension des Raumes dar, und um sich eine Vorstellung von diesem unendlichen Raum machen zu können, muss man ihn sich mit Materie, mit Materieteilchen angefüllt vorstellen. Eine Welt will sich manifestieren, und plötzlich sammeln und verdichten sich in diesem Raum, den man für leer hielt, ätherische Teilchen und es erscheinen Sterne. Es gibt keinen leeren Raum. Raum und Leere sind unvereinbar. Die Raumteilchen gleichen der Zeit in der Ewigkeit.

Was müsst ihr machen, wenn ihr wollt, dass es weder Zeit noch Raum gibt? Dann muss man die Bewegung der Schwingungen beschleunigen. Ihr liegt im Wald und seht einen Himmel, der vollkommen blau und klar ist; doch dann erscheinen von Zeit zu Zeit

Wolken, Schleier… Wenn ihr wisst, wie ihr euch mit den Geschöpfen der Luft, den Sylphen, verbinden könnt und sie darum bittet, euch zu erklären, was diese Phänomene bedeuten, werden sie euch antworten: »Wir spielen, wir arbeiten, wir wollen zeigen, wie die Schöpfung sich vollzog, durch Verdichtung.« Ja, auf diese Weise formt Gott die Welten; anschließend lässt Er sie verschwinden. Wohin gehen sie? Es gibt sie in anderer Form, aber man sieht sie nicht. In den Teilchen vollzog sich eine schnellere Bewegung und die Materie verschwand, aber wenn die Bewegung sich wieder verlangsamt, verdichtet sich die Materie und wird wieder sichtbar. Je mehr ihr also die Bewegung verlangsamt, desto mehr materialisiert ihr euch, desto festere Formen nehmt ihr an und nähert euch dem Zustand der Steine. Aber je mehr ihr die Schwingungen eurer Teilchen erhöht, desto immaterieller, ätherischer, feinstofflicher werdet ihr.

Alles liegt in der Bewegung. Eines Tages wird es gelingen, sogar die Elemente und die Form von Gegenständen zu verändern, nur indem man die Bewegung der Elektronen verändert. Darin liegt das große Geheimnis, der Schlüssel, der Zauberstab. Ihr befindet euch zum Beispiel in einem Zustand großer Traurigkeit, aber wenn es euch gelingt, innerlich die Bewegung eurer Teilchen zu verändern, wird auf einmal alles anders: das Gesicht, der Blick, die Empfindung. Ihr seid glücklich, entspannt, und das geschieht, weil ihr die Bewegung eurer Gedanken, eurer Seele und eures Herzens beschleunigt habt. Schaut euch einen Kreisel an: Solange er sich schnell dreht, hält er sich aufrecht auf einem Punkt, wenn er aber langsamer wird, fällt er schließlich um. Und wenn die Bilder und Gegenstände vor euren Augen mit sehr großer Geschwindigkeit vorbeiziehen, verändern sie die Form. Bewegung ist also die Grundlage von allem, und eines Tages werden die Gelehrten nur noch an der Bewegung arbeiten, um alles umwandeln zu können. Die Form ist ein Ergebnis der Bewegung der Teilchen, aus denen sie zusammengesetzt ist. Man gibt eine bestimmte Bewegung vor und erhält jene Form. Wenn ich auf die Bewegung näher eingehen sollte, um euch zu sagen, welcher Faktor, welche Intelligenz die Bewegung bewirkt und mit welchem Ziel, wärt ihr erstaunt.

Durch die Bewegung könnt ihr auch Zeit und Raum verändern, zum Beispiel eine ganze Ewigkeit in ein paar Sekunden erleben oder das ganze Universum in eine Nussschale stecken. Wenn ihr mit Lichtgeschwindigkeit reisen könntet, würdet ihr im selben Augenblick die Vergangenheit, die Gegenwart und die Zukunft kennen. Und wenn ihr auf die gleiche Weise in die vierte Dimension des Raumes eintreten könntet, würden sich die Maße verändern, weil sich die Bewegung verändern würde und ihr könntet auf einen Schlag an einem Dutzend Orten gleichzeitig sein: sowohl hier als auch auf der anderen Seite der Welt und auf einem anderen Planeten. Das ist möglich… Zeit und Raum sind abhängig von der Bewegung.

Ich lege deshalb immer sehr viel Wert darauf und möchte, dass ihr die Bewegung eurer Gedanken und Gefühle beschleunigt, weil in dieser Beschleunigung das Geheimnis des Lebens liegt. Das Leben ist nichts anderes als konstante Bewegung, konstante Schwingung, und beim Tod kommt diese Bewegung zum Stillstand.[3] Man kann diese Phänomene auch beim zunehmenden und abnehmenden Mond beobachten. Während des abnehmenden Mondes verlangsamt sich das Leben und man ist träger und schläfriger, während des zunehmenden Mondes jedoch nimmt die Bewegung zu und die Intensität des Lebens nimmt wieder zu. Manche werden sagen, dass sie keinen Unterschied spüren. Sie spüren es vielleicht nicht, aber diesen Unterschied gibt es. Es gibt immer eine Veränderung, eine Schwingung, sonst wäre das der Tod. Solange ihr lebendig seid, gibt es Veränderungen.

Ihr merkt, wir haben bei den Pentakeln und den Gamahae begonnen, und seht nun, bis wohin wir gekommen sind! Ich bräuchte stundenlang, um euch den Reichtum der Sprache der Symbole zu zeigen. Die Menschen haben noch nicht gelernt, die Dinge zu vertiefen, sie in all ihren Verbindungen und Verzweigungen zu sehen. In ihren Köpfen ist alles zusammenhanglos, getrennt, isoliert und das ist unwissenschaftlich. Wahre Wissenschaft findet magnetische, elektrische oder magische Zusammenhänge. Wahre Wissenschaft ist lebendig, das heißt, alles funktioniert wie in einem Organismus. Wenn diese Verbindungen nicht mehr existieren, gibt es kein Leben mehr.

Das Besondere am Leben ist, dass sich alles darin vollkommen ineinander fügt und angeordnet ist, jedes Ding erfüllt an seinem Platz seine Funktion in Verbindung mit den anderen. Wenn die Verbindung durchtrennt ist, bedeutet das den Tod. Deshalb ziehe ich folgende Schlussfolgerung: Wenn der Schüler sich darin übt, die Zusammenhänge und Entsprechungen zwischen den Dingen zu finden, wenn es ihm gelingt zu entdecken, dass der Zusammenhalt des ganzen Universums eben auf diesen Entsprechungen beruht, intensiviert er sein Leben. Ihr werdet entgegnen: »Aber er lebte doch bereits!« Nein, das ist nicht das Leben, das ich meine, das ist Lebendigkeit, das ist rein vegetatives Leben. Natürlich isst, trinkt und gestikuliert er, aber das Leben besitzt verschiedene Abstufungen und der Mensch kennt noch nicht die höheren Stufen des Lebens.[4] Erst wenn der Schüler die weitreichenden, nicht wahrnehmbaren, feinstofflichen, ätherischen Entsprechungen, die es zwischen jedem Ding und jedem Geschöpf des Universums gibt, zu verstehen beginnt, erkennt er das wahre Leben. Also, meine lieben Brüder und Schwestern, macht euch diese neue wahrhaft wahre Wahrheit zu eigen, damit das Leben an Intensität und an Herrlichkeit zunimmt, sobald ihr beginnt, die Verbindungen aller Dinge mit dem ganzen Universum zu erfassen. Und das Leben, das an Intensität zunimmt, bringt bereits alle Segnungen mit sich: an Licht, Reichtum, Wissen, Frieden, Liebe und sogar Kraft. In diesem Leben ist alles enthalten.

Sèvres, 30. Dezember 1967 (nachmittags)

Anmerkungen

1. Siehe auch Band 221 der Reihe Izvor »Alchimistische Arbeit und Vollkommenheit«, Kapitel 12: »Die Sublimierung der Sexualkraft«.
2. Siehe auch Band 28 der Reihe Gesamtwerke »Die Pädagogik in der Einweihungslehre«, Kapitel 9: »Die Geburt auf den verschiedenen Ebenen«.
3. Siehe auch Band 237 der Reihe Izvor »Das kosmische Gleichgewicht – Die Zahl 2«, Kapitel 2: »Das Pendeln der Waage« und Kapitel 10: »Prinzip des Lebens und Prinzip des Todes: Jona und Orew«.
4. Siehe auch Band 240 der Reihe Izvor »Söhne und Töchter Gottes«, Kapitel 1: »Ich bin gekommen, damit sie das Leben haben«.

Vom selben Autor

Reihe Gesamtwerke

1	Das geistige Erwachen
2	Spirituelle Alchimie
3	Die beiden Bäume im Paradies
4	Das Senfkorn – Symbole im Neuen Testament
5	Die Kräfte des Lebens
6	Die Harmonie
7	Die Reinheit, Grundlage geistiger Kraft – Die Mysterien von Jesod
8	Sprache der Symbole, Sprache der Natur
9	»Im Anfang war das Wort«
10	Sonnen-Yoga (Surya-Yoga) – Die Herrlichkeit von Tiphereth
11	Der Schlüssel zur Lösung der Lebensprobleme
12	Die Gesetze der kosmischen Moral
13	Die neue Erde
14/15	Liebe und Sexualität (Doppelband)
16	Alchimie und Magie der Ernährung – Hrani-Yoga
17/18	Erkenne Dich selbst – Jnani Yoga (Doppelband)
23/24	Eine neue Religion (Doppelband)
25/26	Der Wassermann und das Goldene Zeitalter (Doppelband)
27	Die Pädagogik in der Einweihungslehre – Teil 1
28/29	Die Pädagogik in der Einweihungslehre Teil 2 und 3 (Doppelband)
32	Die Früchte des Lebensbaums

Vom selben Autor

Reihe Broschüren

301 Das neue Jahr
302 Die Meditation
303 Die Atmung
304 Der Tod und das Leben im Jenseits
305 Das Gebet
306 Musik und Gesang im spirituellen Leben
307 Das hohe Ideal
309 Die Aura, unsere geistige Haut
310 In die Stille gehen
311 Wie sich die Gedanken in der Materie verwirklichen
312 Die Reinkarnation
313 Das Vaterunser
314 Das Gesetz der Gerechtigkeit
und das Gesetz der Liebe
315 Die Quelle des Lebens
316 Die Nahrung, ein Liebesbrief des Schöpfers
317 Die Kunst und das Leben
318 Die wesentliche Aufgabe der Mutter
während der Schwangerschaft
319 Die Seele, Instrument des Geistes
320 Menschliches und göttliches Wort
321 Weihnachten und das Mysterium der
Geburt Christi
322 Die spirituellen Grundlagen der Medizin
323 Meditationen beim Sonnenaufgang

Vom selben Autor

Taschenbuchreihe IZVOR

200 Hommage an Meister Peter Deunov
201 Auf dem Weg zur Sonnenkultur
202 Der Mensch erobert sein Schicksal
203 Die Erziehung beginnt vor der Geburt
204 Yoga der Ernährung
205 Die Sexualkraft
206 Eine universelle Philosophie
207 Was ist ein geistiger Meister?
208 Das Egregore der Taube o. das Reich des Friedens
209 Weihnachten und Ostern in der Einweihungslehre
210 Die Antwort auf das Böse
211 Die Freiheit, Sieg des Geistes
212 Das Licht, lebendiger Geist
213 Die menschliche und göttliche Natur in uns
214 Liebe, Zeugung und Schwangerschaft
215 Die wahre Lehre Christi
216 Geheimnisse aus dem Buch der Natur
217 Ein neues Licht auf das Evangelium
218 Die geometrischen Figuren und ihre Sprache
219 Geheimnis Mensch. Seine feinst. Körper u. Zentren
220 Der Tierkreis, Schlüssel zu Mensch und Kosmos
221 Alchimistische Arbeit und Vollkommenheit
222 Die Psyche des Menschen

223 Geistiges und künstlerisches Schaffen
224 Die Kraft der Gedanken
225 Harmonie und Gesundheit
226 Das Buch der göttlichen Magie
227 Goldene Regeln für den Alltag
228 Einblick in die unsichtbare Welt
229 Der Weg der Stille
230 Die Himmlische Stadt
231 Saaten des Glücks
232 Feuer und Wasser – Wunderkräfte der Schöpfung
233 Eine Zukunft für die Jugend
234 Die Wahrheit, Frucht der Weisheit und der Liebe
235 Im Geist und in der Wahrheit – Wie finde ich zu Gott
236 Weisheit aus der Kabbala
237 Das kosmische Gleichgewicht – Die Zahl 2
238 Der Glaube versetzt Berge
239 Die Liebe ist größer als der Glaube
240 Söhne und Töchter Gottes
241 Der Stein der Weisen
242 Unerschöpfliche Quellen der Freude
243 Das Lächeln des Weisen
244 Dem Licht entgegen

Der Unterschied zwischen den einzelnen Buchreihen:

Reihe Gesamtwerke

Die meisten dieser Bücher enthalten in jedem Kapitel einen Vortrag von Omraam Mikhael Aivanhov.

Reihe Izvor

Jedes Kapitel enthält Auszüge aus den Vorträgen Omraam Mikhael Aivanhovs. Die Texte der Reihe Izvor sind teilweise in den Büchern der Reihe Gesamtwerke enthalten.

Reihe Broschüren

Themenbezogene Auzüge aus den Büchern der Reihen Gesamtwerke und Izvor.

Verlag – Auslieferung

Editions PROSVETA S.A. – B.P. 12 – 83601 Fréjus Cedex (France)
Tel. 04 94 19 33 33 – Fax 04 94 19 33 34, e-mail: International@prosveta.com
www.prosveta.com

Auslieferungen international:

AUSTRALIEN UND ASIEN
PROSVETA AUSTRALIA
16 Galway Gardens
WARNBRO WA 6169

ARGENTINIEN
ASOCIACIÓN SOPHIA
Chile 1736 – Ciudad Mendoza

BELGIEN UND LUXEMBURG
PROSVETA BENELUX
Chaussée de Merchtem 123
1780 Wemmel

N.V. Maklu Somersstraat 13-15
B-2000 Antwerpen

S.D.L. CARAVELLE S.A.
rue du Pré aux Oies, 303
1130 Bruxelles

BULGARIEN
NOVA EPOHA
Rue Chesti Semptembri n°28
Sofia 1000

BOLIVIEN
BELTRÁN
Calle Muñoz Cornejo, Sopocachi
La Paz

BRASILIEN
EDITORA NOVA ERA um selo da
EDITORA BEST SELLER Ltda
(Grupo Editorial Record)
Rua Argentina 171
Rio de Janeiro, RJ 20921-380

DEUTSCHLAND
Prosveta Verlag GmbH
Postfach 16 52, D 78616 Rottweil
Heerstr. 55, D 78628 Rottweil
Tel. +49 741-46551, Fax -46552
E-Mail: info@prosveta.de
Internet: www.prosveta.de

ELFENBEINKÜSTE
Librairie Prosveta
25, rue Paul Langevin Zone 4C
01 B.P. 2 – ABIDJAN 01

ENGLAND UND IRLAND
Prosveta, The Doves Nest
Duddleswell Uckfield
East Sussex TN 22 3JJ

GRIECHENLAND
PYRINOS Kosmos
16 Hippocratous Str., 106 80 Athens

HAITI
PROSVETA DÉPÔT HAÏTI
Angle rue Faustin 1er et rue Bois Patate #25 bis
6110 Port-au-Prince

INDIEN
VIJ BOOKS INDIA PVT.LTD
2/19, (Second Floor) Ansari Road
Darya Ganj, New Delhi -110002, (India)

IRLAND
siehe England

ISRAEL
Zohar P.B.1046
Netanya 42110

ITALIEN
PROSVETA Coop. a r.l.
Casella Postale 55
06068 Tavernelle (PG)

KOLUMBIEN
PROSVETA COLOMBIA
Calle 174 Número 54B
50 Interior 6
Villa del Prado – Bogotá

KONGO
PROSVETA KONGO
29, Avenue de la Révolution
B.P. 768 – Pointe-Noire

LIBANON
PROSVETA LIBAN – P.O. Box 90-995
Jdeitet-el-Metn, Beyrouth

LITAUEN
LEIDYKLA MIJALBA
Gedimino G 26 B – 44319 Kaunas

LUXEMBURG
siehe Belgien

NIEDERLANDE
STICHTING PROSVETA NEDERLAND
Zeestraat 50
2042 LC Zandvoort

NEUSEELAND
Prosveta New Zealand ltd
90 Potae Avenue – Gisborne

NORWEGEN
PROSVETA NORDEN
Postboks 318, N-1502 Moss

ÖSTERREICH
Harmoniequell Versand
Hof 37/4, A 5302 Henndorf
Tel. und Fax +43 6214 7413
E-Mail: info@prosveta.at
Internet: www.prosveta.at

POLEN
WENA Studio Tworczej Ekspresji s.c.
ul. Nowina 36, PL 60-589 Poznan

PORTUGAL
PUBLICAÇÕES MAITREYA
Rua do Almada, 372, 4°esq
4050-033 Porto

RUMÄNIEN
EDITURA PROSVETA SRL
Str. N. Constantinescu 10
Bloc 16A – sc A – Apt. 9 Sector 1
71253 Bucarest

RUSSLAND
EDITIONS Prosveta
143964 Moskovskaya oblast
g. Reutov – 4, a/ R 4

SCHWEIZ
ÉDITIONS Prosveta
Société coopérative
Chemin de la Céramone 13
CH - 1808 Les Monts-de-Corsier
Tel. +41 21 921 92 18
Fax +41 21 922 92 04
E-Mail: editions@prosveta.ch
Internet: www.prosveta.ch

SPANIEN
Asociación Prosveta Española
C/ Ausias March n° 23 Ático
SP-08010 Barcelona

SERBIEN
ÉDITIONS GLOSARIJUM
Rige od Fere 12 – Beograd

TSCHECHISCHE REPUBLIK
PROSVETA
Ant. Sovy 18 – Ceské Budejovice 370 05

USA UND KANADA
PROSVETA US Dist.
29781 Shenandoah LN
Canyon Country CA 91387

FBU – USA
P.O. Box 932 – ocust Valley
11560 New York

PROSVETA Inc.
3950, Albert Mines
Canton-de-Hatley (Qc), J0B 2C0

VENEZUELA
ROSVETA VENEZUELA C. A.
Calle Madrid
Edificio La Trinidad
Las Mercedes – Caracas D.F.

Weitere und aktualisierte Adressen finden Sie unter:
www.prosveta.com

Wenn Sie sich über die Anwendung der Lehre von
Omraam Mikhael Aivanhov informieren möchten,
wenden Sie sich bitte an eine der folgenden Adressen:

Deutschland
UWB e.V., Marienstr. 33, 78588 Denkingen
Internet: www.uwb-ev.de, E-Mail: uwb@uwb-ev.de

Schweiz
FBU, Chemin de la Céramone, 1808 Les-Monts-de-Corsier
Telefon 021-921 93 90, www.videlinata.ch

Österreich
UWB, Postfach 335, 5016 Salzburg
Internet: www.aivanhov.de, E-Mail: uwb@omraam.org